SHUILI JIANSHE SHICHANG

XINYONG GUANLI SHIWU

水利建设市场 信用管理实务

中国水利工程协会 编著

中国水利水电出版社

www.waterpub.com.cn

·北京·

内 容 提 要

本书是水利建设市场信用管理培训教材。全书共分为七章，首先阐述信用及信用管理基本理论，并结合实际分别介绍了水利建设市场信用管理现状及存在问题、水利建设市场信用体系建设、水利建设市场信用信息管理、市场主体信用评价和信用奖惩机制等内容。本书兼具理论与实务性，对于在水利行业普及信用知识、开展诚信教育、进行信用信息管理和信用评价，具有较强的指导意义和实用价值。

本书可作为水利行业人员的普及性读物，也可作为水利水电工程管理人员的教学、培训参考书。

图书在版编目（CIP）数据

水利建设市场信用管理实务 / 中国水利工程协会编著. -- 北京：中国水利水电出版社，2018.1
ISBN 978-7-5170-6358-2

Ⅰ．①水… Ⅱ．①中… Ⅲ．①水利建设－市场－信贷管理－中国－教材 Ⅳ．①F832.41

中国版本图书馆CIP数据核字（2018）第051926号

书　名	**水利建设市场信用管理实务** SHUILI JIANSHE SHICHANG XINYONG GUANLI SHIWU
作　者	中国水利工程协会　编著
出版发行	中国水利水电出版社 （北京市海淀区玉渊潭南路1号D座　100038） 网址：www.waterpub.com.cn E-mail：sales@waterpub.com.cn 电话：(010) 68367658（营销中心）
经　售	北京科水图书销售中心（零售） 电话：(010) 88383994、63202643、68545874 全国各地新华书店和相关出版物销售网点
排　版	中国水利水电出版社微机排版中心
印　刷	北京瑞斯通印务发展有限公司
规　格	184mm×260mm　16开本　12.75印张　228千字
版　次	2018年1月第1版　2018年1月第1次印刷
印　数	00001—10000册
定　价	**56.00元**

凡购买我社图书，如有缺页、倒页、脱页的，本社营销中心负责调换

版权所有·侵权必究

前 言

信用是人类文明进化形成的瑰宝,是经济社会发展的重要基石,其从属于伦理道德和经济管理双重范畴。"人而无信,不知其可也",作为"五常"中的"信"始终贯穿于中华伦理的发展。古往今来,诚实守信一直是中华文明崇尚的立身之本,是规范人伦关系和经济交易活动的基本准则。

现代经济学认为,信用是获得信任的资本,可以降低市场交易风险和交易成本,是衡量市场和企业成熟度的重要标志。党的十八届三中全会提出:"市场在资源配置中起决定性作用",明确了我国社会主义市场经济的地位。目前我国经济体制改革进入攻坚阶段,经济发展面临结构性失衡的突出问题,为此,党中央、国务院对内进行供给侧结构改革,对外实施"一带一路"国家战略,社会信用资本对实施和推进这一国家战略尤显重要。《国务院关于印发社会信用体系建设规划纲要(2014—2020年)的通知》(简称《纲要》)指出,社会信用体系是"以法律、法规、标准和契约为依据,以健全覆盖社会成员的信用记录和信用基础设施网络为基础,以信用信息合规应用和信用服务体系为支撑,以树立诚信文化理念、弘扬诚信传统美德为内在要求,以守信激励和失信约束为奖惩机制",这为我国社会信用体系建设途径提供了重要的指导意见。

"水是生命之源、生产之要、生态之基。"2011年中央一号文件把水利纳入到经济安全、生态安全和国家安全战略层面考虑,水利的内涵和发展理念发生了巨大的变化,从"工程水利"走向"资源水利"和"生态水利",这对水利工程的建设与管理提出了更新、更高的要求。深入推进水利建设市场信用体系建设,是商务诚信建设的重要领域,是社会信用体系建设的重要组成部分,同时也是水利事业发展的重要保障。自2001年水利部在《关于进一步整顿和规范水利建设市场秩序的若干意见》中首次提出"建立起适应现代社会和市场经济体制要求的水利建筑市场主体信用体系"这一概念体系以来，水利建设市场信用体系建设已经历经了萌芽起步、初步规范和发展规范三个阶段。萌芽起步阶段（2001年6月至2009年9月）初步建立了水利建设市场主体和主要从业人员的信用档案，将信用信息与市场监管初步结合起来；初步规范阶段（2009年10月至2011年7月）明确了信用管理组织模式，委托中国水利工程协会开展水利建设市场主体信用管理工作，开发启用了"全国水利建设市场信用信息管理系统"，标志着全国水利建设市场信用体系的建设初具形态；发展规范阶段（2011年8月至今）统一部署了水利行业工程建设领域项目信息公开和诚信体系建设工作方案，在长江水利委员会等7个流域机构和江苏省、广东省等10省先行试点的基础上，修订发布了《关于加快水利建设市场信用体系建设的实施意见》（水建管〔2014〕323号）和《水利建设市场主体信用评价管理暂行办法》（水建管〔2015〕377号），采用政府购买服务的方式，委托行业协会组织进行水利建设市场主体信用评价，基本建成了全国统一的水利建设市场主体信用评价管理体系。

  本书正是回顾10余年来开展水利建设市场信用管理工作的基础上，总结水利建设市场信用体系建设和开展水利建设市场主体信用评价工作取得的成效和实践经验，并紧密结合水利建设市场的特殊性，对水利建设市场信用管理的未来工作进行了规划部署。全书共分为七章，首先阐述信用及信用管理基本理论，并结合实际分别介绍了水利建设市场信用管理现状及存在问题、水利建设市场信用体系建设、水利建设市场信用信息管理、市场主体信用评价和信用奖惩机制等内容。本书兼具理论与实务性，对于在水利行业普及信用知识、开展诚信教育、进行信用信息管理和信用评价，具有较强的指导意义和实用价值。

  本书由安中仁、孙献忠主编，安中仁编写了第一章；孙献忠编写了第二章；徐永田编写了第三章；任京梅编写了第四章；王海燕编写了第五章；费凯编写了第六章；戚波编写了第七章；此外，董红元、宋旸也参与了本书的统稿工作。全书由中国人民大学财政与金融学院吴晶妹教授和河海大学工程经济与工程管理系简迎晖副教授主审。

  本书编著过程中参考了国内外许多专家学者的论文、论著以及相关网站上的资料文献，在此不能一一列举，谨向他们表示深深的谢意。限于编著者的水平，疏漏与不当之处在所难免，敬请专家学者和读者不吝赐教，予以批评指正。

目 录

前言

第一章　信用及信用管理基本理论 / 1

第一节　信用的概念及延伸分析 / 2
第二节　信用结构及其度量 / 10
第三节　信用管理 / 21
第四节　社会信用体系 / 36

第二章　水利建设市场信用管理 / 41

第一节　水利建设市场信用管理现状 / 42
第二节　水利建设市场的失信问题 / 53
第三节　加强水利建设市场信用管理的必要性 / 61

第三章　水利建设市场信用体系建设 / 65

第一节　国外信用体系建设的经验借鉴 / 66
第二节　我国社会信用体系建设 / 73
第三节　水利建设市场信用体系建设 / 85

第四章　水利建设市场信用信息管理 / 92

第一节　信用信息内涵及组成 / 93
第二节　信用信息管理的主要内容与流程设计 / 98
第三节　水利建设市场信用信息管理系统构架 / 102
第四节　全国水利建设市场信用信息平台 / 126

第五章 水利建设市场主体信用评价/137

第一节 信用评价概述/138
第二节 信用评价的国内外经验借鉴/146
第三节 信用评价的方法、范围和原则/150
第四节 水利建设市场主体信用评价指标与等级/154
第五节 水利建设市场主体信用评价管理与结果运用/161

第六章 水利建设市场信用奖惩机制/164

第一节 信用奖惩机制概述/165
第二节 信用奖惩机制运行机理/169
第三节 国内外信用奖惩机制的经验借鉴/173
第四节 水利建设市场信用奖惩机制的实践/179

第七章 水利建设市场信用管理展望/190

参考文献/196

第一章
信用及信用管理基本理论

第一节　信用的概念及延伸分析

一、信用的概念

1. 信用的定义

"信"是儒家实现"仁"这个道德原则的重要条件之一，属于伦理道德的范畴。"信用"（Credit）是一个经济学词汇，在现代经济学领域中，用于描述市场交易中的借贷关系，从属于商品和货币关系的经济范畴。信用承载着双重身份，既属于伦理道德的范畴，也属于经济管理活动的范畴。

从社会伦理的范畴看，信用不仅是一种外在的规范性的伦理，更是在中国古代文化传承中有着浓墨重彩的痕迹，也是用于甄别"君子"与"小人"的重要因素之一，如"言必信，行必果""君子一言，驷马难追"等。"信"作为中国儒家文化的重要架构之一，在西汉董仲舒的《春秋繁露》一书中具体化为"五常"，用以调整和规范君臣、父子、兄弟、夫妇、朋友等人伦关系。

从经济管理活动的范畴看，信用是伴随于市场交易的经济活动而产生的，抑或是市场交易的存在推动了信用的资本化。在《新帕尔格雷夫经济学大辞典》中，信用被诠释为某一资产的产权让渡将在未来某一特定时刻获得另一资产的所有权。尤其随着市场经济的发展和成熟，交易环境的复杂性和不确定性远远超越了法律和惯例的约束力，契约关系的稳定性和持久性不能完整地被法律和惯例所表达。因此，信用作为交易主体之间维系其契约关系的有效补充，具有不可替代的作用。信用最终通过社会关系的声誉、经济交易的授信额度、行为记录与评价等表现出来，并反馈于人与人的社会环境和市场交易的经济环境中，对授信人和受信人会产生规范作用，保证契约在既定条件下兑现。

信用是在社会关系、经济交易等活动中以信用主体的意愿、能力、行为获得他人信任而实现的价值。信用依附于信用主体的具体行为过程。因此，信用价值的创造过程必然伴随信用主体不断做出承诺及兑现的过程。

信用是一种资本，是一种建立在信任基础上的能力，即在社会关系及经济关系网络中获得资金、物资、服务的能力。因此，信用也可作为一种社会资本存在，是人类社会进步的表现，是社会经济运行方式摆脱单一的"契约"关系的重要标志。信用作为社会资本形成的重要组成因素，不直接体现为物化的财富，如土地、房屋等，但能为信用行为主体带来现实利益，实现预期目标。与契约相比，信用尽管存在不可控性，但辅以契约的约束力，信用的存在更能保证社会经济关系和社会关系趋于稳定和持久。

在现代信用经济中，社会与市场既按传统的真实资本配置资源，又按信用资本配置资源，以达到资源配置公平、有效的最优状态。从这个意义上说，信用已经成为一种生产要素，与劳动力、土地、资本、技术、信息等共同参与社会资源配置，并在一定程度上持续提高社会资源的配置效率，形成社会生产力，促进经济增长。

2. 广义信用与狭义信用

广义信用是市场主体之间的交易关系和价值流动的特殊方式。包括诚信资本、合规资本、践约资本。诚信资本主要是指信用主体的诚信道德、文化理念、精神素养等基础素质；合规资本主要是指信用主体在社会活动中遵守社会行政管理规定、行业规则、民间惯例的水平与能力；践约资本主要是指信用主体在信用交易活动中的成交能力与履约能力。社会信用体系建设，对应的就是这种广义的信用，就是要进行诚信道德文化建设，社会活动管理合规建设，经济交易践约建设。只有加强此范畴下的信用建设，才能促进社会全面健康发展。

狭义信用是获得交易对手信任的经济资本，它与道德无关，是纯粹的经济学概念。在契约关系中，信用可以最大限度降低交易中的风险，实践成约，从而取得别人的信任。因此，狭义的信用对应的是市场，是为经济交易服务而存在的。

二、信用的发展历程

1. 以物易物阶段

最初的信用并不是用于评价一个人的伦理道德，不属于伦理道德的范畴。因为人最初从农耕自足到进行简单的交易，本质上只满足于生存的本能需要。

因此，人类初期的"物"便是最初产生交易的对象，以物易物的"物"便成了最初的"商品"。因此，信用既具有古老的经济属性，又是私有制和"商品"交易发展的产物。

随着以物易物的规模和范围不断扩大，商品经济初具雏形，直接交易带来诸多不便，于是等价物应运而生。信用货币作为等值产品，在交易中扮演着不可或缺的角色，见证了经济发展史的演进。信用是依附于交易过程而产生的，其产生的前提条件是私有制和社会分工。因此，信用在以物易物阶段实际上就是"等价"，因为最初的交易过程就是面对面的直接互换，而无赊销和承兑这样复杂的过程。交易过程产生的动因在于各取所需，互通有无，那么信用却是使交易顺利完成的必然条件。所以，在该阶段的信用就是单一经济属性——"等价"。

2. 商品经济阶段

私有制的确立和商品经济的成熟，在某一区域和时段需要更为稳定的等价物，信用货币是商品经济高度发展的产物，是货币发展史上的较高阶段。

货币作为等价交易的等价物为信用货币的产生提供了可能性。随着商品经济的发展，商品属性的外延及内涵不断突破固有的范围，直接交易也衍生出赊账买卖。商品生产者让渡商品使用价值，实现了商品价值，但没有得到商品价值的货币表现。这就意味着在商品流转过程中就出现了一个空白，即商品价格未实际实现，卖方对买方未来付款承诺的信任必然超越于等价互换的规则，相互的信用是交易产生的关键性因素。而这种赊销赊购就是一种商品经济时代的商业信用。商品买卖中的赊销赊购意味着商品所有权的让渡过程和货币支付模式下的价值实现过程在时间和空间上的分离，两个过程的时间错位最终通过货币支付确保了信用的兑现[1]。所以，马克思说，作为支付手段的货币是信用制度的"自然基础"。

3. 市场经济阶段

信用交易超出商品交易的传统范围，信用已经不仅仅局限在有效的信用兑现，更扩大到广义的经济和伦理道德范畴。随着市场经济的发展，契约社会成为一种常态并得到法律的支持。随着交易内容及买卖主体的多元化，空间及区域的不确定性，影响交易的因素已经不再是简单的"等价"互换和有效信用兑现。确切地说，无论是交易个体还是企业，信用在市场经济中越来越能带来信用溢价，比如交易过程的简单化降低交易成本。于是，微观和宏观上把信用作为管理对象，纳入企业和社会的管理范畴。从企业的管理职能讲是指通过制定信用管理政策，指导和协调内部各部门的业务活动，对客户信息收集和评估,信用额度的授予,债权保障,应收账款回收等各交易环节进行全面监督,以保障应收账款安全和及时回收的管理。从社会中介服务机构、信用工具的应用着手,建立社会信用体系。社会信用体系是建立在法律与道德基础上的,通过基于市场经济需要的一种有效的社会机制,由信用环境、信用建设投入、信用立法、信用监管、信用服务、失信惩罚机制、信用文化与教育等体系共同作用、相互交织形成的社会综合建设与管理的系统性体制。此阶段的信用体现了经济、道德行为等维度内涵,并成为一种综合的评价工具,无形地规范着市场交易行为和对法律强制功能的补充。

三、信用的分类及信用关系的基本形式

1. 信用的分类

(1) 按债务人的身份分类[2]。按债务人的身份分类,将信用分为国家信用、公共信用、企业信用与私人信用。

国家信用是为信用行为主体为某一个国家或地区。国家按照信用原则以发行债券或者筹集和运用财政资金在国内进行再分配形式,或通过信用原则与他国或组织形成债务关系的经济活动。

公共信用是指社会为了帮助政府成功实现其各项职能而授予政府的信用,主要的信用工具是公债。从资信评级的角度看,公共信用就是指政府的举债能力。

企业信用是指企业在市场交易过程中,为满足其生产和交易的需要,一个企业法人授予另一个企业法人的信用。本质是企业之间的短期融资行为。

私人信用是指个体消费信用和商业信用。可细分为零售信用,借贷信用等。

(2) 按照授信对象分类。信用可以分为公共信用、企业信用和消费者个人信用。

(3) 按照设立信用期限分类。按照设立信用期限,信用可以分为短期信用、中期信用和长期信用。

2. 现代信用关系的基本形式

现代信用关系不是一个独立而封闭的关系环,而是一个处于半开放的关系网。现代信用关系具有社会属性的社会关系和经济属性的委托代理关系两种基本形式。

(1) 社会属性下的信用关系。传统经济学的理论分析和逻辑推演的基本出发点是理性经济人假设,即人的行为动机是自利或者利己的,在这种行为

动机的驱使下产生的经济行为就是追求自身利益的最大化。但是人的经济理性不是人在经济活动中的全部，人还要受情感、伦理道德、信用监督等社会因素的制约。

现代信用关系的存在基础是授信人与受信人之间的活动和行为得到对方的信任，这种信用关系似乎离不开人与人之间伦理道德判断。但多元社会环境下，人都介于"理性"与"有限理性"之间，伦理道德判断下人的内在约束不足以保证信任的产生，进而建立符合市场经济条件的信用关系。因此，信用的维系必然寻找第二个支点法律。法律作为外在的强制性约束力量，显然比内在的伦理道德判断来得直接，法律与伦理道德在对"理性"与"有限理性"人的行为选择加以约束。这个信用关系可能是两个个体或两个组织之间的，也可能直接存在于一个个体与一组织之间，或者在第三人的承诺或担保下才得以存在，且处于信用关系网中的个体或组织的信用行为必然会面临相关人或组织的承认、排斥或者惩罚。因此，社会属性下的信用关系就是在伦理道德和法律双重作用下的半开放状态的关系网。因为，任何参与者的信用行为都不是封闭的，会被以信用信息的方式记录、传递和共享，甚至会受到必要的激励和惩戒。

（2）经济属性下的信用关系。信用关系是由信用行为而产生的一种经济关系，而信用关系有三种基本形式，即单方面的信用关系、双方相互信用关系和中介的信用关系。以委托代理关系中的信用行为决策模型为基础的单方面信用关系，是经济活动主体需要通过另一方来实现某种目标，且在双方资源存在互补的情况下，就存在着委托代理关系[3]。这种信用关系在经济生活中极为常见，它通过契约设置的条款来约束双方的信用行为，并接受双方的信用兑现、奖励和惩罚等。

在委托代理关系中，一种常见的情形是委托人与代理人之间存在信息的不对称性，但又需要将某种资源交付给代理人或者需要获得某种委托人不具备的资源，由后者来实现委托人的某种目标[4]。在这样一种情形下，信用便成为双方确立委托代理关系的关键，信用甄别便成为委托方选择代理人的关键因素之一，如水利工程招标、投标过程中资格预审和评标，双方的交易就涉及一种特定的信用关系形式。因此，在委托代理关系发生之前，委托人与代理人就需要对自己该不该采取信守契约准则的信用行为做出事前的决策。

信用是经济主体之间达成契约、实现交易的必要条件。因此，信用不仅体现在延期交易和资金借贷这样的特殊交易形式中，也存在于一切形式的市场交易活动中。信用的本质就是对契约关系中的义务承担者履约意向、履约能力和履约后果的确定性预期。

四、相关概念辨析

信用，人们常常理解为信任或诚信，也有人将其理解为信誉。这些既有对信用内涵的理解，也有对信用外延的表述，但都没有触及到信用最本质、最实质的解析。那么，诚信、信任、信誉和信用到底是什么关系呢？以下将讨论这4个概念及相互之间的关系。

1. 诚信与信用

诚信即诚实守信，是一种道德规范和行为原则，是在社会交往与经济活动中必须遵守的基本准则。诚信是通过各种各样的社会活动与经济交易活动得以具体落实与表现。诚信精神反映的是诚实守信的基础素质，通过具体的信用交易及记录表达。一个人或企业的基础素质即诚信度、在社会活动中的合规度、在经济交易中的践约度综合形成其信用资本。信用资本是一种资源与财富，市场按信用资本决定交易，社会按信用资本决定信任程度与发展机会。诚信是人类文明与进步及发达程度的标志。诚信已成为全世界共同的追求与国际准则。

信用是对诚信精神与原则的广泛应用，涉及社会活动与经济活动两个层面。在社会活动中，信用主要表达主体遵守诚信原则，获取他人信任。信任构成整个社会运行的信用环境，是建立与维护社会秩序的基础。在经济活动中，信用主要表达主体遵守诚信精神，守诺践约。守诺践约是市场经济运行的基础。

在人们的传统认识中存在着一种误解，认为诚信是个大概念，诚信大于信用。其实，它是把信用的概念理解小了，把信用只理解为经济交易范畴的概念，甚至误认为信用只是在银行信贷、信用卡等金融领域中存在的一种行为，而忽略了它在精神层面、社会关系交往层面中的意义和作用，由此产生了诚信概念大于信用概念的认识。现在，要纠正这一看法，还原信用概念大于诚信概念的认识。信用是一种资本，这种资本由诚信资本、社会交往资本和经济交易资本构成。

关于对诚信的理解，除了传统认识与现代认识有所差异外，中国诚信文化与西方诚信观念之间也存在明显不同。

中国的传统文化与道德观念受儒家思想和道家学说的影响，自古以来，人们将诚信作为一种精神追求和自我道德约束，并不过多关注它对社会交往和经济交易的影响。因此，我们的先辈推崇诚信思想，重视和强调信用，多是为激励人们提高自身修养、加强道德修炼。"子曰：言忠信，行笃敬，虽蛮貊之邦，行矣。言不忠信，行不笃敬，虽州里，行乎哉？"也就是说，说话真诚而守信用，做事厚道而谨慎，即使到南北那些不开化的小国去，也是行得通的。说话不真诚不守信用，做事不厚道不谨慎，即使到本国城镇乡村，也不可能行得通。可见信用的观念、意识与行为已成为中华民族道德观念与行为准则的重要组成部分。仁人志士以信为重，普通百姓以诚为本，做人要做老实的人，做事要做踏实的事，说话要说诚实的话，千百年来一代一代相传，一辈影响一辈。在中国，诚实守信的德行一直受到歌颂与推崇。

在西方社会，诚信是宗教信仰的范畴，人们虔诚地信奉宗教信仰，所以也崇尚诚信意识和信用理念。人与人之间的诚实守信和相互信任是依靠对宗教信仰的虔诚追求来维系的，诚信文化与诚信精神追求是随着宗教的传播而不断深入人心的，并不需要政府倡导或监管，政府部门的主要精力多用于对经济交易的信用行为进行监管，规范信用交易秩序，防范信用风险。相比之下，我国的宗教信仰并非维系社会交往的主流，宗教教义对人们思想和行为的约束力相对较弱，政府对社会价值取向、道德行为观念与准则的宣传一直发挥着主导作用。所以，目前在我国，人与人之间诚实守信的道德准则和个人追求诚实守信的精神要求，仍需要政府和社会舆论的引导。我国政府也始终致力于倡导诚信文化、改善诚信环境，并强化人们对诚信原则的追求和认可。

2. 信任与信用

信任是社会学的研究范畴，与社会制度、法律法规密切相关，它的极端社会表现就是社会上人与人之间的信用危机。

权威工具书《辞海》中，将"信用"解释为："遵守诺言、实践成约，从而取得别人对他的信任。"显然，信用是获得信任的资本。信任就是拥有或者可能拥有这种资本的最核心的证明。社会信用资本是抽象的、无形的，需要从多个角度进行分析和评价，当人们关心某个主体是否具有信用资本的时候，最简单、最直接的方法就是看这个主体是否能够获得信任。获得了信任就意味着拥有或可能拥有信用资本。因此，信任是信用最简单、最直接的能力证明，也是一种最简捷、最通俗的衡量方法。所以，社会大众在谈论某一市场主体的信用资本，或谈论其社会交往能力和经济交易能力的时候，就会使用这种最简单的判别方法。

信任程度在某种程度上可以表述为信用资本的大小，但并不十分严谨。信任是信用应用的一个方面，但它只是拥有或可能拥有信用资本的证明之一，他们之间的关系并不是一一对应的关系，它只是一种可能性。因此，信任度并不能完全衡量或完全等同于信用资本的大小。例如：现实生活中，某人暂时获得了信任，并形成了社会交往或达成了经济交易，但他没有守信践约，因而他最终并不能够拥有信用资本。所以，信任并不等于信用。

3. 信誉与信用

信誉是主体在长期社会交往和经济交易活动中，以自身良好的诚信度获得社会或交易对手的信任，进而拥有的一种信用品牌和信用标识，是当今社会人们普遍共同追求的社会形象或综合评价。信誉能使主体从"一般信用"升华为现代市场经济运行中一种重要的资本形态，成为一个企业、一个地区乃至一个民族的精神财富和价值资源。信誉可以为微观主体带来更大的市场份额，可以通过资产评估转化或提升其价值计入无形资产。

所有主体都拥有信用，都拥有获得信任的资本，只是多少不同而已，但并不是所有的主体都拥有信誉。信誉只有少部分主体才拥有，他们长期以诚信基本素质为约束，维护社会形象和践约经济交易。拥有信誉的主体，表明他已经拥有了信用这种资本，并且在以往长期的社会交往和经济交易活动中得到了社会的广泛认可，获得了交易机会，并且能够履约，其资本价值已经被确认和实现。因此，拥有信用不代表一定具有信誉，但具有信誉则表明主体一定拥有信用。人们在判断主体是否拥有信用的时候，也往往以该主体是否拥有信誉作为最直接、最简单的评判标识。

当人们关心交易对手是否长期守信，是否拥有信誉这种品牌和标识，是否具有良好的社会形象及综合信用评价的时候，就会使用信誉这个概念。此时，人们关心的其实是信用这种资本是否被社会认可，是否已经在社会中具有配置资源的资格，社会是否已经接受其信用资本，而不是关心这种资本的多少以及价值高低。

所有的企业都拥有信用，但不是所有的企业都拥有信誉，这是一种品牌，需要历史积累和自身信用的沉淀。有些新生企业，即使拥有信用，具有一定的诚信度、信任度和践约能力，但在短期内也不一定能树立起信誉，不容易获得社会的广泛认可，也不会迅速建立起社会形象，拥有良好的综合评价。所以，运作一个企业要重视诚信度、信任度和践约能力的长期培育，注重信用文化和信用形象的树立。格力电器董事长董明珠曾经说过："做企业，做产品，首先要从做人开始，做一个诚信的人，这样才能做一个诚信的企业，打造一个有信誉的产品。"由此可见，信誉已经是诚信和信任的外部化表现，是社会大众对信用主体的综合评价和认知。在现代市场经济中，企业必须不断强化诚信经营理念，只有诚信经营，企业才能在激烈的市场竞争中得以生存，并获得持续发展。

4. 信用活动与信用管理

信用活动存在信用风险，而信用管理为信用活动服务并与其相互融合。

(1)信用活动的发生必然伴随着信用风险的存在。各种信用活动的共性就是具有时间间隔性,即承诺在先,履约兑现在后。只有全部的交易活动完成以后,经过一定的时间间隔,才能知道对手是否兑现以及兑现的程度,才能了解信用活动的具体结果。信用活动具有的这种时间间隔性,使得信用活动天然具有风险性。享受在前,履约在后,也使得失信者有可乘之机。在追求自我利益最大化的动机作用下,不守信用,有借无还就可以无偿占有、享受别人的财产,失信的内在动力天然存在。信用管理可以控制和减小信用风险,以利于信用活动的开展。信用风险无处不在,使得信用活动往往不能顺利进行,需要信用管理的支持。信用管理是为信用活动服务的,其根本目的就是提高信用活动的质量,保障授信人的权益,使信用活动的开展更有效率,从而促进信用活动的发展。

(2)信用活动和信用管理都属于信用的基本范畴。对于建立了信用管理制度的企业、银行等组织机构和有较强的信用管理意识的个人而言,信用管理和信用活动相互交融,信用管理已经成为信用活动的有机组成部分,是开展信用活动的必要环节。举个例子,某企业要决定是否对客户授信,首先就要进行客户信息的收集和分析,解读征信机构的客户信用报告,利用信用分析模型对客户的信用级别进行科学分析。在此基础上,才能做出对客户的信用期限、信用额度、信用条件等授信决策,这部分是传统信用活动的主体。并且由于时间间隔性,现代信用活动还要求企业选择正确的结算方式和实行信用风险转嫁,以使企业的债权得到合理安全的保障,对应收账款等进行适时的管理和监控,对拖欠账款进行及时追收等。信用管理活动渗透到现代信用活动的各个环节,丰富了信用活动的内容。两者除了服务与被服务的关系之外,更多的是相互依存,相互融合,形成一个有机的整体。

第二节 信用结构及其度量

一、信用的三维模型

中国人民大学吴晶妹教授在其著作《三维信用论》(2013)中提出了"三维信用"理论体系,该理论认为信用是三维的:一维是诚信度,二维是合规度,三维是践约度。一个人或一个企业的信用就由这个人或企业的诚信度、合规度和践约度三个方面综合构成。

一个信用主体的信用综合体现在三维空间中,即信用三维度。吴氏三维信用构成示意见图1-1。三个维度之间相互支撑,相互影响又互有转化,构

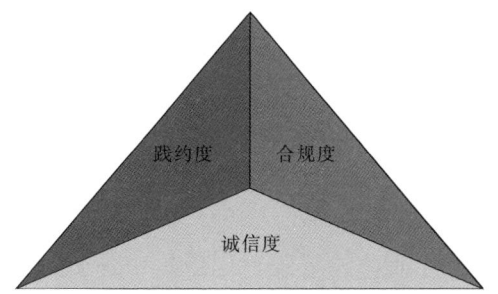

图 1-1 吴氏三维信用构成示意图

成信用主体的综合信用。

1. 诚信度

一维信用,是信用主体获得社会公众信任的基础资本,诚信度(Integrity)表现为信用主体的基本诚信素质,涉及信用主体的道德文化理念、精神素养、意愿、能力及行为,体现的是信用主体的信用价值取向。社会上的一些诚信评价活动就属于诚信度评价范畴。

一维信用没有具体的约定内容,存在于信用主体的潜意识中,是社会交往与交易的潜意识与潜规则,是社会对信用主体要求的信用底线。随着社会发展,一维信用这种潜规则、意识、文化的边界将逐渐外化、清晰,全社会将逐渐达成共识,明确其内容与行为边界。

一维信用形成社会环境,体现人类精神文明发展的水平。当一维信用逐渐固化,成为社会群体共同的价值追求、精神与行为准则,就形成社会信用文化,构造良好的信用环境。诚信不仅仅是道德问题,还将涉及经济发展和科技进步,曾经的失信让许多企业付出了沉重的代价,制假造假等行为让许多民族企业不得不退出所在行业,甚至扭曲了市场的筛选体制。一维信用涉及宗教信仰、价值观念、社会态度、风俗习惯、伦理道德、行为方式、生活方式,表明一个国家或地区、一个城市、一个民族、一个企业、一个人的基本素质。

(1) 一维信用的特点。一维信用具有潜在性、文化性、群体性、国际化、民族性特点。

一维信用的潜在性、文化性和群体性。一维信用是信用主体内心世界的心理活动和行为结果的综合;透露着信用主体的文化底蕴和精神素养,标志着信用主体的品质和档次;是最容易受环境影响、大众化、潮流化的信用形态,当信用主体所处的信用环境普遍存在失信、违约等现象时,信用主体会不自觉地随波逐流,整个社会的交往和交易准则以及信用价值取向都会随之发生不同程度的改变,容易出现群体性效应。

一维信用的国际化特征。一维信用是关于人本身的素质和修养,是由人的本性决定的,与人性高度相关,无论种族、国家、社会制度如何,只要人性是独立存在的,人是自由的、有人权的,一维信用就普遍存在,并且基本相同,在国际上可以共同认定,共同度量,具有国际化特征。

一维信用的民族化特征。一维信用与人性存在的程度和环境相关,具有一定的民族特性和国别特征,是民族文化的集中体现。人性的独立程度、人的自由程度、人权的广度与深度在世界各国都有所不同,即一维信用诞生和发展的环境各有不同。因此,一维信用的内涵和由此决定的价值取向必然会更多地体现民族特征。在某种程度上,一维信用与社会发展背景、文化积淀甚至社会管理形式和制度演进等均有密切关系。

(2)一维信用作用与影响。一维信用作用于意识形态,影响人与人之间交往的信用价值取向与信任关系。在一维信用层面,信用只是人们诚实守信的思想意识,即言行一致,实事求是,忠诚地履行自己的诺言。诚信是做人的基本原则之一,它是人们在各种社会交往中,为人处世必须遵守的一种道德规范。对于每个人而言,无论是爱情、生活、工作或学习的哪一方面,缺乏诚信就没有人格魅力,就没有真正的"身价"。外在的财富、容貌和职位可以影响别人对你的评价,但若丧失诚信,这些外部条件只能使你更加遭人忌恨;若有诚信,这些外部条件则会加倍放大你的人格魅力。诚信作为一种道德规范,是任何社会、任何行业、任何人在为人处事中都是不可缺少的,因而也就成为任何社会都提倡和奉行的行为准则,已经深入到社会的各行各业,成为人们社会活动的基础。人们用不同的方式在不同的岗位上诠释着诚信的深刻内涵。

一维信用形成社会环境,体现人类精神文明发展的水平。社会环境是人类生存及活动范围内的社会物质、精神条件的总和,包括整个社会经济文化体系,如生产力、生产关系、社会制度、社会意识和社会文化。社会环境一方面是人类精神文明和物质文明发展的标志;另一方面又随着人类文明的演进而不断地丰富和发展,它对人的形成和发展进化起着重要作用;同时人类活动给予社会环境以深刻的影响,而人类本身在适应改造社会环境的过程中也在不断变化。一维信用作为一种信用文化,是人类在适应改造社会环境的过程中不断积淀的精神财富,它以各种形式向社会传授社会规范、价值标准,从而形成一种独特的信用环境,推动人类社会的不断进步。

一维信用形成社会文化,通过影响信用主体的心理和行为,影响其一般社会行为和经济交易行为。社会文化是人类在社会历史发展过程中所创造的物质财富和精神财富的总和,是一种历史的、社会的现象,它包含的内容很多,包括宗教信仰、价值观念、社会态度、风俗习惯、伦理道德、行为方式、生活方式等。社会文化可以控制人的某些心理需求,进而控制其购买动机。信用通过影响信用主体心理和行为,影响其社会一般行为和成交、践约能力。从这个角度分析,我们不难看出信用是社会文化的重要组成部分,信用文化的不断发展将不断完善社会文化体系。随着经济的发展和社会转型,中国的社会已经从原来的"熟人社会"过渡到"陌生人社会",因而不应该再沿袭旧的伦理道德。

2. 合规度

二维信用,是信用主体获得管理者信任的社会资本,表现为信用主体在社会活动中遵守社会行政管理规定、行业规则、民间惯例、内部管理规定的意愿、能力与行为结果,涉及信用主体的一般社会活动,体现的是信用主体在社会活动中的信用价值取向与信用责任,可以概括为合规度(Compliance)。

如果说一维信用仅仅是一种意识形态上的潜规则,不具有对人们行为的硬约束,那么二维信用则是具体明确的行政监管规定、行业行规要求、社会管理制度、内部规定等,是对人们行为的一种硬性约束,是明确的社会规则,是把一维信用中已形成的、被民间公认的潜规则上升成明规则,落实成社会与内部管理规定。目前,我国一些行政管理部门开展的对企业的信用监管评价活动,就属于合规度评价这个范畴。

二维信用作用于社会关系,影响社会秩序。在人人诚信的行为集合中,社会秩序呈现规范、有序、公平的良性特征;在人人失信的行为集合中,社会秩序必然出现弃约、违约、欺诈的恶性循环。这种恶性循环发展到一定程度,必然要求确立健全的社会信用管理制度,制定明确的信用管理政策并严格执行,形成了人们的社会行为边界,不符合社会规范、逾越这一边界的主体,将无法在社会上立足。比如,中国银行业对个体风险的防范具有一定的能力,中国银行业协会组织会员单位遏制逃废银行债务行为,加强客户违约信息共享,协调风险暴露企业集团财务清偿,对失信企业实施行业联合制裁。

在现代法治社会中,这些硬性的约束规则和社会规范即成为信用法律法规的立法精神和立法原则,通过国家意志上升为法律法规。二维信用水平成为一个国家或地区、一个城市、一个民族信用成熟度的象征,这种成熟包括信用文化的成熟与信用管理制度及法律的成熟。

(1) 二维信用的特点。二维信用具有外在性、轨迹性、群体性、区域性特点。

二维信用具有外在性。二维信用是信用主体的诚信精神和原则在社会一般行为中的具体体现,它不像一维信用那样,存在于人们的内心世界,不易了解和感知。二维信用是完全外在化的,可以通过对信用主体一般行为的评价直接体现出来,只是这种外在表现有诚信的,也有不诚信的,但无论是否诚信,二维信用都是确定的,可显现的,并且在一定程度上可以衡量这部分信用的价值。

二维信用的轨迹性特征。二维信用的外在性决定了信用主体每次的社会交往行为都会留下有规律可循的行为轨迹,遵循此轨迹,人们不仅能够发现信用主体在某特定区域、某特定时期的二维信用特征和行为表现,而且还可以预测他们未来的行为走向和行为特征。

二维信用的群体性特征。与一维信用相似,二维信用也具有群体性的特征。信用主体都有一种从众心理,而且都注意观察他人的行为模式,一旦信用主体认为他人的信用行为与自己的偏好匹配,就会效仿或追随,形成人人讲信用,我讲信用;人人不讲信用,我也不讲信用的现象。

二维信用的区域性特征。这里的区域性兼有地理区域和文化区域的概念。在同一个地理区域,或者具有相同历史文化形成过程的地区,其二维信用具有相似的特征。在文化区域上,同一区域内的文化背景、宗教信仰、发展历史、经济发展水平等具有相似性,二维信用的文化特性也具有相似性。

(2)二维信用的作用与影响。作用于社会关系,影响人与人之间交往的信用价值取向和社会秩序。社会关系是社会中人与人之间关系的总称。包括建立在生产关系基础之上的政治、法律、道德、宗教、艺术等各种关系,有个人之间、个人与集体、集体之间等各种形式。二维信用通过信用主体日常的信用行为,影响人与人之间、个人与集体之间乃至集体与集体之间的社会关系,改变了人们的交往规则和行为倾向。同时,社会秩序也会由于信用主体的诚信行为或不诚信行为发生改变。在人人诚信的行为集合中,社会秩序呈现规范、有序、诚信、公平的良性特征;在人人失信的行为集合中,社会秩序必然出现弃约、违约、欺诈的恶性循环。

二维信用为信用法律法规的制定奠定基础,形成法律的精神原则与框架。二维信用作为一种规范或准则约束和指导人们的信用行为,但是仅局限于人们在一般社会交往层面上对诚实守信的一种共识,并不能形成强有力的法律制约。只有当这种行为准则通过国家意志上升到法律法规制度层面以后,才能更有力地约束人们的信用行为,才能使二维信用评价有标准可循,从而准确区分具体的诚信行为和失信行为。因此,良好的二维信用是信用法律法规和管理制度健全,信用秩序规范的标志,也是一个国家或地区、一个城市、一个民族成熟度的象征。

二维信用在促进经济增长和推动人类社会实现公平、文明、进步的发展目标中发挥积极的作用。实现为此目标与信用的成熟度直接相关，只有信用制度健全、信用管理规范、信用文化确立的社会才会达到信用成熟的阶段，才能在促进经济增长的基础上改善社会环境和文明秩序。从这个意义上说，二维信用代表了信用成熟度，也直接保护社会各方的权益，形成有效的社会监督和约束。一个人的信用，反映的是他自身；而一个社会的信用，反映的却是民族的精神素质。一个守信用的民族，才能跻身于世界民族之林，一个守信用的国家，才能为国际所信赖。几千年的历史积淀使崇尚诚信逐步成为一种文化传统，内化为中华民族的一种精神特质，更升华为世代炎黄子孙的精神追求。

3. 践约度

三维信用，即践约度（Performance），是获得交易对手信任的经济资本，表现为信用主体在信用交易活动中遵守交易规则的能力，主要是成交能力与履约能力，涉及信用主体的经济活动，体现的是信用主体在经济活动中的信用价值取向与信用责任。

三维信用是诚信度和合规度在经济交易领域中的集中反映，信用主体自身的诚信素质和信用形象，直接关系到经济交易的水平与能力；信用主体自身的财务实力和自我约束意识，又直接关系到经济交易的履约能力。银行、企业等授信人信用管理的核心就是信用申请人的践约度评价。三维信用作用于经济关系，影响经济交易秩序与经济发展。在市场经济环境下，商品交换的基本原则仍是建立在信用基础上的等价交换。信用作为基本的经济关系要素，维系着错综繁杂的市场交换关系，影响交易行为的效率和成功率。面对变幻莫测的市场交易环境，经济主体都渴望在平等的前提下公平交易。任何违背诚信践约原则的人、事、机构，都会被记录、被披露。任何人、任何机构，都可以拒绝与一个不平等、不守信的人或机构发生交易。这就要求社会建立有效的信用制度。三维信用水平已成为社会经济发达程度、经济管理水平与成熟度的标志。

（1）三维信用的特点。三维信用具有外在性、契约性、个体性、轨迹性、综合性、国际化等特点。

外在性。三维信用是诚信度和信任度在社会经济关系与交易活动中的具体应用，并直接体现在每一次经济交易的全过程。三维信用主体的成交和践约能力，通过契约、承诺、支付、供货等具体的经济活动为载体，外化为信用主体的信用交易行为，它已经不是单纯的人们心理活动，也不仅仅在社会交往中能否获得信任，而是关系到信用主体经济利益获得多少和获得时间长短的具体问题，更具有现实意义。从三维信用活动产生的信用风险角度看，信用风险暴露在交易活动过程中，更能体现信用的外在性，这种风险也是在任何时候都会表现出来的。

契约性。商品交换是市场经济运行的前提与基础，而信用是商品交换运行的前提与基础，是社会经济关系的基本准则。三维信用集中体现在经济交易领域，往往以合同为基础，由契约关系来约束，具有很强的契约性特征。三维信用已经突破了信用主体的道德范畴和社会交往范畴，不但受到道德理念和社会规范的约束，而且更多地受到经济契约的强有力制约，如果违反契约规定，就会丧失交易能力和成功机会。

个体性。与一维信用和二维信用的群体性不同，三维信用具有个体性特点，即三维信用受到具体经济交易行为和信用主体具体信用需求的影响。三维信用的获得程度、获得大小与具体交易活动高度相关，视信用主体的成交和践约能力大小而不同。针对不同的信用交易类别、不同的契约内容以及不同的信用主体，三维信用的表现和价值都有所差异。

轨迹性。由于三维信用具备个体性特点，在不同的经济交易行为中有不同的体现和轨迹，因此，三维信用与二维信用一样，都能从信用主体既往的行为轨迹中发现其交易的规律性，进而可以综合描述信用主体的信用行为特征，预测其未来信用行为的趋势和风险程度。

综合性。三维信用以一维和二维信用为基础，它是信用三个维度的综合体现。换句话说，信用主体具备了诚信度的基础素质，在社会交往中建立了广泛的信任度，在经济交易中富有成交和践约能力，从而广泛获得社会主体的认可，扩大成交范围，赢得更多的效益。

国际化。在信用经济时代，三维信用的表现形式、违约界定、风险度量甚至风险权重的规定都已经国际化了。国际学术界和实务界对三维信用的研究已经达到很深的程度，甚至产生了相关的国际组织，如巴塞尔委员会、IMF等。与一维信用的国际化相比，三维信用的国际化特征更为明显，体系更为成熟。国际上对于一维信用和二维信用的关注和研究程度尚浅，仍需我们进一步研究和探讨。

（2）三维信用的作用与影响。三维信用作用于经济关系，影响交易行为的成功率。市场经济下，市场机制的核心内容仍是商品交换，而商品交换的基本原则仍是建立在信用基础上的等价交换。随着交换关系的复杂化，日益扩展的市场关系逐步构建起彼此相连、互为制约的信用关系，整个经济活动被信用关系所联结。这种信用关系作为一种独立的经济关系得到充分的发展，并维系着错综繁杂的市场交换关系，影响交易行为的效率和成功率，支持并促成井井有条的市场秩序。

完善社会经济制度和环境。在经济交易活动中，包括政府在内的所有参加经济交易的主体，都应该在公平、公开、自愿的前提下平等交换，任何一方都没有特权超越践约的基本准则。任何违背诚信践约原则的人、事、机构，都会被记录，被公开，被公告于社会各界，任何人、任何机构，都可以拒绝与一个不平等、不守信的人或机构来往。这就形成一种信用制度，在这个信用制度下，不同信用主体，只要按照平等、互利的原则，诚实守信地从事经济活动，就会得到社会的承认，他的经济活动就必然能够发展和扩大。

维持社会经济秩序，促成交易的达成和社会资源的合理分配。从社会效益看，正是诚信践约的信用交易准则促成了信用制度的诞生以及社会经济制度的完善，从而约束和限制以任何形式对他人财富的侵犯和损害，保证了社会经济秩序的稳定和经济交易环境的安宁。

二、三维信用度量

信用不仅是理念和文化，更是有价值的资本和财富，而且是可度量的。只是由于信用价值的隐含性和多面性，人们还没有更准确、科学的方法实现对信用的度量。

信用的度量以吴晶妹教授提出的"信用三维理论"为基础。按照三维信用的概念，在此将诚信度对应于道德文化理念维度的信用，合规度对应于社会行为维度的信用，践约度对应于经济交易维度的信用，共同构成信用度量的三维空间。

信用主体的信用行为涉及其基础素质、社会活动和经济活动三个方面，分别以诚信度、合规度、践约度来度量信用主体的三个方面资本水平，对应的三个负面指标为：失信率、违规率、违约率，三维信用度量见图1-2。

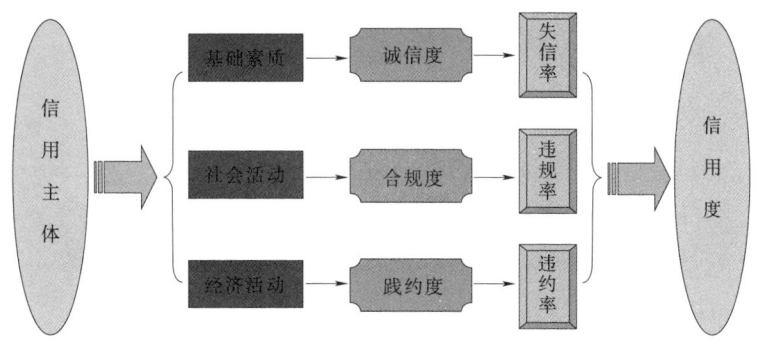

图1-2 三维信用度量图

1. 基础素质的度量

信用度量的一个方面是信用主体的基础素质。诚信作为人们的道德理念，是一种精神与原则，是在社会交往与社会经济活动中必须遵守的一种道德规范和行为原则。诚信基础素质由主体自身的文化水平、价值取向、成长背景决定，受社会道德理念、文明进步、行政管理、法律体系的约束和影响。

诚信基础素质是人们内心的心理活动和道德价值取向，是内在化的东西，其外在表现为信用主体的诚信度；信用主体诚信度的高低反映了信用主体诚信的基础素质水平。

量度信用主体诚信基础素质水平的诚信度，可以借助于统计方法实现量化。衡量信用主体诚信度的指标，即定义为失信率。失信率作为衡量信用主体诚信度的基础指标，反映信用主体基本的信用道德修养和价值取向追求，失信率的高低代表了信用主体遵循社会一般道德要求和价值标准的能力。失信率越高的信用主体，其信用能力越低。

2. 社会活动的度量

信用度量的第二个方面是信用主体的社会活动。在一般社会交往中，人们需要遵守诚信原则，守诺践约，获取他人的信任。

诚信基础素质是内化于人们内心的心理活动和道德价值取向，这种内化的心理活动和道德价值取向具有很强的主观性和个体差异性，其折射到信用行为和经济活动中必然产生迥然不同结果和影响，甚至有些与预期的社会经济秩序相背离。因此，社会对于信用主体的行为也有各种法律法规加以约束，而社会活动的信用状况通过合规度来衡量，由法律法规制约、政府行政管理、公共秩序约束、单位制度规范和一般社会交往的强制力决定。

合规度具体表现为信用主体对于社会规范的遵守程度，能够用具体的指标加以度量。衡量合规度的指标，人们定义为违规率。违规率主要表示信用主体在社会活动范畴，对于社会一般规范的遵守程度。违规率越高的信用主体，其信用能力越低，在社会上获得信任和融资的能力越弱。

3. 经济活动的度量

信用度量的第三个方面是信用主体的经济活动。信用主体在社会上存在和发展，必然要发生经济交往，在遵守基本诚信道德要求和社会管理规范的前提下，还要遵守经济交易的规则，受到契约的约束。

信用主体的诚信状况在经济交易活动中表现为践约度。践约度涵盖成交和履约两个方面的内容。成交能力由自身实力、品牌影响力、既往践约能力、信用营销能力等因素决定。履约能力受到经济主体诚信度影响，由自身财务实力、经营管理能力等因素决定。

信用主体的践约度可以用违约率表示。它反映了信用主体在经济交易中遵守契约、履行承诺的程度，体现了信用主体信用销售和信用管理能力。违约率越高的信用主体，其信用能力越低。

三、三维信用度量的目的与分类

信用是市场经济的重要基础，是社会秩序得以维持的基本前提。规范有序的市场经济活动需要一个能够有效调动社会资源和规范市场交易的信用制度。信用制度要发挥其规范作用，就需要一个可以量化的"度"——信用评价，让监督者和受监督者均能度其偏颇，量其不足。信用制度在确定对信用主体有效的"度"的前提下，其量化支撑体系必然来源于三维信用的数据积累，这就是对三维信用度量的目的。

在现代社会信用建设的过程中，作为监管者的政府和社会授信人都在思考如何准确度量和评价经济主体的信用状况。在国家层面，盎格鲁—撒克逊模式是英国、美国和荷兰等国采用的征信系统建设模式[5]，其特点是包括：自发形成纯商业化的征信机构；市场主导的非垄断性；能够提供门类齐全的征信产品和服务；灵活的政府监督。我国商业银行对信用的评价却更为直接和针对性，主要采用以信用风险为度量基础的逆向度量模式。目前国际上使用较广泛的四大模型为：基于 VaR 的 Credit Metrics 模型；基于 Merton 理论的 KMV 模型；基于保险精算的 Credit Risk＋模型；基于宏观经济因素的 Credit Portfolio View 模型。

信用的度量与评价必须以明确的目的为出发点，只要目的明确，以目的为核心构建指标，以目的为核心选择方法，就是正确的。从评价的目的出发，从应用的角度看，各种各样的信用度量与评价主要有以下三种用途：

其一，进行形象与品牌确认，基于建立信任，树立信用形象的信用需求，一部分社会主体需要这种评价，这种评价的实质就是诚信度评价。

其二，进行信用合规监管，基于培育信用环境，规范信用秩序的信用需求，政府部门需要这种评价，这种评价的实质就是合规度评价。

其三，进行履约鉴别和交易对手选择，基于追逐经济利益的信用需求，经济交易主体需要这种评价，以获悉交易对手的信用状况，这种评价的实质就是践约度评价。

由于度量的目的不同，要求不同，方法与手段不同，技术水平所限等原因，对于不同信用主体在不同时期和不同情况下的信用度量，可能会有不同的侧重。有时人们可能更看重诚信度，比如说社会公众对企业品牌的认识、消费者在购买日常消费品时关心质量和食品安全等。有时人们可能特别突出强调合规度，比如说监管部门在执行监管职能，对企业进行信用分类监管时，所依据的标准主要就是对企业合规度的评价。有时人们可能更看重践约度，比如说在商务合作、贸易谈判、银行信贷、企业信用销售的时候等。所以，对三维信用的度量有各种各样的角度和侧重，大致可以分为以下三种情况。

1. 基于社会诚信基础的诚信评价

诚信度在三维信用中占据着基础性作用，与市场经济信用关系发展紧密相连的"社会信用"的作用机制也必将发挥基础性作用，成为维系市场经济中各主体之间经济关系的重要纽带。从评价的角度看，无论是监督者还是受监督者，诚信的评价对象更为普遍，评价对象以市场交易人为主体的基础信用，其评价手段和形式更为抽象。

诚信评价，作为社会治理过程中的一个环节，是符合社会、大众需要的。本书把诚信评价划分为社会治理的范畴，是基于社会治理是一个互动和调和的过程，整合起各社会阶层、各社会群体都能接受的社会整体利益，最终形成各方都必须遵守的社会契约。因此，在此目的下，诚信作为一个基础性的社会要求将会被普遍重视。

目前，主要从事诚信评价的是行业协会、民间组织、公司企业等组织。他们主要开展的是对信用主体的以诚信度为绝对主导的评价。当然在诚信度这一维信用评价中，确实也考虑了信用的二维和三维，但作为诚信度的佐证而存在，而不是重心之所在。在此过程中，出于诚信评价的目的，不能本末倒置地纠缠于信用主体的合规度和践约度的状况，反而淡化了诚信度的考量。在市场经济发展及多元化社会的环境中，理顺信用三个维度之间的内在逻辑关系，避免舍本逐末的可能。

2. 基于主体行为合规度的监管评价

与诚信评价不同，因主体的不同决定了评价内容和意义的不同。具体说，合规度是由上层建筑对社会特定参与主体的约束和要求，需要上层建筑针对性的制度安排，是具体的和前置性的规范。往往与诚信维度的评价和监管不一样，前者更重于公众引导和共识，后者更侧重于规章制度、法律法规的强制约束力。

社会大众关心信用主体的诚信度状况，是出于日常交往和一般消费的考虑。政府部门作为社会运行的监管者和相关政策法规的制定者，更为关注的是这些政策法规是否被严格执行，是否真正发挥了约束信用主体信用行为的作用。因此，政府部门在度量信用价值的时候，对信用主体合规度的评价会占据主导地位，作为诚信度的佐证和公众信用度提高外在表现。此时，三维信用度量的关系表现为：合规度是评价者绝对关注的主要因素，其余两个维度的信用价值相对于合规度，处于弱化的地位。

监管评价主要是政府部门在系统内开展，围绕自身的监管职责范围，开展信用监管评价，据此对企业或个人实施不同的信用监管措施，服务于企业，也服务于个人。如工商部门关注的就是企业和个体工商户的登记注册情况，按规定登记注册，并按时按要求进行年检，即为合规度较高的信用主体；海关部门则只关注企业的进出口通关情况，只要符合通关要求，具有合格的进出口资格，即为合规度较高的主体；其他部门也类似，都是在自己的职责范围内评价企业或个人的信用状况，完全服从于监管需要。目前，各个部门已经开展的这些监管评价工作，都是为了适应市场和社会需要，也为满足监管需要。这其实并不像有些人认为的那样，只是资源的重复浪费，需要由一个统一的部门加以整合。目前的做法正是基于现有政治体制和信息环境的最好方式，不是资源的重复浪费，反而能最大限度地满足各自的监管需要。

3. 基于主体践约能力的授信评价

在经济交易领域，信用主体需要依靠自身的信用价值洽谈并完成信用交易，因此在这个领域的信用价值度量，更为关注企业或个人的践约度，其中包括企业或个人的信用成交能力，也包括企业或个人的履约能力。在信用交易普遍发展的环境下，信用首先已经成为一种资本和财富，企业或个人需要充分运用自身的信用营销能力首先达成交易，其次才是在契约的约束下，履行自己的义务，完成信用交易。所以在经济领域的信用价值度量中，践约度占绝对主导地位，人们更关注信用主体的成交与履约能力，对其余两个维度的信用价值，作为次要的信用要素处理。

授信评价主要是各类经济信用授予机构，主要有银行、保险公司、工商企业、消费信贷机构、担保公司等机构。上述信用授予机构在授信前就需要对信用主体的信用价值进行度量，并结合自身的风险管理政策对提供的信用产品定价，从而完成对信用主体的授信活动。类似这样的授信评价，完全出于授信机构对风险的偏好和信用定价策略，是市场主体自发的经济行为，也是三维信用度量中，目前比较成熟的度量体系。特别是银行机构关于履约能力的评价，在理论体系上已经形成完整的银行风险管理理论，实践中也形成了诸如 Z 评分模型、KMV 模型等被广泛应用的授信评价模型。所以在三维信用度量中，第三个维度的信用度量是相对成熟和完善的。

第三节 信 用 管 理

现代信用是一个多维度的综合性概念，既有看不见的存在于人们内心世界里的意识、观念，又有可观察和追索的行为表现。不管是有形的还是无形的信用形态，人们都能通过合适的制度、方法对信用观念和行为进行约束、规范和管理。

一、信用管理的概念

信用管理是指各经济主体❶为了实现信用活动的目的、维持信用关系的正常运行、防范或减少信用风险而进行的收集分析征信数据、制定信用政策、配置信用资源、进行信用控制等管理活动；它是社会经济管理体系的重要组成部分。由信用管理的定义可知，信用管理是为达到预期目标而进行的一系列活动，它必须广泛地应用现代科技新成果，如计算机、数据库、网络技术、预测、概率论等。需要指出的是，信用管理已不只是企业管理的一部分，也不只是专业的信用管理机构才会涉及的问题，信用管理的主体应该涵盖了所有的经济主体，信用管理已经渗透到了经济生活的各个领域。

信用管理就是组织内部通过建立专门的信用管理机构管理信用事务，它包括前期信用管理阶段的资信调查和评估机制、中期信用管理阶段的债权保障机制以及后期信用管理阶段的应收账款管理和回收机制。从企业的管理职能讲是指通过制定信用管理政策，指导和协调内部各部门的业务活动，对客户信息收集和评估，信用额度的授予，债权保障，应收账款回收等各交易环节进行全面监督，以保障应收账款安全和及时回收的管理。

二、信用管理的作用

1. 信用管理是现代企业管理的核心内容

在买方市场条件下，企业要想获得市场竞争力，提供信用销售服务是必不可少的途径之一。然而，信用销售活动存在信用风险，避免和减少信用风险，保障自身的权益的有效途径就是强化企业的信用管理。企业通过建立完善的信用管理制度，在授信决策前，通过对客户信息的收集和分析，解读征信机构的客户信用报告，对潜在授信对象的信用有一个比较全面的和准确的判断，以筛除信用等级差的潜在授信对象，使信用风险在信用活动的最初阶段就得到根本性的控制。再通过应收账款的监控、信用风险转嫁、拖欠账款追收等信用管理活动，就能够大大地降低信用交易损失，提升企业管理水平，使企业稳妥授信、敢于授信，在市场竞争中占据有利地位。同时，通过自身的信用管理，增强企业员工的信用意识，提高企业依法从事交易活动的自觉

---

❶ 经济主体包括政府、一般意义上的企业、金融机构、个人以及专业的信用管理机构。

性，不断增强履约能力和履约水平，避免因违约、失信造成的经济损失和信用资本损失。

2. 信用管理为科学的信用风险管理提供支持

信用风险管理是信用管理的有机组成部分，但是信用管理不限于信用风险管理，信用管理还包括征信和评级等内容。信用风险管理是在具体的信用活动中进行信用管理所使用的主要手段之一。

只要有交易，就有违约风险和信用风险，任何行业的任何交易活动都不例外。因此，除了银行、证券交易商重视信用风险管理外，其他行业也越来越重视信用风险管理，以避免在履约过程中可能发生的合同欺诈和故意违约等风险。

信用风险量化管理是信用风险管理的一个重要发展趋势。JP摩根在1997年推出了信用计量模型（Creditmetrics），其基本方法就是利用评级公司提供的评级数据进行信用等级变化分析，以此度量信用风险的大小。一个有效率的信用管理体系可以积累和披露大量的有价值的信用信息，为信用计量模型（Creditmetrics）所用，可以丰富对违约风险的防范和对违约对手的惩戒方法，为信用风险管理的发展提供支持。

3. 个人信用管理是发展业务和保障权益的重要手段

在现代信用经济社会中，个人要立好信用、用好信用、管好信用。个人信用管理：首先，要非常重视自己的信用记录，维护良好的信用记录，修正不良记录的污点，争取更高的信用评分，这能给自己的就业、借贷和投资活动带来极大的便利和实惠；其次，在充分利用既有的良好信用，积极拓宽投资渠道，积累个人财富，开展信用活动的过程中，要加强信用活动的管理，合理负债，实现债务和收入的良性循环，避免陷入个人债务危机而导致破产；最后，通过强化授信资产的监控，保障自身的权益不受损失。

4. 信用管理促进和谐社会构建

社会信用管理有效推进社会信任关系的建立，对于社会和谐发展具有重要意义。长久以来，人类以群居和群体为主要生活、生产模式，亦即人类以社会方式来实现自身的生存和发展。在群体中，信任成为人与人之间乃至整个社会的重要基础之一。特别是在现代社会中，市场经济快速发展，地域范围无限扩大，人与人之间的信任基础远远超越了血亲关系，以往家族式的血亲纽带，已经不足以覆盖人们的活动范围，很多素不相识甚至素未谋面的人，通过电子邮件、聊天软件、电子商务网站等建立联系，乃至发生经济交易，靠的就是诚信的基本原则。如果人们相互之间缺乏信任，不但经济交易无法达成，社会一般交往也很难维持。

信用不仅是一个经济问题，更是一个社会问题。信用问题不仅涉及市场交易秩序稳定，更关系到社会关系、社会稳定与和谐发展。社会管理的目标是能给国家和人民带来最大的福利，而信用管理是社会管理的重要内容之一。社会信用管理将通过个人的信用管理、企业和其他社会主体的信用管理、政府的信用管理、政府的信用监管和法规制度约束的共同作用，使我国的社会信用水平显著提高，并成为一个发达的征信国家，实现市场繁荣、秩序井然、社会稳定与和谐发展。

三、信用管理的发展趋势

现代信用活动的蓬勃发展，对信用管理提出了更高的要求，使信用管理的发展呈现出新的趋势。

1. 信用管理的系统化

设立信用管理部门，聘任高水平的信用经理已经成为欧美发达国家近20年来企业普遍流行的趋势。在企业经营管理体系中，信用风险属于一种交叉性和综合性的管理领域，涉及企业的计划、采购、生产、营销、销售、财务等各个环节。以前由销售部门或者财务部门承担的信用管理职能已经远远不能满足企业信用活动的发展要求，而且两者在信用管理方面存在严重缺陷。一般而言，销售部门看重销售额的扩大，在高报酬的销售激励机制带动下，业务人员往往滥用其信用管理权力，不顾客户的评级水平，盲目扩大信用规模，提高销售量，给企业造成巨大的信用风险。实践证明，仅靠财务部门也不能有效地控制信用风险，这是因为财务部门并不了解客户背景和交易状况，无法对信用风险做出准确的判断，也无力承担收账工作。一般财务人员日常工作以会计核算为主，在信用管理和风险控制上同样缺乏专业知识和经验。

现代系统全面的信用管理模式是销售、财务与信息管理的综合性解决方案，通过信用管理职能的增加，将企业的销售、财务和信息管理工作有机地结合起来，从而实现企业整体的经营管理战略目标，是集客户评级管理制度、内部授信制度、应收账款管理制度和信用风险转嫁制度等在内的综合管理制度。

2. 信用管理的专业化

除了企业、金融部门等信用活动主体纷纷设立独立的信用管理部门外，围绕着这些实体信用活动部门的信用信息管理与服务行业，包括征信公司、评级公司等也得到了迅速发展。它们以社会实体信用活动为基础，以公共部门、金融部门、企业为主要客户，以经营并销售信用信息与信用产品、提供专业化和社会化的信用服务为手段，适应市场分工的要求，成为现代信用活动的重要组成部分。商账追收、信用保险和保理、信用担保等公司的年营业额达到上百亿元，显示出信用专业服务旺盛的市场需求。

3. 信用管理的信息化

在信用管理过程中，由于信用制度的运转离不开信息，所以信息的获取就变得至关重要。如果没有信用信息的传输、获取、辨别、接受等信息途径的话，信用制度是不可能存在的，信用管理也将缺乏时效性。现代信用管理的进一步发展需要利用现代高科技技术和科学的数理统计计量方法，将管理客体的信用行为提炼成可以度量的信息建议评估与分析。如征信活动需要利用网络技术收集信息，利用统计方法对数据进行整理加工，利用数据库技术储存信息并有效地提供利用；评级和信用风险管理活动需要利用现代经济计量方法的成果和预测方法等。现代信用管理是借助计算机完成，信用管理流程多以计算机管理系统的形式实现。互联网的兴起更是大大加深了信用管理的信息化程度，加快了信用管理信息化发展，拓宽了信用管理模式的广度和深度。

四、信用监管

我国社会信用体系建设已初具规模，并在边建设、边运行中不断完善。为保证我国社会信用体系建设和运行的健康发展，必须发挥信用监管，特别是政府信用监管的作用。

1. 信用监管的内涵和目的

信用监管是信用监管机构依据相关的信用法规对信用市场主体的行为、信用产品和信用关系进行监督、规范、控制和调节等一系列活动的总称。

信用监管主要有以下目的：一是防范信用风险，应对信用风险的突发性和破坏性；二是规范信用行为，通过对信用活动的监管，惩戒失信行为，保障信用行为规范有序；三是健全信用制度，以法律法规的形式将社会普遍遵守的信用观念和准则确定下来，形成信用制度，政府和有关主体据此进行监管，并在实践中不断完善，形成比较健全的信用制度；四是促进信用发展，通过信用行为的监管，不仅可以保障信用行为规范有序，而且还能增强全社会的诚信意识，推动信用文化建设。

2. 信用监管的特征

信用监管具有广泛性、综合性、公开性等特征。

信用监管的广泛性包括监管主体、监管对象和监管领域。

信用监管的广泛性。一是监管主体的广泛性：我国的信用监管主体主要有政府部门和民间专业机构；我国政府信用监管涉及的部门很多，在中央层面主要包括：发展和改革委员会、工商总局、中央精神文明建设指导委员会办公室、最高人民法院、教育部、工业和信息化部、公安部、司法部、财政部、人力资源和社会保障、国土资源部、环境保护部、住房和城乡建设部、交通运输部、水利部、农业部、商务部、文化部、卫生计生委、人民银行、国务院国有资产监督管理委员会、海关总署、国家税务总局、国家质量监督检验检疫总局、新闻出版广电总局、安全监管总局、食品药品监管总局、林业局、旅游局、中国银行业监督管理委员会、中国证券监督管理委员会、中国保险监督管理委员会、铁路局、民航局、邮政局、文物局、全国总工会等38个部委办局；民间专业监督机构包括授信人委托的中介服务机构和行业协会等，这些机构通过自律管理发挥监管作用。二是信用监管对象的广泛性，包括政府机构、企业、个人的投资、借贷和各种交易等活动。三是信用监管领域的广泛性，包括信用活动涉及的经济、生活和社会活动的方方面面。

信用监管的综合性。信用监管综合运用法律、行政和经济等手段。

信用监管的公开性。信用监管依据的法律法规、采用的监管手段、监管结果和信用交易信息都向社会公开。

3. 信用监管的主要内容

信用监管内容可以归纳为诚信度、合规度和践约度三个方面。

（1）诚信度监管。诚信主要涉及道德、文化、心理范畴。诚信监管是监管企业和个人的道德水平。首先，政府监管部门要根据条块管理关系推进各地区、各行业制定道德规范标准，以此为依据来监管和推进全社会的诚信道德水平。其次，各级政府的宣传部门、精神文明建设指导委员会和各行业行政主管部门要通过大众媒体或部门掌握的报刊、杂志和网站开展诚信宣传教育，利用舆论监督的导向性力量，大力倡导诚信为本、操守为重、模范守信的道德观念，坚持求真务实、说实话、报实情、守承诺的行为准则；加强对市场主体报送的信用信息和其他信息的监管，处罚弄虚作假等失信行为。并且利用表彰、通报、处罚等手段对不同信用主体进行奖惩分明的监管，使社会主体树立起诚信的价值的理念，从而倍加珍惜诚信、培育诚信、提高自身的诚信水平。同时还要发挥行业协会在诚信建设方面对会员企业的自律和监督作用。

(2) 合规度监管。合规监管主要涉及政策、准则、制度范畴，是政府信用监管的重点内容。政府监管部门依据各类法律法规、部门规章、行业规范等对信用行为主体进行监管，并推行褒奖守信、惩戒失信的信用激励机制。根据中国的国情，政府部门应根据行政权限采用分类监管的方式对监管范围内企业实行信用监管；目前，工商、税务、海关、质监等政府部门已经启动信用分类监管措施，并且结合自身的行政职能，给予相应的奖励和惩罚。地方政府和其他政府部门也结合本地区和本部门的情况正在尝试推进信用分类监管。

政府各行政主管部门信用监管的领域和对象有所不同。中央银行和银监会主要负责银行和金融机构的信用监管，其监管的内容主要包括：信用规模与结构、银行和企业信用异常状况、清算与支付系统、银行和金融机构的信用危机和风险评级体系及风险管理制度、信用产品的审批和监控以及对消费贷款和个人信用进行监管等。证监会负责对证券市场的信用监管，保监会负责对保险市场的信用监管，财政部在其职能范围内负责对企业和金融机构的信用监管，工商局和税务局分别在其职能范围内对企业进行信用监管。

水行政主管部门负责行业内市场主体的信用监管。水行政主管部门信用监管的主要内容包括对招标、投标法、合同法、水利建设法规执行情况的监管，对市场准入、退出监管，以及对违法行为的行政处罚等。各级水行政主管部门根据企业的信用等级和信用的变化情况实行分类监管，对于不同信用等级的市场主体在行政审批、市场准入、日常监督检查、资质晋升支持、评优评奖、列入水利建设市场主体红黑名单等方面给予不同的优惠或处罚。

其他行政主管部门的信用监管内容可参考有关文献。

(3) 践约度监管。践（履）约度的监管主体主要是政府部门、授信人或其委托的中介服务机构，还有行业协会、商会等自律组织。监管的依据主要有授、受信双方依法签订的合同、部门规章和行业自律公约等。由于交易合同条款包括国家颁布的法律、行政法规、部门规章以及交易标的特定的合同条款。因此，对市场主体在标的物交易过程中履行有关法律、法规和部门规章方面的信用行为的监管属于上述合规度监管的内容，此处只叙述"标的特定合同条款"的履约监管问题（以下简称"合约履行监管"）。

政府对市场主体履行合约的信用监管应定位在涉及"标的特定条款"的较大或重大信用行为的监管上，对市场主体的失信行为需要进行行政处罚的事件。其他面广量大的一般履约信用监管应由授信人委托的中介机构负责，按合约条款规定的时间、质量和支付计划对当事人的信用行为进行监管。

在践约度监管方面,行业协会发挥的作用不容忽视。许多影响力的行业协会,不但可以团结行业内企业共享信息资源、建立沟通平台、抵制恶性竞争,而且可以利用协会的号召力,通过签署会员诚信公约,约束会员企业诚信经营,履约践行,杜绝各种违规经营和欺诈消费者的行为。

五、企业信用管理

1. 企业信用的内涵

企业信用是企业在资本运作、资金筹集及商品生产流通中所进行的信用活动。企业信用也可称商业信用,是指工商企业之间在商品交易时,以契约(合同)作为预期的货币资金支付保证的经济行为,故其物质内容可以是商品的赊销,也可以是现代工程交易模式,如代建制,其核心却是资本运作,是企业间的直接信用。企业信用在商品经济中发挥着润滑生产和流通的作用,是商业信用和消费信用的重要组成内容。企业信用的信用工具包括商品赊销、企业债券或其他金融衍生工具。

2. 企业信用的地位

在现代经济社会中,企业信用具有十分重要的地位。首先,企业信用是社会信用体系的核心。它是企业管理水平、技术水平、道德水平的综合反映,它贯穿其市场准入行为、经营行为、交易行为、竞争行为的全过程。同时,企业又是信用的最大需求者和供应者,在市场经济运行中,企业是市场价格关系、供求关系、竞争关系的主角,企业的信用行为对市场机制与市场秩序运行产生重大影响,因此,企业信用是社会信用体系的核心。其次,良好的企业信用是市场经济正常运行的必要条件。高度发达的企业信用关系是现代市场经济的一个显著特点,没有企业信用就没有市场经济。企业信用是否有序,对现代市场经济能否顺利运行具有举足轻重的影响。信用无序化必将导致社会经济生活秩序混乱,以致整个社会信用链条断裂,使社会经济生活陷于瘫痪。作为市场经济的微观主体,企业具有良好的信用更是现代市场经济正常运行的必要条件;企业信用恶化,会动摇整个市场经济的基石。

3. 企业信用管理的相关概念

(1)企业信用管理的概念。企业信用管理有广义和狭义两种概念。广义的企业信用管理是指企业为获得他人提供的信用或授予他人信用而进行的以筹资或投资为目的的管理活动。狭义的企业信用管理是指企业为提高竞争力,扩大市场占有率而进行的以信用销售为主要管理内容的管理活动。通常所说的企业信用管理是指狭义的企业信用管理，也称传统的企业信用管理。

（2）企业信用管理的职能。企业信用管理的主要职能包括客户信息的收集与加工、信用评估、债权保护、应收账款催收以及企业自身履约和内部监管等。

客户的信息收集与加工。企业通过对客户的信息收集、分类、整理，对客户的信用状况进行分类，为企业制定信用政策提供依据。

信用评估。企业采用科学的评估方法，对获取的客户信用信息进行分级，为企业对客户授信提供依据。

债权保护。企业根据客户信用的差异，揣摩适当的债权保护制度，以扩大交易规模，降低损失。

应收账款催收。通过对应收账款的诊断，建立应收账款催收程序和催收办法，并落实催收责任。

（3）企业信用管理的内容。企业信用管理的主要内容包括以下四个方面：建立科学完善的信用管理制度；完善监督机制，对交易各阶段进行管理和监督；制定信用政策，确定应收账款的合理持有量；制定应收账款管理制度，确保应收账款及时足额回收。

4. 企业信用管理的任务

企业信用是社会信用体系的核心，因此，强化企业信用建设和企业信用管理是社会信用体系建设的重要内容。企业信用建设和信用管理应做好以下几个方面的工作。

（1）建立健全企业信用管理制度。建立健全的企业信用管理制度。规范市场经济秩序的活动，不能简单地依靠一次又一次的突击大检查或严打等形式来解决问题，而必须依靠规范的市场经济规则和相应的制度建设来实现。企业作为市场的主体，它的市场准入、交易行为以及市场退出是否规范，直接决定和制约着市场经济秩序的运行状况。而企业的这些信用行为要依靠本身的信用管理制度来规范。因此，建立健全的企业信用制度，包括企业信用风险管理制度和企业信用行为规范制度，是保证市场经济秩序健康发展的治本之策。

（2）规范企业信用行为。规范企业信用行为是建立社会信用体系的重要目的。规范企业信用行为包括两个方面：一是通过外部约束力来规范企业的信用行为，主要包括政府政策法规的约束和政府部门的监管、社会授信人或其委托人的监管、信用中介机构的评级和信用报告、社会舆论监督、政府和授信人运用的信用激励（奖惩）机制等，这些外部监管和激励机制对规范企业信用行为都能发挥重要作用；二是通过企业内部信用管理机制运行来规范企业信用行为。根据"企业信用管理"这个命题,这里应着重叙述企业内部的"信用行为规范"问题。从企业内部规范企业信用行为也是多方面的,但最主要应从四方面着手,一是依靠健全的信用管理制度,用制度来规范每一个员工的信用行为,最终实现规范企业的信用行为;二是强化监管,特别要发挥信用管理部门的监管作用,使失信行为在萌芽状态中消除;三是在信用行为实施前,行为负责人要制订周密的信用行动计划,规避失信行为的发生;四是在企业内部也要用好信用激励机制,奖励那些为企业获得信誉而做出贡献的个人和群体,惩戒那些使企业增添失信记录或因失信而受到处罚的主要责任人,而且要根据为企业增信贡献和使企业失信的责任大小实行差别化奖惩,有利于规范企业信用行为。

(3)树立良好信用形象。"重合同、守信用",是企业树立良好信用形象,适应社会信用体系建设的基础。良好的信用意识环境的形成应通过建立起以讲信用为荣、不讲信用为耻的信用道德评价和约束机制,使企业自觉形成"重合同、守信用"的社会风气,形成一个"诚实守信"和"履约践诺"的良好氛围。这就必须提高对信用重要性的认识,逐步健全企业信用文化建设,普及信用知识,强化信用意识。要切实加强诚实、守信的职业道德教育,深入开展企业职工的道德实践活动,增强企业和个人的法制观念和商业道德观念,推动信用文化建设,为建立企业信用体系奠定思想基础。除此之外,更重要的是企业领导不仅要有牢固的"重合同、守信用"的思想意识,而且要在每一项经济交易活动的全过程,都要"诚实守信"和"履约践诺",以守信的实际成果向授信者展示企业信用至上的承诺,从而真正向社会树立起企业的良好信用形象。

5. 企业信用管理制度

企业信用管理制度是规范企业诚实守信的一系列法律、法规和规章。企业信用管理制度一般由内、外两部分构成:一部分是企业内部信用管理制度,包括客户资信调查和评级机制、债权保障机制、应收账款管理和回收机制,以及信用管理机构管理制度;另一部分是企业外部信用制度,也称企业信用制度,包括企业信用征信评估制度、企业信用信息监管制度和信用中介服务机构管理制度等。

信用管理制度主要包括以下具体内容:

信用管理部门设置❶。明确本企业设立信用管理部门或是仅仅设立信用管理的专职岗位,明确设置的具体架构。

---

❶ 信用管理部门设置:按照制度经济学明确的制度内容包括组织机构和岗位设置。

信用管理部门的职能。明确信用管理部门在客户信息管理、客户授信、应收账款管理、对外与专业信用服务机构进行业务合作等方面的职能。

信用管理部门的岗位设立与职责界定。描述信用管理部门各岗位的职责以及对各岗位的管理，上下级关系的界定。

信用管理部门的工作程序和相关制度。对信用管理部门各岗位的工作程序（流程）和相关制度做出规定，包括信用管理授权制度、信用风险管理制度、资信调查和评级制度、债权保障制度、账款分析报告制度、工作总结报告制度、信用管理相关部门协调制度、新客户授信程序等；还有规范的信用管理标准文本与表格，其中包括标准合同文本，客户信用申请表、客户调查表、回复客户的标准信函等。

信用管理部门的目标与考核。信用管理部门的目标是在最大限度地扩大经营或授信的同时，控制信用风险，将风险降低到合理程度，使企业获得最大利润。根据此目标确定信用管理部门的工作重点，并以量化指标考核企业信用管理部门的工作业绩。

企业信用管理制度很多，以下列示几个典型的信用管理制度。

（1）企业信用管理流程制度。企业信用管理是一个动态的过程，具有明确的流程目标、完善的规章制度和相应的组织机构。工作的起点是企业和客户的接触，终点是货款收回，以及后期客户信用额度的调整和客户关系的维持。对于以工程交易及相关服务为主营业务的企业，企业信用管理的流程依然以企业合同的履行为主线，将企业信用管理过程分为事前、事中和事后三个阶段。事前管理是指授信阶段以前的管理工作，主要是筛选合格的信用交易对象，进行资信调查、资信评级、确定信用管理政策等；事中管理是指从签订交易合同、履行合同义务、维护合同权利；事后管理是指交易完成实现收入并形成应收账款以后的管理，主要是应收账管理、催收和追收。企业信用管理流程见图1-3。

第一阶段：收集潜在交易对象名单，收集相关参与者的信用信息，确定参与资格。

第二阶段：对收集的信用信息进行科学评估（评标中资格后审），确定最终交易对象，签订交易合同。

第三阶段：对履约过程进行监督，及时发现可能的失信行为和存在的信用风险，并按相关预案处理，减少损失。

最后通过信息收集，将有关信息整理，输入数据库，作为下次决策的依据。

（2）信用管理的授权制度。信用管理的授权制度应明确企业信用管理的

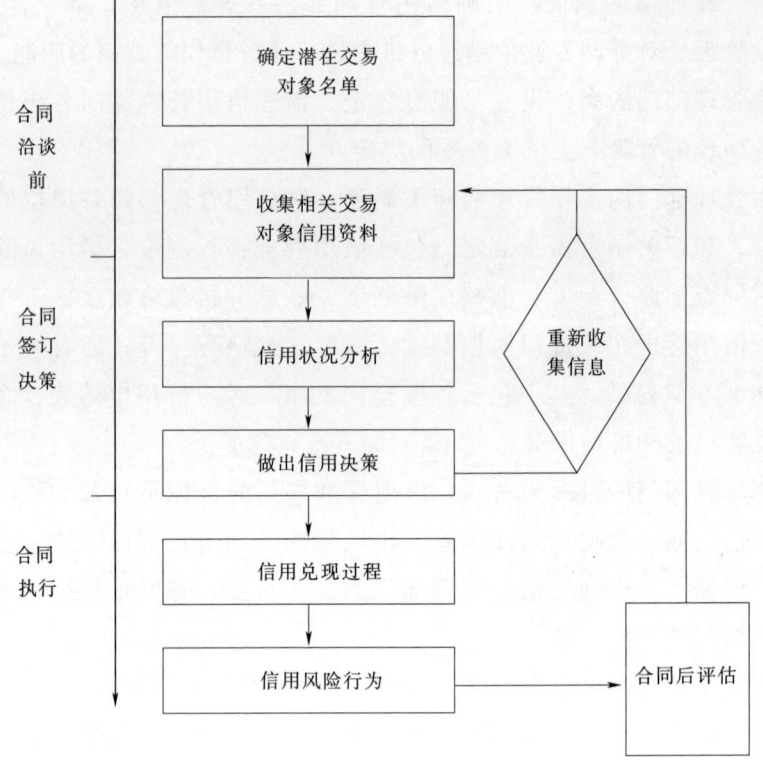

图 1-3 企业信用管理流程图

分级决策权,包括企业管理层的信用决策权限、企业决策层对信用管理部门的授权、信用管理部门的领导关系,以及企业经营部门的信用决策权限等。水利企业的信用管理授权制度主要涉及工程招标定标或分包决策授予权、设备材料采购决策授予权,因不可抗力等突发事件引起的暂停或部分暂停履约的报批程序和决策权,合同变更动议和审批决策权,对违约客户的追索、起诉权等。

(3) 信用管理相关部门的协调制度。除了信用管理部门以外,与信用管理有关的部门还有销售部门、财务部门、生产部门等。信用管理的内部协调制度应规范这些信用管理相关部门之间的信用管理工作流程、工作衔接、配合和矛盾处理等关系。

(4) 信用风险管理制度。企业要制定和实施一套完善的风险管理制度,包括信用风险的预警、信用风险的阶段管理机制、信用风险的评价、信用风险的防患和信用风险事件的责任追究制度。

(5) 企业内部信用激励制度。诚信褒奖、失信惩戒的信用激励机制是促进社会主体提高信用水平,增进社会信用风气不断向上的有效制度。因此,在政府部门强力推动信用激励机制的同时,企业内部也要制定信用激励制度,褒奖那些为企业增信做出贡献和惩戒那些使企业增加失信记录的个人和单位。

6. 企业信用管理部门的设置

（1）企业信用管理组织模式的选择。企业信用管理组织模式通常有销售主导型、财务主导型、独立部门和委员会制等四种模式。目前，很多企业信用管理主要由销售部门负责，对客户进行信用风险控制。也有一些企业由财务部门进行应收账款管理，通常由负责应收账款的会计人员根据既定客户的信用限额和信用期限对赊销进行控制。由此可见，虽然信用管理职能归属部门在组织结构设置上极其灵活，但信用管理组织结构设计的基础都是基于企业主营业务所决定的信用风险源。这就是说，企业的主营业务不同，信用风险源有差异，企业信用风险管理职能的归属部门有别。本书重点介绍以工程交易为主体业务的企业信用管理部门设置。

以工程交易为主营业务的企业，由于其产品具有唯一性、不可重复生产的特点，它的业务具有多元、复杂和综合性特征。企业面临的业务单元可能涉及金融、建筑设计、工程施工、设备租赁、设备和大宗材料采购及无形资产交易等，有时还会涉及项目的投资开发权、经营权和项目资产转让等问题。这类交易除了遵循国家法律、法规和通用合同条款外，还有针对特定工程项目的特殊合同条款和具体要求，以及在交易过程中还可能发生与自然环境相关的不确定性。因此，合同信用风险是以工程交易为主营业务的企业的最主要风险源头。所以，这类企业的信用管理机构设置必须考虑合同履行与部门业务的关联度，应以履约率为核心工作的部门作为企业的信用管理机构（或部门）。现实中，一般水利企业通常不设独立的信用管理部门，信用管理工作往往由合同管理部门或者经营部门负责。

在信用管理比较重要的大型企业中，可以设立专门的信用管理部门。

对于特大型企业，如业务范围涉及海外项目的 EPC 工程公司，除设立专门的信用管理部门外，还应设立由企业财务总监、合同管理总监、信用经理、总经理、董事等组成的信用管理委员会。信用管理委员会是企业信用决策的最高机构，它可以定期、不定期召开会议，专门负责研究和决定信用管理政策的重大调整、按照信用工作流程组织和协调跨部门协作、审议企业信用风险控制体系的安全性、商议重大信用事项。

（2）信用管理部门的内设机构。如果企业专门设立信用管理部门，一般下设商情科、授信科、商账科、外勤科四个科室。如果企业分支机构较多、业务规模较大，还可能增加若干信用管理专员，负责分支机构的信用管理。由于企业类型的多样性和主营业务的差异，管理部门的下设机构要根据本企业的具体情况灵活设置，如大型水利建筑企业可设置信息管理和授信科、履约与信用风险监管科、商账科、信用教育科等。

对于不设独立信用管理部门的企业，信用管理工作通常由合同管理部门或经营部门负责，为了做好该项工作，首要的是明确合同管理部门或经营部门的职责，并进一步明确部门内部人员分工、落实责任。

（3）组织管理制度。在信用管理部门组织结构设计完成后，要进行岗位的设置，制定信用管理部门的职能和各岗位的职责，规定信用管理部门的工作程序，制定信用管理部门的目标与考核制度等。

7. 企业信用管理的模式

本节主要介绍闭合信用管理模式、全程信用管理模式和"3+1"信用管理模式。

（1）闭合信用管理模式。传统的企业信用管理模式往往局限于企业信用管理职能部门对企业的授信决策进行科学管理。通过企业信用管理部门科学运转，正确执行企业的信用政策，充分发挥该部门在客户风险管理、应收账款管理、商账追收、合约执行及合约风险管理等方面的作用。闭合信用管理模式是一种包含了企业与银行、企业与企业、企业内部等多重信用管理职能的企业综合信用管理机制，涉及企业与银行、企业与企业、企业内部等三个信用管理层。企业综合信用管理机制的良好运行，可以保证三个信用领域的信用水平稳定，降低企业信用风险[6]。

1）企业与银行信用管理层。企业通过建立内部闭合的信用信息管理系统，并与银行信用评级（或信用信息管理）系统互联互通，实现与银行的信息共享，既能保证银行对信贷企业的信用监督，又能及时反馈企业的资信信息，使银行对企业的资信实现动态监管，这既降低了银行的风险和信贷成本，又简化了企业的信贷手续。

2）企业与企业信用管理层。通过政府的强制措施或行业协会的压力，各企业普遍建立闭合信用信息管理体系。借助于各企业闭合信用信息管理系统的联网，形成以产业链为基础的信用管理链条，在产业链中，任何一个企业闭合信用管理体系既是信息的输入界面，也是信息的接收界面。通过战略联盟或联合体协议确定信用信息共享的权力与义务，降低信用信息流动障碍，进而提高了中小企业的整体信用管理水平。

3）企业内部信用管理层。该管理层是企业闭合管理体系中的核心层，也是最重要的一层。企业内部信用管理的主体是企业相关职能部门，在企业内部建立起相应严密的权责关系。通过企业全价值信用管理、全流程信用管理和全职能信用管理等三个层面，建立三维立体信用管理模型（见图1-4）。

由图1-4中的全价值信用管理层面，企业信用管理作为产业价值链中的一环，既要承担"践约"要求，完成契约约定的相关责任及义务，又要承担

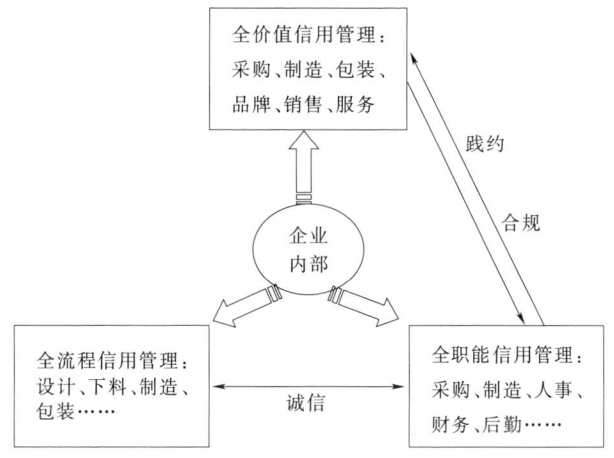

图1-4 全价值信用管理模式图

"合规"要求。一般地，信用的践约度要求是一个双向权利和义务的信用承兑过程，因此，企业内部（各）部门均有遵守契约精神的使命和义务。企业内部应从制度、文化等方面进行必要的管理；市场经济运行的有序性，离不开政府、协会等部门的监督及引导。因此，企业作为市场经济活动的主体，"合规"首先是契约关系成立的必要基础。只有契约关系成立，履行契约规定的权利与义务才有效。全流程信用管理中的流程，本书界定为企业内部以生产为基础及对生产业务支撑的所有流程。企业通过组织结构的设置及职权的划分，对企业内部核心业务全面支持，因此，信用管理的主要对象便具体化为企业内部员工和组织的信用行为，包括内部制度建设、对企业的忠诚度及职责的遵守等。

（2）全程信用管理模式。在国内企业信用管理领域，全程信用管理模式是由东方国际保理中心总裁谢旭首先提出，本书结合企业的实际情况进行必要的完善和调整。企业全过程信用管理是以合同管理为基础，增加信用和风险管理职能，带动企业各基础管理环节的改进和协调[7]，有效增强企业市场竞争力与盈利能力的信用管理模式。企业全程信用管理应以合同履行的全过程，按合同洽谈前、合同签订、合同执行、合同后评估等阶段，对重点环节进行信用活动控制（见图1-5）。

全程管理模式，强调了履约过程的每一个环节，实现对内部履约和外部合规性的双重信用管理。以工程交易为主营业务或服务对象的企业，经营活动的本质就是对合同的履行，企业要以合同为依据配置企业资源，完成依法成立的合同所规定的目标。

（3）"3+1"信用管理模式。"3+1"信用管理模式是由商务部研究院信用管理部韩家平、蒲小雷，参照西方企业信用管理模式，结合我国企业的具

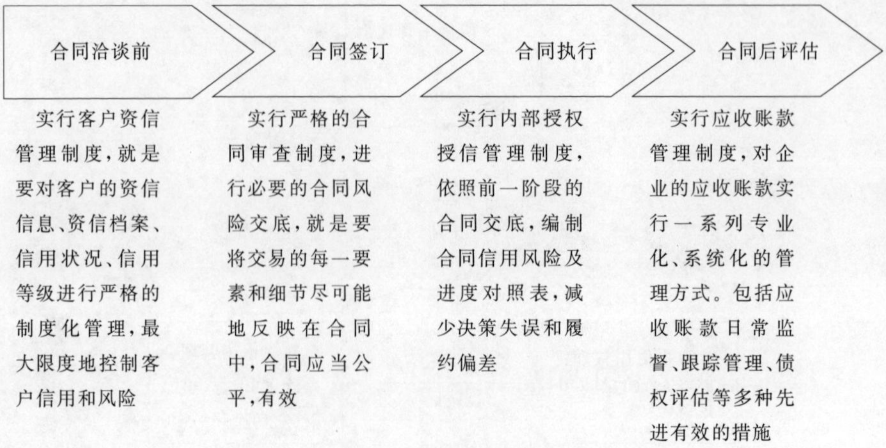

合同洽谈前	合同签订	合同执行	合同后评估
实行客户资信管理制度,就是要对客户的资信信息、资信档案、信用状况、信用等级进行严格的制度化管理,最大限度地控制客户信用和风险	实行严格的合同审查制度,进行必要的合同风险交底,就是要将交易的每一要素和细节尽可能地反映在合同中,合同应当公平、有效	实行内部授权授信管理制度,依照前一阶段的合同交底,编制合同信用风险及进度对照表,减少决策失误和履约偏差	实行应收账款管理制度,对企业的应收账款实行一系列专业化、系统化的管理方式。包括应收账款日常监督、跟踪管理、债权评估等多种先进有效的措施

图 1-5 全程信用管理模式图

体情况提出的。"3"是指企业内部应建立 3 个不可分割的信用管理机制,其实质就是信用管理在时间上划分为相对独立而内涵相对统一的 3 个阶段的运行机制,分别为前期资信调查和评估机制,中期债权保障机制和后期应收账款管理和追收机制[8];而"1"是指在企业内部应建立一个独立的信用管理机构。前期阶段的评价机制主要是从客户筛选、评价和控制的角度避免信用风险;中期阶段的债权保障机制主要是在交易中期转嫁和规避信用风险;后期阶段的账款管理和回收机制主要是在交易后期密切监控账款回收,最大限度地减少信用风险。

实际上,"3+1"信用管理模式与全程信用管理模式是基本相通的,本质上也是按照履约的各阶段的实际需要进行信用管理,但该模式必须在企业内部设立独立的信用管理机构或者部门,而不能由某一部门在职能和权限上兼顾。

第四节 社会信用体系

一、社会信用体系与征信国家

社会信用体系是一种保证经济良性运行的社会机制。从其功能来看,信用在经济领域市场交易中的作用,保证市场经济向信用经济方向发展。从系统论的角度来看,社会信用体系作为一种有效的社会机制,以法律和道德为基础,以信用制度为核心,通过对失信行为的记录、揭露、传播、预警等功能,解决经济和社会生活中信用信息不对称的矛盾,加大失信成本,惩戒失信行为,褒扬诚实守信,扩大市场交易规模,维护经济活动和社会生活的正常秩序，促进经济和社会的健康发展，保证市场经济的公平和效率。

一个国家的社会信用体系比较健全，公正、权威的信用产品和信用服务已在全国普及，信用交易已成为其市场交易的主要手段，这样的国家通常被称为征信国家。在征信国家，信用管理行业的产品及服务深入到社会的方方面面，企业和个人的信用意识强烈，注重维护信用，有着明确的市场需求。因此，征信国家对外信誉较好，信用交易的范围和规模较大，可以获得更高的经济福利[2]。

二、社会信用体系的功能

信用是市场经济运行的前提和基础，社会信用管理体系是市场经济繁荣发展的制度保障。通过构建社会信用管理体系能够有效降低信息不对称、降低交易成本，促进经济增长和可持续发展。

1. 降低信用交易双方的信息不对称

市场经济要高效、有序运行，就要求市场中各主体诚实、守信、恪守市场秩序、维护一个公平的竞争环境。而现实经济运行中，由于人们获取信息的渠道、能力及所处的交易地位不同，交易双方信息拥有量存在不对称性，从而滋生信用缺失。在信用体系不完善、缺乏失信惩戒机制的市场中，信息拥有优势方会在利益驱使下，将会采取有利于自己，甚至有损于信息劣势方的决策行为，从而获得更大的收益，而信息匮乏方则会采取"逆向选择"来规避风险。

社会信用体系的建立，强大征信网络的形成，使原来分散于银行、政府、税务部门、工商部门、公共事业等机构的有关企业和个人的信用信息征集起来，通过专业的信用报告机构对各主体的信用状况进行分析、判断，并及时整理出信用研究报告，为交易双方提供了真实、充分的信息，极大削弱了交易双方的信息不对称性。

2. 使交易活动正常化，降低交易成本，提高效率

市场中交易的双方并非总是处于信息的对等状态，但是为了完成交易，双方，特别是信息匮乏方，将需要付出资金和时间用来搜集彼此的信息，或者制定一系列合同来约束对方行为，从而增加了交易成本。根据产业分工理论，独自完成要比委托信用服务机构完成发生的交易成本要高，故而，交易方可将该行为委托给专业的信用服务机构，来减少交易成本。完善的社会信用体系能够降低交易成本，主要表现在征信数据库的对外查询和征信产品的有效传播，两者构成的信用信息开放共享机制，增强了交易主体的"理性"，

解决了市场中信息不对称、不完全的矛盾，降低了交易主体搜寻对方信息的成本，提高效率。因此，社会信用体系的建立，能够促进信用服务业的发展，从而可以更好地服务于交易主体，降低交易成本。

3. 建立失信惩戒机制，褒扬诚信惩戒失信

社会信用体系的建立，其"失信惩戒机制"将会发挥作用，失信行为主体将被社会公众广泛认知，并在社会、经济活动中受到重创，如剥夺失信企业在一定时期内的市场准入机会，剥夺失信个人在一定时期内的消费信用便利和生活便利等。同时，社会信用体系的建立，通过"失信惩戒机制"，还可以对守信者进行褒扬，给予经济活动便利，增大守信的物质和精神奖励，降低守信成本。通过"奖罚分明"在全社会倡导诚实、守信，使整个信用环境得到改善，降低信用风险。

4. 使市场主体恢复投资信心，促进经济良性循环

当市场中充斥着失信行为时，在信息不对称的情况下，"劣币驱逐良币"，更多的市场主体会采取"逆向选择"，来减少因守信而遭受的损失。在"劣币"大行其道时，消费者担惊受怕，宁可不消费也不愿买到假冒商品，结果导致需求下降，市场萎缩。同时，消费者为了降低由于信息不对称带来的风险，会增大产品购买前的交易成本，导致消费者市场交易带来的满意度下降，消费者剩余减少，消费支出下降。而社会信用体系的建立，能够将"劣币"驱逐出市场，净化信用环境，提高企业和消费者的信心，增加企业的投资和消费者的支出，使市场经济向着不断良性循环方向发展。

5. 优化经济结构

社会信用体系的建立能够使一国的经济结构得到优化：一方面，社会信用体系的构建，能够规范市场秩序，优胜劣汰，使工业总体数量减少，而竞争力提升；另一方面，社会信用体系的构建，使得信用服务业得到快速发展，提升服务业的产值比例。

三、社会信用体系的结构

一个完整的信用体系是由一系列必不可少的部分或要素构成，且相互分工，相互协作，共同维护市场经济的健康发展。社会信用体系的建立和完善，制约和惩罚失信行为，迫使市场交易主体自我调整和修正，从而保障社会秩序和市场经济的正常运行。

1. 从纵向延伸的角度

纵向社会信用体系见图1-6，主要包括征信系统和信用投放系统，其中

征信系统是包含市场征信服务系统和政府信用监督体系[9]。市场征信服务主要通过市场机制对信用信息进行信用交易服务,在市场上执行具体的信用交易,包括信用管理服务、信用保障服务和信用文化与教育服务。政府信用监督体系由政府主导,对市场的信用行为进行监督和规范,包含统一的政府监督,中央政府部门纵向监督和各级地方政府横向监督。

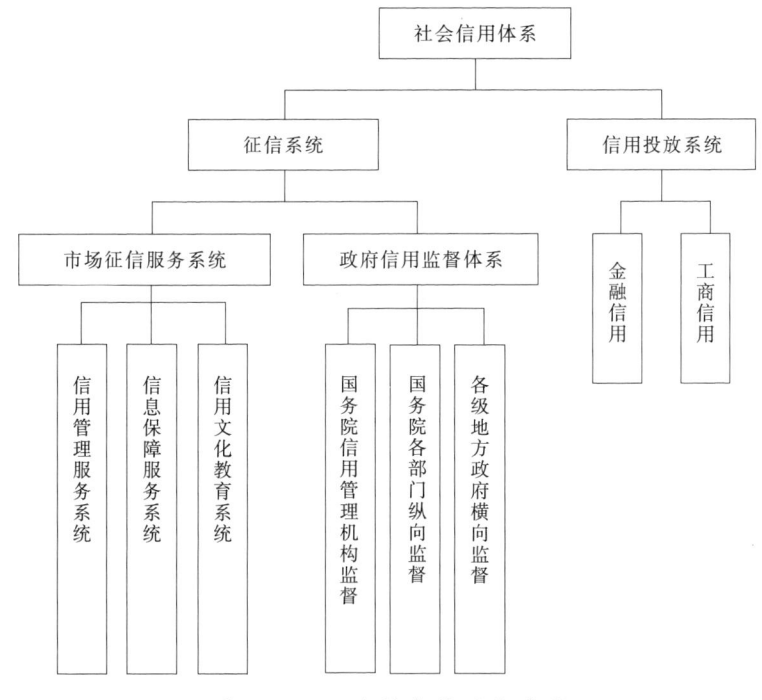

图1-6 纵向社会信用体系图

信用投放系统是社会信用系统的另外一个重要组成部分。信用投放是交易信用的具体体现,是信用工具和信用产品的产出,主要包括金融信用和交易信用。

2. 从横向分割的角度

社会信用体系包括公共信用体系、企业信用体系和消费者信用体系(个人信用体系),三者共同作用,构成了完整的社会信用体系。

(1) 公共信用体系。公共信用体系就是政府信用体系。从社会信用体系的全局来看,公共信用体系从全局上影响和引导着其他信用体系的宏观社会信用生态,是建立企业信用体系和消费者信用体系的前提条件。公共信用体系在市场经济运行中,规范政府的行政行为和经济行为,避免政府失信风险,提高政府和司法的公信力。

(2) 企业信用体系。企业是市场经济的活动主体,企业信用体系是社会信用体系的重要组成部分。企业信用体系的作用在于约束企业的失信行为,督促市场实现公平竞争，促进市场主体优胜劣汰，保证资源配置的有效性。企业信用体系收到法律法规的外在约束和保护，但企业自我的内在约束才是企业信用体系的基础。

（3）个人信用体系。个人信用体系是社会信用体系的基础，属于社会信用体系的微观信用信息源。

第二章
水利建设市场信用管理

第一节 水利建设市场信用管理现状

一、水利建设市场及其特殊性

1. 水利建设市场内涵

市场是社会分工和商品经济发展到一定程度的产物,是商品经济运行的载体或现实表现。所谓市场具有3层含义:一是买卖商品的场所,把商品的买主和卖主正式组织在一起进行交易的地方;二是商品交易关系的总和,主要包括买方和卖方之间的关系,同时也包括由买卖关系引发出来的买方与买方以及卖方与卖方之间的关系;三是有购买力的需求。由此,可将水利建设市场定义为:在水利建设项目生产与提供过程中所形成的咨询服务、施工和货物的交易关系的总和,主要包括水利建设项目生产与提供过程中参与交易的各主体之间的关系。

按照我国现行的建设管理体制,水利建设市场交易主体主要包括项目法人(或建设单位)、施工单位、勘察设计单位、监理单位、咨询、供货、招标代理、质量检测以及其他单位。随着我国市场经济体制的深化改革,我国水利建设市场交易主体的规模和数量不断增加,从市场组织结构上看,呈现出典型的金字塔结构,即高等级资质的企业较少,而低等级资质的企业较多。以勘察设计、施工和监理单位为例,截至 2017 年 4 月,我国水利建设市场主要交易主体的规模和数量如下:

(1) 勘察设计单位:全国具有水利行业设计甲级资质企业 130 家,拥有设计乙级资质企业 354 家,丙级资质 1096 家,从业人员人数近 8 万人。

(2) 施工企业:全国具有水利水电工程施工总承包特级资质企业 10 家,水利水电工程施工总承包一级资质企业 204 家。一级注册建造师水利水电工程专业资格20800人。

（3）监理单位：全国共有水利监理单位1757家，其中具备甲级资质单位410家，乙级资质单位394家，丙级资质单位953家。从业人员12130人，其中总监理工程师11345名，监理工程师83189名，监理员37989名。

总体上看，我国水利建设市场组织结构与建筑业市场组织结构也呈现出高度一致性。第三次全国经济普查主要数据公报数据显示，2013年全国建筑业法人单位34.8万个，其中建筑小微型企业就多达32.2万个❶。

2. 水利建设市场的特殊性

水利建设市场的特殊性主要表现为以下6个方面：

（1）交易对象的特殊性。水利建设市场交易对象，即生产的产品主要为水利工程项目，水利工程项目的生产虽具有工业生产的特征。但是，它又有许多不同于一般工业生产的技术经济特点，主要表现在：①空间的固定性，水利工程项目是附着在土地上的，不能移动；②单件性，水利工程项目的施工活动多为露天和高空作业，受自然环境的影响较大，其计价具有一次性特征，同时其质量和安全管理要求高；③耐久性，水利工程项目是耐用消费品，其使用期限往往在几十年以上。

（2）交易主体的特殊性。鉴于水利建设项目的公益性或准公益性，按照现行的建设管理体制，水利工程项目的建设与运营一般分别由不同主体负责，水利建设项目业主/法人通常为临时机构，从信息经济学的委托代理理论看，水利建设项目业主/法人与政府投资者是委托代理关系，其作为代理人，通常与政府投资者存在利益冲突或不一致的地方，因而可能会发生有利于自身私利，但有损于水利工程项目整体利益的不良行为。

（3）交易活动的特殊性。与工业产品相比，水利工程项目单体投资通常较大，因此施工周期较长，其交易具有期货交易性质，即先订货后交付，施工过程与交易过程交织在一起，加之施工过程的不确定性和项目本身的复杂性，导致水利建设市场交易活动存在较多不确定性，或存在较多项目业主不可控因素，容易产生交易双方的信用风险。此外，水利工程项目的空间固定性和单件性，决定了水利建设市场交易活动具有明显的区域性和流动性。

（4）交易规模的特殊性。随着经济社会的发展和极端气候的频繁出现，

---

❶ 根据《中华人民共和国中小企业促进法》和《国务院关于进一步促进中小企业发展的若干意见》（国发〔2009〕36号），建筑业小微企业的认定标准为：营业收入300万元及以上，且资产总额300万元及以上的为小型企业；营业收入300万元以下或资产总额300万元以下的为微型企业。

以及水利工程项目技术的特殊要求，不仅决定了单体项目的交易规模较大，同时也决定了水利建设市场整体交易规模或者市场容量日益扩大。进入21世纪尤其是2011年中央一号文件《关于加快水利改革发展的决定》出台后，水利建设市场整体交易规模扩张迅速（见图2-1），未来10年内预计每年水利建设投资规模超过4000亿元。

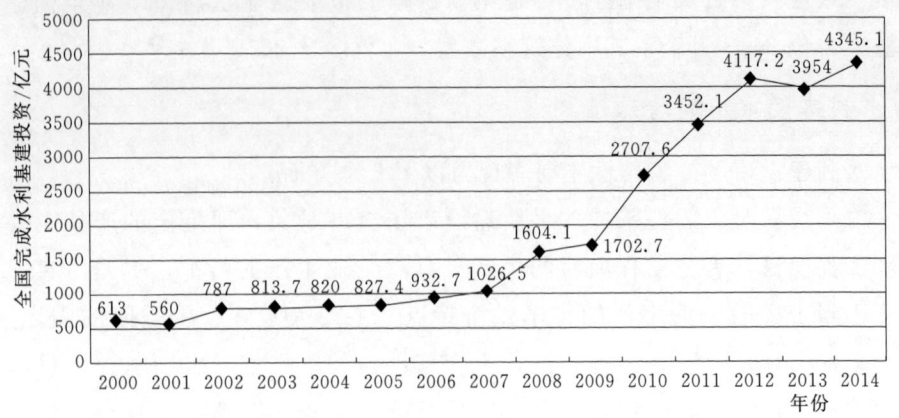

图2-1 全国水利建设市场交易规模示意图
（注：图中数据来源于《全国水利公报》）

（5）市场绝对集中度较低。有关文献资料[10]表明，2006年以后，我国建筑业的绝对集中度有了明显提高，CR50甚至超过了美国接近日本1997年的数据，这意味着我国大型建筑企业市场支配能力逐渐变强。但是与国外市场相比，仍存在不少差距。2013年，我国建筑业总产值160366.06亿元，其中特级总承包企业的产值25777.17亿元❶，占当年建筑业总产值16.07%。显然，建筑业市场绝对集中度仍然较低。水利建设市场由于作业环境的要求，对技术、机械设备和专业人才的要求较高，而对劳务需求较小，行业板块相对封闭，其市场集中度相对建筑业市场的平均值要高些，但总体来看，这一数值不会偏离过多，也就是说从整体上看，我国水利建设市场竞争程度高。

（6）市场进入壁垒低。进入壁垒可宽泛地理解为限制或妨碍潜在进入者进入的因素总和。构成进入壁垒的因素有许多，可分为两大类：结构性壁垒和制度性壁垒。结构性壁垒主要包括规模经济、产品差异化、必要资本量和绝对费用等因素，制度性壁垒主要指政策法律因素。

1）规模经济壁垒。规模经济表现在企业的生产、管理、采购、研发和营销等各个职能环节之中，其中生产是企业实现规模经济的主要来源，但与其

---

❶ 数据来源于《中国建筑业统计年鉴2014》。

他工业部门相比，基于水利工程项目的单件性、建设周期长和空间上的分割性等特性，水利建筑业缺乏一般意义上的规模经济条件。近年来市场绝对集中度的逐步上升，说明大型施工承包商的产出规模在不断扩大，但并不意味着企业规模与经济效益之间必然存在正相关，需要进一步考察。

假设建筑业的规模经济差异值为 λ，总承包企业的利润占有率（根据利润总额计算）为 X，总承包企业的市场占有率（根据总产值计算）为 Y，其余企业的利润占用率和市场占有率分别为 X_1 和 Y_1，则有 $(X \div Y)/(X_1 \div Y_1) = \lambda$。若该比值明显大于1或小于1，则说明存在或不不存在规模经济。根据2012年的相关统计数据（见表2-1）计算，得出建筑业的规模经济差异值为0.70，表明总承包企业与其他企业相比也不具有显著的规模生产效应。故而水利建设市场规模经济壁垒较低。

表 2-1　2012 年建筑业产值总额和利润总额表　　单位：亿元

总额	建筑业	总承包企业	专业承包企业
利润	4776.14	4078.76	697.38
产值	137217.86	122473.57	14744.29

2）产品差异化壁垒。如前所述，水利工程项目的单件性意味着产品之间替代性低，即产品差异化较大，但当前水利工程项目设计、施工分离的生产方式在较大程度上削弱了产品差异化的作用。在我国，绝大多数的水利施工企业不具备工程前期策划和设计的能力，所以其产品差异化也就只能体现在工程建设服务水平上。此外，先订货后施工的订货生产方式，使得业主在决定购买前无法事先了解工程建设的质量，只能根据企业的技术管理能力、施工经验和业绩等来判断施工企业是否具有相应的承包能力，进而降低了水利建设市场产品差异化壁垒。

3）必要资本量壁垒。必要资本量是指新企业进入市场是所必须投入的资本。一般而言，必要资本量越大，企业筹资就越困难，市场进入的障碍就越高。对于水利建设项目而言，其资产专用性、技术专业性和投资规模相对较高，对施工企业的生产机械设备和流动资金等有较高的要求，因而形成了一定的必要资本量壁垒。

4）绝对费用壁垒。当现有市场上的专利技术、原材料、进货和销售渠道、人才等生产要素和经营资源被再为企业瓜分，导致新企业要付出更多的额外代价与在位企业争夺这些资源，这就形成了所谓的绝对费用壁垒。水利建筑业属于劳动密集型行业，在位企业所占有的特殊资源较少，如建筑原材料供应充足，施工企业难以对原材料排斥性占有；传统的建筑技术相当成熟且具有较强的易传播性，特定的专利和专有技术应用范围有限，所以生产技术很难构成阻碍新企业进入市场的壁垒；在人力资源方面，对从业人员的素质要求不高，新进入这一般选择先进入到各方面要求较低的劳务分包市场，然后再谋求发展，故而人才壁垒的作用也十分有限。因此总体上看，绝对费用壁垒较低。

5）制度性壁垒。建筑市场的进入壁垒主要体现在相关的市场监管制度上，包括企业资质管理制度、招标承包制等，其中，资质管理制度构成了最主要的进入壁垒。自1984年实施企业资质管理以来，高等级施工企业始终处于有增无减态势。如2003年，特级企业数为112家，一级企业数为3268家（包括总承包和专业承包）；2007年特级企业和一级企业分别达到260家和5099家，占资质企业总数的比重也分别从2003年的0.2％和6.7％上升到0.4％和8.2％。这种现象说明，资质管理制度的制定往往不能适应产业发展和市场竞争的动态变化，对于优化行业组织结构和规范企业竞争行为的实际作用有限。再加上建筑市场上资质挂靠现象屡禁不止，因此制度性因素对市场准入的限制效果并不理想[11]。

综上，由于水利建筑产品及其生产方式的特殊性，导致规模经济等结构性进入壁垒没有起到限制企业进入的作用，而企业资质管理制度虽然构成了建筑市场最主要的进入壁垒，但长期看对于抑制过度进入的作用比较有限。

二、水利建设市场信用管理的历史回顾

纵观人类社会经济发展历史，信用与市场交易相伴而生，两者是市场经济活动中不可或缺的润滑剂和调节手段。我国水利建设市场信用管理也是基于水利建设市场经济秩序的整顿和规范而提出并且不断发展完善的。

水利建设市场信用管理的初次提出可追溯到2001年水利部印发的文件《关于进一步整顿和规范水利建筑市场秩序的若干意见》（水建管〔2001〕248号）。该文件明确将水利建设市场秩序列为检查和稽查的重点，充分发挥媒体和社会的监督作用，对重大事件进行曝光，对建设市场的违法违规行为，建立动态管理的清出机制，同时明确"通过计算机技术和网络技术，建立起适应现代社会和市场经济体制要求的水利建筑市场主体社会信用体系，提高市场监管的科学性和时效性。水利部将建立水利系统内的一级、二级施工单位，甲级、乙级勘测设计单位以及所有监理单位和咨询单位的企业行为档案，每年度予以公示。"

2004年印发《关于建立水利施工企业监理单位信用档案的通知》（水建管〔2004〕415号），逐步建立水利建设市场主体和主要从业人员的信用档案，并将信用信息与市场监管初步结合起来。2008年6月，国家发展和改革委员会、

水利部、国务院法制办等10部委联合印发《招标投标违法行为记录公告暂行办法》（发改法规〔2008〕1531号），率先将招标投标活动当事人的招标投标违法行为记录进行公告。

根据《中共中央办公厅　国务院办公厅　关于开展工程建设领域突出问题专项治理工作的意见》（中办发〔2009〕27号）、《国务院办公厅关于社会信用体系建设的若干意见》（国办发〔2007〕17号）和《中华人民共和国政府信息公开条例》等法规文件的精神，2009年10月，水利部又相继印发《水利建设市场主体信用信息管理暂行办法》（水建管〔2009〕496号）和《水利建设市场主体不良行为记录公告暂行办法》（水建管〔2009〕518号），《水利建设市场主体不良行为认定标准》（水建管〔2015〕377号）也一并发布。规范了水利建设市场主体信用信息的采集、审核、发布、更正以及使用，并明确了水利建设市场主体良好行为和不良行为公告的期限，认真梳理了工程建设过程中市场主体违反法律法规及有关规章制度的300多项不良行为的认定标准，开始建立"黑名单"，在全国水利建设市场信用信息平台上对失信者的不良行为进行曝光。

随着水利工程建设领域突出问题专项治理工作的深入推进，2011年8月，水利部印发了《水利工程建设领域项目信息公开和诚信体系建设实施方案》（水建管〔2011〕433号），进一步明确了水利工程建设领域信用信息基本指导目录。2012年12月至2013年4月，在黄河水利委员会、淮河水利委员会、安徽省水利厅、湖南省水利厅、广东省水利厅、重庆市水利局、宁夏回族自治区水利厅等7个单位开展水利工程建设领域守信激励和失信惩戒制度建设试点工作。2014年7月，《水利建设市场主体信用信息数据库表结构及标识符》（SL 691—2014）颁布实施，规范水利建设市场信用信息数据库建设，为构建信用奖惩机制建立了良好的信息通道。2014年10月，水利部、国家发展和改革委员会联合印发《关于加快水利建设市场信用体系建设的实施意见》（以下简称《实施意见》）（水建管〔2014〕323号），更加明确提出了加快水利建设市场信用体系建设的重点是建立守信激励失信惩戒机制。要求各省级水行政主管部门结合本地实际，制定具体的办法，实现市场信用分类监管。2015年9月，国家发展和改革委员会、水利部等38个部委联合印发《失信企业协同监管和联合惩戒合作备忘录》（发改财金〔2015〕2045号），对失信企业的协同监管和联合惩戒建立部门联动机制。同月，水利部印发《水利建设市场主体信用评价管理暂行办法》（水建管〔2015〕377号），水利部统一组织，对设计、施工、监理等8类水利建设市场主体进行信用评价，信用评价结果记入其信用档案，并实行动态管理；对出借、借用资质投标、围标串标、转包和违法分包、行贿受贿等6类严重不良行为实行一票否决，信用等级将直接降为CCC级并向社会公布，3年内不受理其升级申请。通过上述规章制度的印发，为构建水利建设市场信用奖惩机制提供了制度保障。

由上述水利建设市场信用管理发展历史可看出，自2001年起，可划分为3个阶段：

（1）萌芽起步阶段（2001年6月至2009年9月）。首次提出"建立起适应现代社会和市场经济体制要求的水利建筑市场主体社会信用体系"这一概念体系，初步建立了水利建设市场主体和主要从业人员的信用档案，将信用信息与市场监管初步结合起来。

（2）初步规范阶段（2009年10月至2011年7月）。初步形成水利建设市场信用管理的基本思路，明确了信用管理组织模式，委托社会中介机构——中国水利工程协会进行市场信用管理，开发启用了"全国水利建设市场信用信息管理系统"。全国水利建设市场信用体系的建设初具形态。

（3）发展规范阶段（2011年8月至今）。统一部署了水利行业工程建设领域项目信息公开和诚信体系建设工作方案，制定了信用信息基本指导目录和公开共享规范，明确了长江水利委员会、黄河水利委员会、淮河水利委员会、海河水利委员会、珠江水利委员会、松辽水利委员会、太湖流域管理局以及河北、山西、吉林、江苏、浙江、安徽、湖北、广东、四川、陕西等10个省水行政主管部门先期进行试点，信用评价结果得以初步应用，信用环境得到初步改善。

我国水利建设市场信用管理历程见表2-2。

表2-2　我国水利建设市场信用管理历程表

阶段	时间/（年-月）	主要政策法规文件和标志性事件	意义
萌芽起步阶段	2001-6	《关于进一步整顿和规范水利建筑市场秩序的若干意见》（水建管〔2001〕248号）	首次提出建立行业信用体系的概念，将信用信息与市场监管初步结合
	2004-9	《关于建立水利施工企业监理单位信用档案的通知》（水建管〔2004〕415号）	
	2008-6	《招标投标违法行为记录公告暂行办法》（发改法规〔2008〕1531号）	
初步规范阶段	2009-10	《水利建设市场主体信用信息管理暂行办法》（水建管〔2009〕496号）	明确了市场主体信用信息管理模式、步骤、流程和信用评价方法
	2009-10	《水利建设市场主体不良行为记录公告暂行办法》（水建管〔2009〕518号）	明确了水利建设市场主体不良行为记录的认定标准和公告等内容
	2010-1	全国水利建设市场信用信息管理系统启用	初步实现了信用信息的公开

续表

阶段	时间 /(年-月)	主要政策法规文件和标志性事件	意义
发展规范阶段	2011-8	《水利工程建设领域项目信息公开和诚信体系建设实施方案》（水建管〔2011〕433号），含附件：水利工程建设领域项目信息公开基本指导目录（试行）；水利工程建设领域信用信息基本指导目录（试行）；水利工程建设领域项目信息和信用信息公开共享规范（试行）	对水利行业工程建设领域项目信息公开和诚信体系建设工作提出了具体的技术要求和统一部署，明确了信用管理体系建设的试点方案
	2012-12	《水利工程建设领域守信激励和失信惩戒制度建设试点工作方案》（水建管〔2012〕559号）	标志着信用管理体系建设的试点工作正式启动
	2012-12— 2013-4	七大流域管理机构以及广东、浙江、陕西等10个试点省份先后颁布了信用信息管理办法，启用了水利建设市场主体信用信息管理平台	各流域机构、省级水行政主管部门与水利部建立了链接，基本实现了信息的互联互通，公开共享
	2014-6	《国务院关于印发社会信用体系建设规划纲要（2014—2020年）的通知》（国发〔2014〕21号）	提出了加强推进重点领域（政务、商务和社会等）诚信建设的战略部署
	2014-10	《关于加快水利建设市场信用体系建设的实施意见》（水建管〔2014〕323号）	给出了行业信用标系建设的整体框架、路线图和时间表，标志着水利建设市场信用管理步入新的完善阶段
	2015-10	《水利建设市场主体信用评价管理暂行办法》（水建管〔2015〕377号）	初步实现了全国统一的水利建设市场主体信用评价管理体系

三、水利建设市场信用管理取得的阶段性成效

从2001年提出建立适应现代社会和市场经济体制要求的水利建筑市场信用体系的10余年时间里，我国水利建设市场信用管理稳步推进，取得了积极进展。

1. 信用体系建设制度逐步健全

建设信用体系，建立制度是保障。2009年，水利部印发了《水利建设市场主体信用信息管理暂行办法》和《水利建设市场主体不良行为记录公告暂行办法》，对水利建设市场主体信用信息采集、审核、发布、更正和使用进行了规定，明确了水利建设市场主体不良行为记录的认定标准；2011年，印发

了《水利工程建设领域项目信息公开和诚信体系建设实施方案》，部署全面开展项目信息公开和诚信体系建设工作；2014年，水利部和国家发展和改革委员会联合印发《实施意见》，标志着水利建设市场信用体系建设框架已经明确，路线图和时间表已经确定；2015年，水利部又出台了《水利建设市场主体信用评价管理暂行办法》（水建管〔2015〕377号）及8类市场主体信用评价标准。各地也结合自身实际，针对水利工程建设管理中招投标和标后监管等关键环节的突出问题，在信息公开、信息应用等方面出台了管理制度，如广东省水行政主管部门印发《关于水利建设市场主体信用信息应用的管理办法（试行）》，湖南省水行政主管部门印发《关于在水利建设活动中应用市场主体信用信息有关事项的通知》，重庆市水行政主管部门印发《关于将水利建设市场主体信用信息评价结果应用于招标投标环节的通知》，辽宁省水行政主管部门陆续出台信用信息应用管理办法、信用信息应用于工程招标投标环节的通知等文件，为加快信用体系建设奠定了较为完善的制度基础。

2. 信用信息公开力度不断加大

推进信用体系建设，信息公开是基础。2010年，全国水利建设市场信用信息平台开通投入运行，开始全面建立水利建设市场主体信用信息数据库，详细记录并发布从业单位信用信息、从业人员信用信息、良好行为记录和不良行为记录信息。2014年，颁布实施行业技术标准《水利建设市场主体信用信息数据库表结构及标识符》，建立全国统一规范的水利建设市场主体信用信息标准，为实现全国各级信息平台的互联互通、数据共享提供了技术保障。截至2016年12月，全国水利建设市场信用信息平台已发布9000多家从业单位、60多万名从业人员的信用信息，实现了市场主体信用信息的电子化存储和全面公开。加大对不良行为的曝光力度，建立失信惩戒机制和黑名单制度，对违法违规单位和个人给予限制或禁止的处罚。目前，全国水利建设市场信用信息平台已公布407条市场主体不良行为记录。自2013年以来，江西省水行政主管部门先后对56家违法违规的企业及个人依法依规做出通报批评、记录不良行为、降低在赣信用等级以及行政处罚等，在全国水利建设市场信用信息平台予以公开，对水利建设领域违法违规行为给予有力打击和有效震慑。各地采取措施，努力打破"信息孤岛"，与各级水行政主管部门、公共资源交易中心、其他市场监管部门进行链接和信息交换，如广东省水行政主管部门通过"信用广东网"等信息平台，主动与各级水行政主管部门、各公共资源交易中心、其他市场监管部门进行链接和信息交换，重庆市水行政主管部门建立了与市企业联合征信系统的数据交换机制，实现了信息的互联互通和共享互认。水利建设市场主体信用基本信息和不良行为信息的全面公开，为加快水利建设市场主体信用体系建设提供了数据支撑，水利建设市场更加公开透明。

3. 市场主体信用工作有序推进

推荐信用体系建设，信用评价是关键。近年来，中国水利工程协会和中国水利水电勘测设计协会在会员单位中开展了信用评价工作，水利工程协会已对842家施工、监理等单位开展了信用评价，水利水电勘测设计协会对143家勘测设计单位开展了信用评价。广东、湖南、辽宁等省明确统一应用中国水利工程协会或中国水利水电勘测设计协会的信用评价结果；重庆市把信用评价工作与建立信用档案相结合，研发了量化计分数据系统，实现计算机自动评分功能；江西省公共资源交易网根据企业人员、业绩基本信息和不良行为等，自动认定市场主体在赣信用等级，有效预防了评价过程的人为影响。2015年，针对工作中存在的评价主体、标准、程序、收费不统一，各自为政的问题，水利部按照政府主导、社会共治和标准、程序、过程、结果四公开的原则，明确水利建设市场主体信用评价由水利部统一组织，通过购买服务方式选择相关行业协会承担具体工作，并制定了不同市场主体类别的信用评价标准，进一步推动水利建设市场信用评价工作的规范统一。

4. 守信激励失信惩戒机制初步建立

推进信用体系建设，信息应用是核心。各级水行政主管部门大力推进信用信息的应用工作，加快实行市场主体信用分类监管。将信用信息与施工、监理、质量检测等单位资质监管挂钩，对于因发生围标串标、出借资质、标后履约不到位等严重不良行为受到行政处罚的市场主体，在资质晋升审查中予以一票否决。广东、重庆、湖南、辽宁等20个省（自治区、直辖市）综合应用信用评价结果，在工程招投标、政府采购中通过市场的手段实行信用奖惩、分类管理。广东省规定，将信用等级作为投标资格审查和评标的重要依据，在招标文件中明确规定信用等级分权重为10%。湖南省明确，招标人应在资格预审或评标前在水利建设市场信用信息平台查询投标人信用档案，提交给资格预审委员会或评标委员会作为资格预审或评标的依据之一，水利建设市场主体信用等级评分权重占评标总分值的4%~6%。守信激励失信惩戒机制的建立，对强化水利建设市场事中事后监管、解决当前市场主体信用意识薄弱和信用缺失、维护水利建设市场秩序，发挥了重要的治本作用。

概括起来，近年来水利建设市场信用体系建设工作有以下4个突出特点：一是起步早，2001年就开始启动，2004年开展了水利建设市场主体及相关执（从）业人员信用档案系统建设，2009年就出台了信用信息管理等办法，

2010年开通了信用平台；二是制度全，既有加快水利建设市场信用体系建设实施意见这样的纲领性文件，也有信用信息管理、不良行为记录公告和信用评价管理的专项办法，还有项目信息公开和诚信体系建设实施方案等操作性文件，另外还专门颁布了信用信息数据库技术标准；三是动作快，水利行业既是工程建设领域项目信息公开和诚信体系建设的试点行业，也是工程建设领域守信激励和失信惩戒制度建设的试点行业，国务院《纲要》出台后，水利部和国家发展和改革委员会率先联合印发了贯彻落实的实施意见，目前又探索实施了政府主导、协会评价的新型信用评价模式；四是效果好，信用信息公开量大并在政府采购、市场监管、招标投标、资质晋升等环节中广泛应用，信用体系建设得到中央纪委领导同志的高度肯定，信用平台在《新闻联播》中播出，信用评价办法出台的新闻稿被《中国政府网》转载并列为当周国家出台的13项重大政策之一，信用体系建设工作的经验做法也被《人民日报》《经济日报》和《中国水利报》等主流媒体报道。

在水利部的高度重视与支持下，通过各级水行政主管部门的积极探索和大力推动，水利建设市场信用体系建设工作加快推进，已进入全面实施的快车道。

四、水利建设市场信用管理存在的问题

根据对我国水利建设市场管理情况的调研，发现目前水利工程建设市场信用管理还存在一些问题有待解决和完善。

1. 信息公开工作力度不大

一是各地普遍重视市场主体信用信息公开，对水利建设项目信息公开工作重视不够；二是不良行为的处罚和公开力度不足，部分地区有等待、观望情绪，存在"谁报送谁吃亏"的想法，做出行政处罚后漏报、缓报的现象较多，不良行为记录数量少、上报不主动。

2. 信用信息的互联共享机制有待完善

目前，各省级水行政主管部门基本建立了本地水利建设市场主体的信用信息平台，但尚未实现与全国水利建设市场信用信息平台的动态数据交换，全国范围内统一的信用信息动态管理机制尚未完全建立，还不能实现全面的数据共享，对于省域以外的市场主体信用信息难以查找运用，尚不满足全国水利建设市场统一开放的需求。

3. 信用评价工作亟待统一规范

目前，部分水利社团组织和地方水利部门组织开展了水利建设市场主体

的信用评价工作，造成了评价标准、信息来源、评价结果不统一，不利于评价成果的共享和应用。有的还向评价对象收取费用，增加了市场主体负担，信用评价难以保证公平公正。部分地区还借信用评价进行地方保护、设置市场壁垒，不利于形成全国统一开放的水利建设市场的形成和市场主体在全国范围内自由和经营，不少市场主体对此意见很大。

4. 信用信息的应用还不平衡

由于国家关于市场主体信用信息的应用缺乏具体的法律法规支撑，目前各地在信用信息应用方面尚不平衡。同时，各地在应用市场主体信用信息时，惩戒力度普遍大于激励力度，对遵纪守法，创造优良精品工程的市场主体，激励措施尚存局限。

第二节 水利建设市场的失信问题

一、水利建设市场失信问题的主要表现

我国水利建设市场在历经多年探索、改革、完善后，逐步形成了基本与国际惯例相接轨、法制体系日益完善、具有中国特色的市场体系，建设了一大批具有国际先进水平的大型骨干项目，工程建设的投资效益、环境效益和社会效益也大大提高。但是，在水利建设市场的培育发展过程中，信用缺失问题较为严重，长期以来一直困扰着市场秩序的健康、有序运行。通过梳理近年来工程建设领域的突出问题，市场信用缺失现象主要表现为以下几方面。

1. 违规发包、围标串标现象

我国自1983年开始推行的招标承包制无疑是采购领域较为先进的制度，其大大提高了采购工作的透明度和公平性，对提高投资效益有巨大作用。但在招标制度推行的30余年间，仍然存在较为严重的违规发包、围标串标等现象，使得招标制度效应难以得到有效体现。

（1）业主违规招标或发包。具体表现为：①随意肢解工程，规避招标；有的业主将本该发包的工程通过化整为零、化大为小的肢解、分期分批等方式降低工程规模，变相地规避招标，以逃避建筑市场的监管；②明招暗定，压价招标；有的业主在招标过程中通过招标公告、招标文件、评分细则等办法设定有利于指定投标的限制条件，实施暗箱操作，明招暗定，搞私下交易，对承包商"降级压价、索要回扣"；③谋求私利，标段划分过细、过多；有的业主以招标项目为"诱饵"，不从项目大局出发科学设置招标方案，而是片面

追求眼前利益甚至是个人利益；标段划分过多、标书费过高；④业主（或建设单位）将施工合同范围内的单位工程或分部分项工程又另行招标；⑤违反合同约定向承包商指定分包商或材料、设备供应商。上述业主方的违规发包行为不仅损害了施工企业和项目利益，而且扰乱了市场秩序，以致一些有实力的企业在与一些资质本不达标的小队伍竞争时屡处下风，形成"逆向淘汰"的现象。2015年10月，根据住房和城乡建设部对各类市场违法行为的查处统计数据，全国各地排查项目47221个，排查项目数占在建项目总数的比例20.1%，共排查出696个项目存在各类市场违法行为。其中，存在违法招标行为的项目44个，占违法项目总数的6.32%。

（2）围标串标行为。"围标串标"一般是由招标（代理）人与投标人之间或投标人相互之间采用不正当手段，对招投标项目进行串通，以排挤竞争对手或损害招标人利益为目的，从中谋取中标的行为。这是一种企业严重缺失诚信的投机行为，其实质是企业之间串通哄抬标价，谋取不正当利润。

围标串标的表现形式较复杂，较为典型的主要有3种：招标人或招标代理人与投标人串通；投标人与投标人串通；招标人或招标代理人、投标人与专家评委串通。对于投标人与投标人串通的主要手段：①某一投标人与其他投标人相互约定，以多胜少排挤竞争对手（或者全部串通），操纵抬高或降低投标报价，达到本企业中标的目的；②投标人之间内部协调，内定中标人，轮流以高价或低价中标；③某一投标人通过借用资质、非法挂靠、故意废标、收买（或出卖）投标文件等手段从中获利，谋取中标。

例如，湖北省枝江市上百里洲"长江江堤加固金属结构工程"为国家国债资金投入的重点水利建设项目，具有点多（5个排洪、防涝设施）、面广、任务重，工期紧，且要求设备制造进度高、难度大等特殊性。2005年12月25日公开招标采购开标后，经审查，采购人资格符合法律规定；采购人出示的标的物预算价格具有法律效力，预算总额为87.1万元；前来投标的4家投标人的投标资质、投标文件均合法有效，但4家投标人的投标报价均超出预算价格，分别为：1270787元、1116269.30元、1164185元和3903841元，除一家报价太高以外，其余3家报价价格相差不大，存在围标嫌疑。现场监督人员通过对所有投标发出质问的方式，了解到前来投标的厂家中没有一家能独立完成该工程所有设备产品制造。现场监督人员通过质问、分析和解剖，最终认定此次投标是事前经过周密串通后的一种"围标"投标方式。❶

---

❶ 一起被及时制止的"围标"案[EB/OL]. http://www.doc88.com/p-585429112838.html.

2. 施工转包、违法分包行为屡禁不止

长期以来，施工转包、层层分包是工程建设市场的痼疾，屡禁不止，难以根治。从表象看，是工程建设市场的特殊性所致，但实质上是市场主体信用缺失的外在表现。

施工转包是指施工企业承包工程后，不履行合同约定的责任和义务，将其承包的全部工程或者将其承包的全部工程肢解后以分包的名义分别转给其他单位或个人施工的行为。违法分包，是指施工单位承包工程后违反法律法规规定或者施工合同关于工程分包的约定，把单位工程或分部分项工程分包给其他单位或个人施工的行为。实践中，施工转包、违法分包通常是将工程承包价压价后再转包或分包给第三方实施，更为严重的还存在 3~4 级的层层转包、分包情况，工程承包价格被"层层扒皮"，到最终实施项目的承包价格可能仅有中标合同价的 30%~70%，在利益驱动机制下，最低层级的承包商必然存在偷工减料行为，导致工程质量低下，安全事故频发。根据《住房和城乡建设部办公厅关于 2015 年 10 月全国建筑施工转包违法分包行为查处情况的通报》（建办市函〔2015〕1071 号），存在转包、违法分包行为的项目 50 个，占违法项目总数（696 个）比重 7.18%。

3. 资质挂靠、信息造假现象不时出现

工程建设领域中，企业资质非常重要，这不仅是工程建设企业进入市场的"准入证"，是保证更多人民生命财产安全的"保证书"，更是工程建设企业多年积淀的信用资本。但是，在市场还不规范的今天，以低充高、违法租借、一证多用甚至用假资质、假资信证明、假资料、无证经营、违法挂靠等现象不时出现。这些不仅给有关部门资质管理和业主的承包人选择造成巨大困难，扰乱了建设市场的正常秩序，也直接危害了企业本身。

4. 合同履约情况不够理想

合同条款的相关规定是合同双方的行动准绳。但从水利工程合同履约实践看，工程项目施工进度、质量安全和投资管理不尽理想。其中的原因较为复杂，既有业主方、政策法规和自然环境等方面的原因，比如工程进度款延迟支付、合同工期本身安排缺乏科学性、不可抗力等，也有承包商等工程其他参建方的原因，主要表现为：

（1）基于增加中标机会考虑，对业主的不合理要求未建立预控机制。比如从技术层面分析，某些项目（特别是政府项目）有时本身就没有合理科学的工期安排，建设单位往往需要根据领导意图或简单经验来确定工期。有些

施工企业抱着侥幸心理，明知不可为而为之，为了增加中标机会对业主不合理的工期要求故意不做预期和控制。这样，按合同工期完成的前提即不存在，除非付出资金、质量和环境的代价，否则，拖延工期在所难免。

（2）基于降低成本考虑，对于所实施项目，未配置充足、有效的资源。对于施工企业和建设监理单位，具体表现为现场管理人员配备不足或素质不高，施工机械、检测检验仪器等设备配备不足；对于设计企业，当前最为突出的问题是设计企业缺乏设计优化的动力，或为了工作便利，不根据工程的实际情况设计，而是套用类似工程的设计方案，有时导致工程投资的浪费。

（3）基于增加利润的考虑，故意偷工减料、减少安全防护投入或人为降低工程标准和质量要求等，与质量安全监督机构玩"猫捉老鼠"游戏，存在"赚一笔是一笔"的侥幸心理。

5. 工程款拖欠现象比较普遍

拖欠工程款几乎是所有工程的共同问题。据住房和城乡建设部提供的统计数据，截至 2002 年 12 月，我国建设领域累计拖欠工程款达 3366 亿元，相当于建筑一年总产值的 19.6%。在拖欠的工程款中房地产开发企业的拖欠占了 39.6%，政府投资工程的拖欠额也占到 26.7%[12]。2004 年，国家审计署对水利部及长江水利委员会等 7 个流域机构和湖南、湖北等 15 个省（自治区、直辖市）2002—2003 年水利建设资金管理、使用情况进行了审计，抽查的 169 个项目中，有 27 个拖欠工程款 4.88 亿元，另有 9 个项目拖欠征地补偿款和农民工工资 3.71 亿元，拖欠工程款项目占抽查项目比重 21.3%[13]。巨额工程款的拖欠，对施工企业的影响相当严重，不仅影响其资金的周转，大大增加了贷款利息和负债率，而且还影响了企业生产设备更新和技术进步，制约了企业的扩张和良性发展；同时拖欠工程款问题造成了广泛的连锁反应和恶性循环，一方面施工企业被大量拖欠工程款，另一方面施工企业被动拖欠分包商、材料设备供应商的工程款和材料款、农民工工资和国家税款、银行贷款等。工程款的层层拖欠，形成了复杂的"债务"连环链，不仅恶化了社会信用环境，侵害了企业、职工和农民工的合法利益，也严重危害了整个社会的经济秩序和社会稳定。

二、水利建设市场失信问题的原因分析

1. 水利建设市场失信问题原因分析

（1）水利建设市场失信问题的经济学解释。交易经济学中有 3 个重要的基本假定，一是人性的假定，假定市场上交易各方为追逐私利的"经济人"

假设；二是认识上的假定，假定人的动因是有限理性；三是行为假定，假定人的行为动因是机会主义。

1) 水利建设项目的复杂动态性，加之建设周期较长，使水利建设项目的建设过程存在较大不确定性，由于人的有限理性，人们难以预见未来事件，也难以用明确清晰的合同语言界定合同双方权利义务，或者即使能够预见、能够清晰界定合同双方的权利义务，但为此花费的时间和成本难以承受，因此工程合同是不完全或不完备的。在外部约束或惩罚的可信度不高的情形下，精于算计的合同各方，会千方百计利用合同漏洞为自己牟私利，从而产生信用缺失行为。

2) 水利建设市场的区域分割性和水利建设项目的单件性，使水利建设项目的交易具备一次性交易特征。博弈论研究结论表明，在重复交易机制下：因为可以观察上一次的交易行为表现，一旦发现对方存在不讲信用的行为，另一方可以采用"用脚投票"的方式退出下一阶段的交易，因此为最大程度获取利润，交易双方会讲信誉，一直到交易结束前一阶段才会产生投机取巧行为。显然，一次性交易性质下，交易双方均不会讲信誉，都会采取自身利益最大化的投机行为。

3) 存在信息不对称。水利建设项目参建各方具有多层委托代理关系，比如项目投资者和项目业主之间、项目业主和承包商（供应商）之间、项目业主和设计/监理单位之间等等，通常将拥有信息优势的一方称为代理人，而拥有信息劣势的一方称为委托人。当尚未建立一套完整的监督机制或信息有效传递机制时，拥有信息优势的代理人通常会以牺牲工程质量安全等目标为代价谋取私利。

4) 业主产权制度不清晰。水利建设项目的（准）公益性，决定了政府是水利建设项目的主要投资主体，因此水利建设项目的建设单位（项目法人）并不是真正意义上的产权所有人即"业主"，政府投资项目最终所有者——公众在管理形式上只能作为一种观念上的业主而逐步被淡化，公益性项目业主、工程指挥部等临时机构不具备项目所有权，他可从项目中获益却不承担风险与责任，实际上"业主"主体是缺位的，其相应的责任、权利的界定也就无从谈起，业主也无法对自身的失信行为承担相应的法律与经济责任。

(2) 水利建设市场信用缺失的社会学解释。社会学家认为市场信用或社会信用的建立与社会结构和文化等因素密切相关，而信用缺失的实质是由于社会结构和文化的变迁所导致的。

传统中国乡土社会，是以血缘、亲缘关系为核心架构的"熟人圈"社会结构。在这种社会结构中，既有关系和交往关系混合在一起运作，血缘、亲缘、地缘等既有关系进入到交往关系中，交往关系从而分为亲疏远近，"血浓于水"的血亲伦理可在很大程度弥合交易双方互不信任的心理障碍；中国传统文化崇尚"仁义礼智信"。老子曰"信者，吾信之；不信者，吾亦信之，德信"，其在观念层面推崇单方面的自我守信、诚信，即追求所谓的"内圣"；但是孟子又说，"言不必信，行不必果，惟义所在"，在行为层面强调"信"要让位于"义"，即为了不违背"义"，可以灵活、权变，选择不讲诚信。

全世界范围内的现代化进程，打破了村落、社区、宗教等传统社会组织结构，社会流动范围不断扩大，社会流动频率不断提高，社会互动越来越具有片面性和暂时性，传统的以血缘、亲缘为基础的熟人圈逐渐受到破坏。同时中国传统文化倡导的是以君臣、父子、夫妇、兄弟、朋友等五伦为中心的人伦信任，是一种以具体的人格为基础的信任心理，难以适应高度分化、高度流动的现代社会。传统的中国社会结构和文化信仰被现代化进程撕裂，同时又收到大量异质文化的冲击，中西文化的冲突和撕裂的熟人社会结构在短期内很难重新形成有序的结构和共同的文化价值观，加之社会快速变革过程中制度的稳定性欠缺，显然不利于信任的建立，极易导致社会信用危机[14]。

2. 水利建设市场失信问题的现实原因分析

水利建设市场失信问题的现实原因较为复杂，既有制度层面，又有观念、技术和管理等层面的原因，上述原因交织叠加加剧了市场的信用缺失。

（1）信用法律体系建设滞后，缺乏有效的失信惩戒机制。法律是社会信誉与公平的一道防线，其目的是让守信者因守信而获得回报，让失信者因失信而受到惩罚。信用缺失现象严重的一个根本原因是法律的约束力不够。

由于我国长期处于计划经济时期，无论是政府、企业还是消费者个人，都缺乏市场经济条件下的信用意识和信用道德观念，加之国家没有成型的信用管理体系，对大多数行业来说信用制度的建设近几年才被提上日程，还非常不成熟。而相关法律法规建设也严重滞后，在国家层面，只有2014年国务院印发的《社会信用体系建设规划纲要（2014—2020年）》《关于促进市场公平竞争维护市场正常秩序的若干意见》和中央文明委发布的《关于推进诚信建设制度化的意见》，尚未出台关于市场信用建设的基本法律和专门规章。

对于水利建设行业而言，近年来随着市场经济的快速发展，我国在建设领域已经先后出台了《中华人民共和国建筑法》《中华人民共和国招标投标法》和《建设工程质量管理条例》《建设工程勘察设计管理条例》等一批法律法规，还有《中华人民共和国民法通则》《中华人民共和国民事诉讼法》《中华人民共和国合同法》等适应性法规。各项法规对失信行为都有一些罚则，各级政府也制定了一些相关规定，但往往缺乏系统性、针对性和可操作性。在执行时，又多被人为地大打折扣。这些罚则变成为法规中的一个"部件"而不是"控件"，难以起到有效的约束、惩戒作用。另外，处罚偏轻，重行政处罚轻法律责任，使失信成本远小于守信成本，也直接造成了失信者的侥幸、冒险心理。2014年，水利部和国家和发展改革委员会联合印发了《关于加快水利建设市场信用体系建设的实施意见》（以下简称《意见》）。《意见》指出，要以健全水利建设市场信用体系规章制度和标准体系为基础，以加快水利建设市场信用信息系统建设为支撑，以建立水利建设市场守信激励失信惩戒机制为重点，以提高水利建设领域诚信意识和信用水平为目的，推动信用信息公开、共享和应用，提高公共服务能力，加强事中事后监管，维护水利建设市场正常秩序。尽管如此，从《意见》中也可以发现我国水利建设市场的信用体系建设还有很长的路要走，信用相关的规章制度和标准体系亟待建立，信用信息系统也亟待完善。只有建立健全信用法律体系，才能真正实现信用体系建设有法可依，实现信用信息采集、不良行为认定、信用评价、信用奖惩等监管工作有法可依。

（2）信用教育培训不足，企业员工信用意识不强。行业发展眼光局限的问题反映到建设领域，就容易导致企业不重视内部信用机制建设，存在短期行为，重效益轻形象的信用管理问题。而国有企业更因复杂的产权、人事等问题，经营权和所有权分离，直接导致企业领导对信用的不重视。这种对信用的不重视，不仅体现在外部管理，而且体现在内部管理制度上。很少有企业在内部设立专门的信用管理部门或职位，这在水利建设市场主体表现尤为突出。很多水利建设企业没有建立客户信用档案，或虽已建立客户信用信息数据库和管理系统，但在日常工作中对新客户的资料收集不充分，同时对老客户的资料变化无法做到及时有效的收集和更新，造成客户信用档案无法得到快速准确的完善。因此对客户缺乏了解，缺少专业的征信与评级，对客户授信不当或缺乏科学的管理流程，而导致出现企业围标串标、将项目层层转包给信用不佳的企业，严重影响水利建设市场的信用发展。

观察当前的市场，由于宣传力度不够，担保、信用分级评估、保险等有效信用保障手段使用有限，或明知各种控制信用风险技术存在却缺乏专业人员使用，工程建设的风险系数大大提高。此外，相关社会中介服务落后，信息交流不畅，建设信息公开度、透明度不高，员工培训无法满足专业信用管理工作需要，使个体信用意识缺失和信用能力偏弱最终演变为企业层面的失信行为。

（3）对水利建设市场信用体系建设的认识不够全面。对我国正在进行的社会信用体系建设，个别部门和市场主体常常片面地理解为信用信息数据库建设或诚信建设。有人认为，社会信用体系建设就是要建立数据库，建立信用信息系统或平台，仿佛不做这些"硬"的，就不"高大上"，就没实干。这种观点确实具有合理性，但是我们需要进一步思考的是，信用信息数据库、系统、平台能够存在并运行的前提是什么？如果没有全社会对诚信精神的共同追求，那这些数据库、系统或平台只能沦落为"空皮囊"而已。现实中常有人以美国为例，美国征信体系是市场化运作的，有需求就有供给，记录和表达信用的相关征信活动涉及面很广，大大小小的机构及数据库非常多，与经济交易活动特别是与金融信贷活动相关的征信机构确实很强大，在经济活动中发挥重要的作用。因此认为美国的信用体系就是靠征信、靠数据库与信用信息系统，不涉及诚信这事儿。其实这是一种误解。在美国一些机构的非金融、非经济的征信活动也很活跃，例如，有的机构专门记录个人与职业相关的信用行为，并形成雇主报告，这是个人信用报告的一种。这种调查与报告活动就和我们诚信语义范畴相关，旨在刻画当事人诚信意识及具体行为，而不是信用交易活动。再如，有的调查机构专门征集参加公益活动的人或机构的情况，记录具体工作时间，所消耗的人力、物力或金额，供所需要的人们查询，在必要的时候，如做公益活动的人发生了经济纠纷或有刑事责任时，可以凭此记录折抵。

美国的社会信用体系建设虽然不像我国这样由政府顶层设计、直接倡导、具体推动，它是市场化并历经近170年长期积累的基础上发展起来的，但是服务于社会的目的都是一样的，路径不同、方式不同，内容与趋势大体是一致的。在美国，诚信精神已落实并具体化到各种信用记录上，诚信道德水平与基本素质可以用各种各样的信用记录表达。信用报告以诚信为基础，其主要内容不仅涉及经济，更涉及社会生活的方方面面。诚信与信用高度融合，市场、社会及政策对此都没有刻意分割。

对水利建设市场信用体系建设认识不到位，容易出现顾此失彼的状况，难以构建完整的市场信用体系，进而难以真正有效地改进社会失信行为。水利建设市场信用体系建设要从规章制度上、从行业组织的自律规定与惯例上、从企业内部管理制度上，把各个方面的信用规则都明确下来，让各个市场主体都按照信用规则行事，形成守信奖励、失信惩戒的氛围，使诚信精神生活化、工作化，使信用规则可操作、可实施。

（4）信用保障体系缺乏统一规划，信用管理未能规范化、流程化。目前我国各行业、各地区信用体系建设各自为政，发展极不平衡，已建信用信息数据库尚未完全实现互联互通。就水利行业而言，目前信用信息管理平台也存在各地区各自分头建设的问题，建设时序有先有后，更谈不上信用信息管理数据库的互联互通。从现实投标活动看，各投标人提供的信用评估资料缺乏统一性和规范性，常常缺乏可比性，导致信用评价结果无法实现互认应用。因此可能出现不同市场主体在不同的水利建设区域市场有不同的信用等级，全行业尚未建立起一个公认的、有执行力的信用规范体系，缺乏科学、有效的记录、评价和披露的机制，没有有效的失信惩戒机制，失信主体没有受到应有的惩罚，对有失信动机的主体起不到威慑作用，这是当前信用缺失的最直接原因。

（5）水利建设项目前期工作不充分，设计变更多，为失信行为的滋生创造了客观条件。按照我国现行的水利建设项目基本建设程序，水利建设项目初步设计及初步设计概算批复后方可开工建设。但根据近年来水利建设项目的审计和绩效评价结果，水利建设项目普遍存在前期工作深度不足，设计变更多，导致工程完工工期延误、投资失控等现象。深入分析原因，除了前述所提及的勘察设计企业缺乏质量和信用意识外，还有以下原因：①前期工作设计任务重，没有充足的勘察设计周期；一方面近年来水利工程建设投资增长迅速，一些地区具备相应资质的设计单位少，技术力量薄弱，突然增加的水利前期工作，使勘察设计单位任务过重，勘察设计质量无法保证；这种现象在市县级设计单位较为突出；另一方面，业主主观意识上不够重视，为了及早立项，不给设计足够的设计周期，只求进度不讲质量，特别是在水文、地质等专业由于缺少必要的工作周期，无法保证勘察设计质量；②片面追求经济效益，忽视勘察设计工作质量；计划经济时代，作为水行政主管部门的下属单位，水利勘察设计单位是按行政指令开展工作的；但在市场经济时代，水利勘察设计单位基本上是独立经营、自负盈亏的企业组织，在市场约束机制弱化的前提下，可能基于节约企业成本、片面追求效益的考虑，降低勘察设计深度，勘察设计质量降低。

显然水利建设项目前期工作不充分，项目的设计深度、资金、技术和各项配套条件均不完备即匆匆上马，项目的不确定性和不完备性本身就给市场主体的投机行为或失信行为创造了客观环境。

第三节　加强水利建设市场信用管理的必要性

在市场经济体制下，社会经济活动的正常运行，有赖于规范的市场秩序来维护。目前的水利建设市场秩序还不能完全适应市场经济发展的要求，需要进一步规范。规范的水利建设市场秩序，不能简单地依靠传统的集中检查来维系，必须由诚信的市场主体自觉接受制度约束，遵循市场经济规则，参与水利建设市场交易活动才能实现。水利建设市场主体之间存在着广泛而密切的信用关系，各主体的市场准入、交易行为以及市场退出是否有健全的机制，直接决定和制约着市场秩序的好坏。因此，建立水利建设市场信用体系是规范和整顿水利建设市场秩序的治本之策。

一、改善水利建设市场信用缺失现象的迫切需求

信用缺失本质上是一种违约行为，经济活动主体是否选择违约，主要看

违约成本的高低,当违约的预期效益超过其将时间和资源用于从事其他活动所带来的收益时,便会选择违约。基于这种认识,信用缺失行为的消除必须通过权威而规范的市场经济运行准则和信用制度建设来实现。行业信用体系建设是行业经济运行体制的重要组成部分,承担了记录、评价、筛选、规范、引导水利建筑行业经济行为的重要职责,是纠正目前行业内信用缺失现象频现的治本之策,是整顿和规范水利建设市场的迫切要求。

水利建设市场目前存在的工程进度不能严格依照合同进行、工程质量缺乏有力保证以及企业资质管理混乱、招投标机制缺乏有效控制机制、工程款项不能及时清付等问题,都亟须一个完善、统一的信用体系对市场环境和各参与主体的行为进行积极有效的引导和管理,否则无照经营、合同欺诈、虚假招标、伪造假账、恶意拖欠等信用缺失问题就始终有其生存的土壤,良好的行业信用环境就始终无法真正建立。

水利建设市场的信用缺失虽然有其历史根源,不可能在短期内完全解决。但如果一直缺乏科学、有效的记录、评价和披露机制,缺乏权威、规范和统一的管理机制,缺乏有效的失信惩戒机制,失信主体就无法受到市场应有的惩罚,无法起到威慑作用,也无从消除信用缺失问题。

建立水利建设市场信用体系,能够从根本上解决水利建设市场的信用缺失问题,从而使信用信息透明化、市场竞争公平化,摒弃水利工程建设过程中的不合理现象,使科学的管理、优秀的业绩、雄厚的资信实力成为市场份额的筹码,使水利建设市场行为更加符合市场经济发展的客观要求。

二、增强水利建设市场主体国际竞争力的本质要求

国家(或地区)的国际竞争力就是一个国家(或地区)为企业营造有利于不断提高国内和国际竞争力的环境,包括有效的结构、体制和政策等,帮助企业保持竞争能力。由此看出,国际竞争力不仅反映在经济实力、产业结构、基础设施等城市硬件中,更涉及城市管理、社会文化和市民素质等"软实力"方面。社会信用体系毫无疑问则是软实力的一种重要体现。

企业竞争能力是指企业在市场中面对竞争时表现出的能力。竞争能力强的企业能够主导市场的发展,更广泛和快速地销售产品,并进一步扩大市场份额。企业竞争要素包括企业质量水平、发展战略、技术水平、品牌建设等。在当今市场上,企业品牌和信誉越来越成为企业无形资产的重要表现形式,越来越成为企业可持续发展的动力。现代企业想在国际贸易的激烈竞争中占有一席之地,就无法不重视对企业品牌和信誉的维护和加强。

随着改革开放的进一步深入,信用已经成为企业竞争能力中极其重要的

方面。只有拥有强大的信用管理能力，企业才可能在国际竞争中充分调动各项资源、迅速扩大市场规模、增强经营能力。高效的运转顺畅的信用管理体系，可以帮助企业促进信用销售、扩大市场占有率，可以帮助企业更有效地制定资金规划，可以帮助企业维护和增进客户关系，更可以帮助企业提高商业信用融资和金融融资能力。因此，信用价值的实现对于"走出去"的企业显得尤为重要。

中国的企业要参与国际经济合作就必须确立以"增强国际竞争力"为着眼点的企业发展战略，要试图在产品国际竞争优势方面努力的同时，以国际水准为目标增强企业信用的软实力，形成国际范围内的合作和竞争态势。水利建设市场信用体系建设能够切实提升水利建设市场中相关企业的品牌意识，从而增强企业提升内部管理的动力，提升企业诚信与树立社会公众形象的意识，增进企业规范从业行为以及认真履行合同义务的责任。

对于发展迅速的水利建设行业，近几年已经有不少优秀企业开始做出全球化的战略规划。我国的水利建设行业拥有人工成本低、设备更新容易等优势，但缺乏在国际市场上的品牌和信誉认同，缺乏深厚的客户资源和有力的资金支持。要克服这些劣势，真正提升水利建筑企业的信用能力，就必须建立深入行业的权威的行业信用体系。

水利建设市场信用体系建设能够切实提升水利建设市场中相关企业的品牌意识，从而增强企业提升内部管理的动力，提升企业诚信与树立社会公众形象的意识，增进企业规范从业行为以及认真履行合同义务的责任。从而进一步提升企业的市场销售能力和资本运作能力，切实增强企业的国际竞争能力。

三、提升行业监管和服务水平的内在要求

党的十七届二中全会审议通过的《关于深化行政管理体制改革的意见》提出"要通过改革，实现政府职能向创造良好发展环境、提供优质公共服务、维护社会公平正义的根本转变"。建设服务型政府，就是要强化服务理念，提升服务水平，通过切实有效的政府职能转变和政府管理创新，构建有中国特色的公共服务体系。构建水利建设市场信用体系是水利部转变政府职能以及政府管理创新的重要内容之一。

行业信用水平的提高，将直接带来交易成本的下降，商品和生产要素流通才能更顺畅，市场秩序才能更规范。政府的各种监管措施和服务内容也才能更准确、更有效地传达到市场交易行为和微观主体之中。

构建水利建设行业信用体系将建立起联系政府和企业的重要纽带，是促

进行业自律、增强行业诚信意识、建立资源分配决策和长期规划依据的重要手段。政府主管部门一方面需要充分了解行业现实和发展状况，熟悉企业的优势、劣势以便进行各种基础设施建设和基本制度保证；另一方面又不能管得过细、过死，抑制企业活力。这样，就必须充分使用市场化和法制化手段，通过行业信用大环境和基本信用管理机制的构建推动行业的健康发展，规范行业的市场信用秩序，提高行业内经济运行效率。

四、全面推进依法治国和深化改革的必然要求

党的十八届四中全会通过的《中共中央关于全面推进依法治国若干重大问题的决定》提出全面推进依法治国的战略行动，强调"加强社会诚信建设，健全公民和组织守法信用记录，完善守法诚信褒奖机制和违法失信行为惩戒机制，使遵法守法成为全体人民共同追求和自觉行动"，"强化规则意识，倡导契约精神，弘扬公序良俗"，着重指出诚信守法是构筑社会主义法治国家的道德底线。

党中央提出全面深化改革，就是在改革进入攻坚区和深水区的形势下，强调经济社会的全面、协调、可持续发展，解决经济运行中的深层次矛盾和问题，促进国民经济长期稳定发展和小康社会的全面建成。建设信用体系是构建法治社会和小康社会的必然要求，要按照建立社会主义市场经济体制的总体要求，以培育良好的企业信用和个人信用为重点，通过政府推动、市场化运作和全社会的广泛参与，将诚实守信的意识落实到整个社会生活中，水利建设市场信用体系建设有利于促进水利建设行业的全面、协调、可持续发展。

按照依法行政的要求，水利建设行业要确保水利工程项目决策、审批和建设程序依法合规，确保水利工程建设的资金管理规范、严格，确保工程质量管理安全、合格，促进水利建设市场长期稳定快速发展。更进一步，重大水利工程作为稳增长、扩内需、促改革、惠民生的重要引擎之一，不仅要为经济社会发展服务，而且要为保护和改善生态环境服务，这对水利建设提出了更高的标准，要求必须进一步规范市场秩序，保障工程质量、安全和进度。

而从水利建设市场的微观参与主体来看，水利建筑企业全面贯彻落实经济社会深化改革的方针政策，就要切实提升企业发展质量和水平，履行社会责任，实现可持续发展。

以企业为主体的水利建设行业信用体系建设是新形势下提升企业信用意识和管理能力、促进行业规范发展、推动企业履行社会责任的重要推动机制。只有建立起统一有序、运转高效的行业信用体系，才能充分保障水利建设行业的整体利益，才能正确引导整个水利建设行业的科学发展。

第三章
水利建设市场信用体系建设

第一节　国外信用体系建设的经验借鉴

现代市场经济是建立在法制基础上的信用经济，健全发达的信用体系是防范经济风险、规范市场运行秩序的基础。从国际上看，发达国家普遍都建立了比较完善的社会信用制度和体系，发展中国家为适应经济快速发展的需要，也根据国情加紧建设本国的社会信用体系。了解国外信用制度建设和实践经验，为我国建立完善的社会信用体系和水利建设市场信用体系提供借鉴。

一、发达国家的信用管理经验

发达国家的社会信用体系建设主要有两种模式，一是以美国为代表的完全市场化的模式❶，二是以欧洲大陆国家为代表的政府主导模式。

1. 美国的经验

（1）健全的信用法律制度是信用行业健康发展的基础。美国在第二次世界大战后，随着经济的迅速发展和信用交易规模的不断扩大，在征信数据和信用服务方式等方面出现了诸多问题，在这种背景下，美国在20世纪60年代末到80年代期间，在原有信用法律、法规的基础上，进一步制定了许多与信用管理相关的法律，到目前已经形成了比较完善的信用法律制度体系。美国的信用管理法律框架是以《公平信用报告法（Fair Credit Reporting Act）》为核心的一系列法律，其中包括：《平等信用机会法（Equal Credit Opportunity Act）》《公平债务催收作业法（Fair Debt Collection Practice Act）》《公平信用结账法（Fair Credit

---

❶ 社会信用体系建设完全采用市场化模式的国家还有英国、澳大利亚、新西兰和加拿大等国，这些国家在信用制度建设方面与美国的做法比较接近，都有一部直接规制信用行业的基本法。这些国家的信用中介机构也是私有制。

Billing Act)》《诚信租借法（Truth in Lending Act）》《信用卡发行法（Credit Card Issuance Act）》《公平信用和贷记卡公开法（Fair Credit and Charge Card Disclosure Act）》《电子资金转账法（Electronic Fund Transfer Act）》《储蓄机构解除管制和货币控制法（Depository Institution Deregulation and Monetary Control Act）》《甘恩-圣哲曼储蓄机构法（Gem-St Germain Depository Institution Act）》《银行平等竞争法（Competitive Equality Banking Act）》《房屋抵押公开法（Home Mortgage Disclosure Act）》《房屋贷款人保护法（Home Equity Loan Consumer Protection Act）》《金融机构改革-恢复-执行法（Financial Institutions Reform-Recovery and Enforcement and Enforcement Act）》《社区再投资法（Community Reinvestment Act）》《信用修复机构法（Credit Repair organization Act）》《格雷姆-里奇-比利雷法（Gramn-Leach-Bliley Act）》等。上述法案在美国市场经济运行中经过多次修改，从而形成了如今比较完善的信用法律体系，推动着美国社会信用管理体系的正常运转，对商业银行、金融机构、房产、消费者资信调查、商账追收等行业的授信、平等授信、保护隐私等方面受到直接、明确的法律规范和约束。

（2）信用中介机构发挥着重要作用。美国不仅有比较完善的信用法律制度体系，而且作为信用法律制度支撑的信用中介服务体系也很健全。美国有许多专门从事征信、信用评级、商账追收、信用管理等业务的中介服务机构。在美国有三类信用服务机构，第一类是活跃在个人信用服务领域里的信用局，全国有 1000 多家信用局为消费者服务，其中大多数附属于 Equifax，Experian/TRW，Trans 和 Union 等全国最主要的信用报告服务机构，或者与这三家公司有业务联系。这三家公司都建有覆盖全国范围的信用数据库，包含 1.7 亿消费者的信用记录。信用局每年会提供 5 亿份以上的信用报告。第二类是为企业提供征信服务的信用机构，邓白氏（Dun & Bradsteeet）是世界最大、历史最悠久和最有影响的公司，在很多国家建立了办事处或附属机构。邓白氏公司建有自己的大型数据库，录入超过 5700 万家企业的信用信息。第三类是活跃在资信评级行业的信用服务机构，目前美国国内主要有穆迪投资者服务公司（Moody）、标准普尔公司（Standard and Poor's）、菲奇公司（Fitch）和达夫公司（Duff & Phelps），它们基本上控制了美国的资信评级市场。其中，穆迪和标准普尔两家公司资信评级的历史最悠久，实力也最雄厚。美国的信用市场在全球最发达，而且并没有因信用交易额不断增长而带来更多的信用风险，其主要原因是规范、发达的信用中介服务发挥了重要作用。

美国的信用中介机构都是私人所有。在信用中介机构发展过程中，随着信息技术的迅速发展和地区信用市场壁垒的消除,信用市场的优胜劣汰的趋势不断增强,美国信用行业的几个特定市场几乎都被少数几家信用中介机构所垄断。

(3)市场主体的信用意识促进了信用体系的发展。在美国,无论是企业还是个人都有很强的信用意识。因为在这个国家里,信用交易比较发达,信用记录差的人在信用消费、就业等方面都会受到很大制约。由于信用交易与个人的日常生活密切相关,美国的消费者都十分注重自己的信用,努力避免因自己失信而在信用局的报告中出现自己的负面信息。同样,缺乏信用记录或信用记录差的企业,很难在业界生存和获得发展。美国的企业都普遍建立信用管理制度,大中型企业都成立专门的信用管理部门,为有效防范信用风险,企业一般不与没有资信记录的客户进行交易。

(4)信用行业管理。美国的信用法律体系比较完善,征信数据的获取和使用都有明确的法律规定,因此,政府对信用行业的管理主要集中在法院和少数的几个部门,其中联邦贸易委员会是信用行业的主要监管部门,司法部、财政部货币监理局和联邦储备系统等在监管方面也发挥重要作用。

美国的信用管理协会、信用报告协会、收账协会等民间机构在信用行业的自律管理方面发挥了重要作用。行业协会除了为本行业从业者提供会议场所、从业执照培训、举办会员大会和学术交流会议,为本行业争取利益外,还制订行规,规范会员的信用行为,募集资金支持信用课题研究等。

2. 欧洲国家的经验

一些欧洲大陆国家,如法国、德国、西班牙等国家的社会信用体系是以政府为主导而建立起来的,与美国的社会信用体系有一定的差别。

(1)信用信息服务机构不是由私人部门发起建立的,而是由国家的中央银行负责建立并作为其下的一个部门。如法国中央银行的信息局每月向商业银行采集其发放超过50万法郎的公司客户的信用信息。比利时信用信息办公室是中央银行根据政府关于记录分期付款协议、消费信贷、抵押协议、租赁和公司借款中不履约信息的皇家条令而建立起来的一个部门。

(2)银行必须向信用信息局提供相关信用信息。在法国、德国和比利时,商业银行向信用信息局或办公室提供其客户的信用信息是法律规定必须履行的职责。如德国的有关法律规定,商业银行和金融机构必须向德国联邦银行的中央报告办公室提供债务总额达到和超过300万德国马克的借款人的详细资料。

（3）中央银行承担信用监管职能。以法国、德国和比利时为代表的一些欧洲国家，信用信息局是国家中央银行的下属机构，因此中央银行不仅承担对信用信息局的监管，而且有关信用信息的搜集和使用等方面的管理制度也由中央银行制订和执行。

二、发展中国家和地区的信用建设与管理

发展中国家和地区的社会信用体系建设起步较晚，在社会信用体系建设过程中借鉴了发达国家的经验，但由于各国的经济发展水平不同和国情的差异，发展中国家和地区的社会信用体系建设与发达国家也有所差别。归纳起来，发展中国家和地区的社会信用体系建设具有下列特点。

1. 信用体系建设源于市场经济快速发展

20世纪80年代以来，一些发展中国家和地区纷纷开始进行经济体制改革，由于原有的法律制度和管理体制不健全、不完善，不适应市场经济的快速发展，以致市场交易不规范，一些诈骗、毁约等失信行为频繁发生，造成很大的经济损失。如我国香港地区，在20世纪80年代初期，香港的金融诈骗十分猖獗，所有从事抵押借贷的财务机构都遭受严重的经济损失，为了抑制"重复租赁"等类型的诈骗，1982年，一家由12家财务机构为股东的香港资信有限公司诞生了。公司股东率先提供所有有关汽车、机械租赁的资料，建立了信用信息数据库并不断补充，到1985年，信息数据库由单一的租赁资料扩充到包括公司及私人债务拖欠资料记录，提高了公司股东的信贷信用风险管理能力。20世纪80年代末，香港的信用贷款和信用卡市场迅速发展，迎来了香港金融业的兴旺和对信用中介服务的旺盛需求，于是数家信用卡公司和银行相继加盟香港资信有限公司，到2000年年底，该公司的资料库拥有100多万份档案，每月平均提供38万份信贷资信报告。

印度、泰国等国家信用中介机构的出现也是资本市场发展的需要，尼泊尔重建信用信息局则是其金融改革的重要内容。墨西哥在1994—1995年金融危机后，颁发的《公平信用保障法》和《公司破产法》两部法律是墨西哥强力推进银行系统管制和信用法律框架改革的重要标志，此后，信用评级机构、信用局等中介服务机构在墨西哥金融系统中也发挥了重要作用。

2. 信用行业管理

发展中国家的金融市场不发达，信用市场尚未形成，商业银行系统往往要承担最大的信用风险，因此，多数发展中国家的信用体系建设都是由银行推动的。发展中国家的信用信息局、信用评级公司等信用中介服务机构一般

都是由中央银行发起设立的。一些发展中国家的政府为促进信用中介机构的健康发展,在政策上也给予一定的支持,有的国家甚至强制规定公司债券融资必须经过资信评级机构评级。

由于发展中国家信用行业的发展还处于初级阶段,信用信息局的核心资料主要来自银行等金融机构,对信用行业的管理通常由中央银行承担,而且信用管理的立法工作也大多由中央银行推动,经议会批准后颁布实施。

3. 信用中介机构的建立模式

发展中国家的信用中介服务机构一般是由银行发起设立的股份制企业,主要股东包括商业银行、证券公司、保险公司等。信用中介机构的业务主要包括信用评级、征信业务、咨询业务等。

发展中国家的信用中介公司普遍与国际上著名的信用中介公司进行各种合作,或者允许这些公司在国内设立分支机构,或者引进这些公司的管理和技术、进行战略合作或组建合资公司。如泰国信息服务公司先后与标准普尔公司、菲奇公司合作,以获得技术和管理等方面的支持。印度、马来西亚和菲律宾等国的信用中介机构在发展初期也都与标准普尔等国际著名大公司进行战略合作,有些中介机构还引入这些公司作为股东。但由于征信信息比较敏感,国外公司在合资企业中所占的股份比较有限。

各国设立信用中介机构的数量有所不同,像印度、印度尼西亚等国的信用评级机构不止一家;但大多数国家有一种只设立一家信用评级机构的倾向。

4. 注重信用法律体系建设,但立法尚不完善

发展中国家多数处于经济社会发展的初级阶段,法律体系不完善,有关信用管理的法律法规更欠缺。因此,在信用体系建设过程中都十分重视有关信用方面的立法,如斯里兰卡颁布了《斯里兰卡信用信息局法案》,该国的信用信息局就是根据该法案建立的,该法案规定,除中央银行外的所有放款机构,有法定义务向信用信息局提供信用信息局希望搜集的任何信用信息,否则将受到处罚。泰国也在银行的推动下,逐步完善信用立法工作,在 21 世纪初颁发了《信用局法案》和《数据保护法案》等法律,随着各项相关法案的相继颁布,泰国的信用监管框架基本建立。在尼泊尔,由于没有有效的法律条款强制银行必须履行提供信用信息的义务,因此,尽管尼泊尔的信用中介机构已有 10 年的历史,但信用行业的发展始终处于初级阶段,由此可见,信用立法及其完善的重要性。从发展中国家发展信用事业的实践来看,建立和完善社会信用体系的难点不是建立信用中介机构,也不是政府如何监管信用

行业，而是建立比较完善的信用法律体系。目前，发展中国家都存在不同程度的信用法律体系不完善和信用中介机构影响、作用比较有限的问题，因此，发展中国家都在努力推进信用立法工作。

三、国外经验对我国信用体系建设的启示

综合上述国外社会信用体系建设的经验，建立社会信用体系应重视以下五个方面的问题：一是建立社会信用体系的模式；二是建立和完善信用法律制度；三是加快信用信息数据库建设和互联互通；四是发展信用中介机构；五是对信用行业的监管。

1. 建立社会信用体系的模式

如前所述，世界各国建立社会信用体系的模式主要有两类，一类是以美国为代表的市场化模式，其前提条件是信用市场发达，信用法律体系比较完善；另一类是以欧洲大陆国家为代表的以中央银行为载体的政府主导模式。

我国是一个社会主义市场经济国家，但市场还不很完善，社会信用体系建设还处于起步阶段，信用法律制度很不完善，信用中介机构偏少，也不够成熟，信用市场尚未形成，因此，我国社会信用体系建设还不能采用市场化模式，而是参照欧洲国家的政府主导的构建模式，但也不能照搬一些国家以中央银行为载体的政府主导模式。目前我国采用政府主导，社会广泛参与的模式。充分发挥政府的组织、引导、推动和示范作用。政府负责制定实施发展规划，健全法规和标准，培育和监管信用服务市场。鼓励和调动社会力量，广泛参与，共同推进社会信用体系建设。

2. 建立和完善信用法律制度

完善的信用法律制度是信用行业健康发展和规范市场交易行为的基础，因此，各国的信用体系建设都是立法先行。从发达国家的经验看，建设比较完善的信用法律体系是一个长期过程。同样，我国的信用立法也不是一朝一夕在短期内所能完成的。因此，可以从两方面入手，一是涉及全社会的信用法律，特别是大的、基础性的信用法律由国务院组织有关部门率先拟定法律草案，并由全国人民代表大会立法，以促进信用行业规范健康发展；二是从当前推进部门（地区）信用体系建设和运行出发，国务院各部门（地区）根据本部门（地区）的具体情况，出台一些有关信用管理的部门规章或地方法规规章，以规范本部门（地区）市场主体的信用行为，促进行业内的信用中介机构的发展，并为今后正式法律出台积累经验。

3. 加快信用信息数据库建设和互联互通

信用信息数据库是信用体系建设的基础,一些欧洲大陆国家和发展中国家的中央银行设立的信息局都建有信用信息数据库,美国的私人信用中介机构都有自己的信用数据库。由于我国还处在信用体系建设的初期,社会中介机构比较稀缺且一般只有规模很小的数据库,根据我国国情,为了迅速推进社会信用体系建设,我们不能等待自发成立的信用中介机构在短期内建立强大的信用信息数据库发挥作用。我国的信用信息数据库建设应以政府主导,利用各级政府和国民经济各部门已经掌握大量信用信息的优势,按照条块结合的传统做法,国务院各部门和各地政府以购买服务的方式建立相应的信用信息数据库,同时,也要鼓励信用中介机构建立或壮大自己的信用信息数据库。

征信数据采集和使用是一个敏感的问题,各国都以相关的法律或法规做出明确规定。采集和公开的数据一般包括银行按规定提供的借贷信息和政府机构的公开记录等,这些信用信息分为正面和负面两类,通常各国对共享信息的类型都有规定,一些国家(如西班牙)限制正面信息共享,澳大利亚信用索引公司共享范围被限定在负面信息。而美国、加拿大、智利等国则允许正面信息和负面信息都可以共享。

目前我国已颁布了政府信息公开条例和企业信息公开暂行条例,对公开的信息范围作了原则规定,凡不涉及国家秘密、国家安全、企业商业秘密和个人隐私的信息应当公开。公开的信息必然可以共享,我国在信用信息共享方面着重做好两方面的工作,一是实行部门、行业之间的信用信息开放或共享,打破行业、部门和机构之间信息壁垒的现状,充分利用各部门、行业积累的信用信息,逐步把我国建成一个征信国家;二是在信用信息开放的前提下,工商行政管理部门、银行和金融机构以及其他政府部门应当按照国家社会信用信息平台建设的总体要求,建立本地区、本部门或本行业的信用信息平台,并尽快实现地区、部门之间信用信息的互联共享。

4. 发展信用中介机构

信用中介机构在防范金融风险和规范市场交易行为方面发挥着重要作用,根据国外的经验,建立和发展信用中介机构是社会信用体系建设的一个重要方面。在国际上,信用中介机构的设立有两种模式,一种是由私人部门发起设立的,另一种是由中央银行发起设立的。信用中介机构由私人部门发起设立的国家,一般都有比较完善的信用法律体系,信用中介机构的数量规模通过市场竞争、优胜劣汰的法则呈现由大到小的发展趋势,信用服务的覆盖领域宽,包括银行等金融机构、企业和个人。信用中介机构(信息局)由中央银行发起设立的国家，中央银行往往承担对信用中介机构（信用局）的监管职能，而信息局又作为中央银行的一个部门，则信息局的信用信息来源和业务范围往往受到央行的限制，影响信用中介机构（信息局）的活力和长远发展。信用中介机构由中央银行发起设立的一些国家，有的还限制信用中介机构的数量，如有的国家限定只有一家信用评级机构。

我国在社会信用体系建设的初期阶段，尽管我国的信用法律还不完善，但也不能采用中央银行发起设立信用中介机构这种模式，因为这种模式在信用信息来源的广泛性、信用服务的全面性、监管的整体性等方面具有很大的局限性。按照我国信用体系建设实行政府推动（或主导）、社会参与的原则，政府积极鼓励发展多种所有制形式的信用中介机构，坚持以市场为导向，培育和发展种类齐全、功能互补、依法经营、有市场公信力的信用服务机构，依法自主收集、整理、加工、提供信用信息，鼓励信用产品的开发和创新，满足全社会多层次、多样化、专业化的信用服务需求。

5. 对信用行业的监管

从国际上看，政府对信用行业的监管主要有两类，第一类是以完善的信用法律法规为基础的政府监管，第二类是信用法律法规不健全的政府监管。第一类政府监管以美国为代表，由于美国的信用法律法规比较完善，政府的直接监管职能就相对弱化，政府对信用行业的管理主要集中在法院和少数的几个部门，其中联邦贸易委员会是信用行业的主要监管部门，司法部、财政部货币监理局和联邦储备系统等在监管方面也发挥重要作用。信用法律法规不健全，政府或中央银行对信用行业的监管职能显得重要一些，信用行业的发展更容易受到政府的影响。

我国的信用行业只有近 10 年的发展历史，信用法律法规体系不够完善，政府对信用行业的监管尤为重要。根据我国信用中介机构可能遍及国民经济各个部门的发展态势，不能采用以中央银行为主体的政府监管模式，应采用以一两个部门为主，多部门协同的全方位政府监管模式，即以国家发展和改革委员会和中国人民银行为牵头部门，发挥司法部、财政部、水利部、商务部、国家工商总局等多部门协同监管的作用。

第二节 我国社会信用体系建设

一、我国社会信用体系建设的战略部署

2007 年，国务院办公厅印发《关于社会信用体系建设的若干意见》，提

出要加快建立与我国经济社会发展水平相适应的社会信用体系基本框架和运行机制。2009年，中央组织开展工程建设领域突出问题专项治理工作，把推进建设项目信息公开和诚信体系建设作为长效机制建设的重点内容。2014年6月，国务院印发《社会信用体系建设规划纲要（2014—2020年）》（以下简称《规划纲要》）、《关于促进市场公平竞争维护市场正常秩序的若干意见》，中央文明委印发《关于推进诚信建设制度化的意见》，提出健全信用法律法规和标准体系，推进政务诚信、商务诚信、社会诚信和司法公信建设，建立守信激励和失信惩戒机制，提高全社会诚信意识和信用水平。

  信用建设是市场经济的基石、和谐社会的基础，社会信用体系是社会主义市场经济体制和社会治理体制的重要组成部分。党的十七届六中全会提出，"把诚信建设摆在突出位置，大力推进政务诚信、商务诚信、社会诚信和司法公信建设，抓紧建立健全覆盖全社会的征信系统，加大对失信行为惩戒力度，在全社会广泛形成守信光荣、失信可耻的氛围。"党的十八届三中全会提出，"建立健全社会征信体系，褒扬诚信，惩戒失信"。习近平总书记指出，人而无信，不知其可；企业无信，则难求发展；社会无信，则人人自危；政府无信，则权威不立。李克强总理强调，要让信用成为社会主义市场经济体系的"基础桩"，让失信行为无处藏身。

  根据上述党中央、国务院一系列关于我国社会信用体系建设的文件精神和《社会信用体系建设规划纲要（2014—2020年）》提出的建设社会信用体系的指导思想、目标和路线，将我国社会信用体系建设的战略部署归纳为：以《社会信用体系建设规划纲要（2014—2020年）》为指导，率先制订并不断完善社会信用法律法规体系，大力推进信用征信系统和信息共享建设，以加快政务、商务、社会诚信和司法公信等四个重点领域的诚信建设为纲，培育和发展规范的信用服务市场，全面带动其他领域的诚信建设，建立和有效运用健全的信用联合奖惩机制，并与诚信教育和诚信文化建设有机结合，推动社会信用体系的不断完善和良性运行，最终将我国建成一个先进的征信国家。

二、指导思想和目标原则

1. 社会信用体系建设的指导思想

  全面推动社会信用体系建设，必须坚持以邓小平理论、"三个代表"重要思想、科学发展观为指导，按照党的十八大、十八届三中全会和"十二五"规划纲要精神，以健全信用法律法规和标准体系、形成覆盖全社会的征信系统为基础,以推进政务诚信、商务诚信、社会诚信和司法公信建设为主要内容,以推进诚信文化建设、建立守信激励和失信惩戒机制为重点,以推进行业信用建设、地方信用建设和信用服务市场发展为支撑,以提高全社会诚信意识和信用水平、改善经济社会运行环境为目的,以人为本,在全社会广泛形成守信光荣、失信可耻的浓厚氛围,使诚实守信成为全民的自觉行为规范。

2. 社会信用体系建设的主要目标

到 2020 年,社会信用基础性法律法规和标准体系基本建立,以信用信息资源共享为基础的覆盖全社会的征信系统基本建成,信用监管体制基本健全,信用服务市场体系比较完善,守信激励和失信惩戒机制全面发挥作用。政务诚信、商务诚信、社会诚信和司法公信建设取得明显进展,市场和社会满意度大幅提高。全社会诚信意识普遍增强,经济社会发展信用环境明显改善,经济社会秩序显著好转。

3. 社会信用体系建设的主要原则

政府推动,社会共建。充分发挥政府的组织、引导、推动和示范作用。政府负责制定实施发展规划,健全法规和标准,培育和监管信用服务市场。注重发挥市场机制作用,协调并优化资源配置,鼓励和调动社会力量广泛参与,共同推进,形成社会信用体系建设合力。

健全法制,规范发展。逐步建立健全信用法律法规体系和信用标准体系,加强信用信息管理,规范信用服务体系发展,维护信用信息安全和信息主体权益。

统筹规划,分步实施。针对社会信用体系建设的长期性、系统性和复杂性,强化顶层设计,立足当前,着眼长远,统筹全局,系统规划,有计划、分步骤地组织实施。

重点突破,强化应用。选择重点领域和典型地区开展信用建设示范。积极推广信用产品的社会化应用,促进信用信息互联互通、协同共享,健全社会信用奖惩联动机制,营造诚实、自律、守信、互信的社会信用环境。

三、我国信用体系建设的重点领域

我国信用体系建设的重点领域包括政务领域诚信建设、商务领域诚信建设、社会诚信建设和司法公信建设。

（1）加快推进政务领域诚信建设。政务诚信是社会信用体系建设的关键，各类政务行为主体的诚信水平，对其他社会主体诚信建设发挥着重要的表率和导向作用。政务诚信建设包括：坚持依法行政、发挥政府诚信建设示范作用、加快政府守信践诺机制建设、加强公务员诚信管理和教育等方面。

（2）深入推进商务诚信建设。提高商务诚信水平是社会信用体系建设的重点，是商务关系有效维护、商务运行成本有效降低、营商环境有效改善的基本条件，是各类商务主体可持续发展的生存之本，也是各类经济活动高效开展的基础保障。商务诚信建设主要包括：生产、流通、金融、税务、价格、工程建设、政府采购、招标投标、交通运输、电子商务、统计、会展和广告等领域的信用建设，还有中介服务业信用建设和企业诚信管理制度建设。

（3）全面推进社会诚信建设。社会诚信是社会信用体系建设的基础，社会成员之间只有以诚相待、以信为本，才会形成和谐友爱的人际关系，才能促进社会文明进步，实现社会和谐稳定和长治久安。社会诚信建设包括：医药卫生和计划生育、社会保障、劳动用工领域、教育和科研、文化和体育及旅游、知识产权、环境保护和能源节约、互联网应用及服务等领域和社会组织诚信建设。

（4）大力推进司法公信建设。司法公信是社会信用体系建设的重要内容，是树立司法权威的前提，是社会公平正义的底线。司法公信建设包括：法院公信建设、检察公信建设、公共安全领域公信建设、司法行政系统公信建设、司法执法和从业人员信用建设和健全促进司法公信的制度基础。

四、我国信用体系建设任务和主要工作

全面贯彻落实《社会信用体系建设规划纲要（2014—2020年）》（以下简称《规划纲要》），加快推进我国社会信用体系建设。《规划纲要》提出我国社会信用体系建设涉及十二个领域，有五十五项任务和八十四项主要工作（见表3-1）。其中涉及的十二个领域包括：信用法律法规制度和信用标准体系建设、推进信用记录建设和信用信息征集共享、加快推进政务诚信建设、深入推进商务诚信建设、全面推进社会诚信建设、大力推进司法公信建设、建立健全信用联合奖惩机制、培育和规范信用服务市场、保护信用信息主体权益和保障信用信息安全、开展试点示范创建活动、开展诚信教育和诚信文化建设、加强组织领导。

表 3-1 我国信用体系的建设任务和主要工作表

领域	任务	主要工作	
一、信用法律法规制度和信用标准体系建设	（一）加强信用法律法规制度体系建设	1. 完善信用法律法规体系。[国家发展和改革委员会（以下简称"发改委"）、人民银行分工负责，国务院法制办公室参加]	
		2. 出台《征信业管理条例》相关配套制度和实施细则，建立异议处理、投诉办理和侵权责任追究制度（人民银行负责）	
		3. 推进行业、部门和地方信用制度建设（有关部门、各省政府负责）	
		4. 建立信用信息分类管理制度（发改委、人民银行牵头负责）	
	（二）建立健全信用标准体系	5. 加快信用信息标准体系建设[国家质量监督检验检疫总局（以下简称"质检总局"）、发改委、人民银行牵头负责]	
		6. 建立统一社会信用代码制度[发改委、公安部按分工牵头负责，中央机构编制委员会办公室（以下简称"中央编办"）、民政部、人民银行、国务院税务总局、国家工商行政管理局（以下简称"工商总局"）、质检总局参加]	
二、推进信用记录建设和信用信息征集共享	（三）行业信用信息系统建设	7. 加强重点领域信用记录建设（各有关部门按职责分工负责）	
		8. 建立行业信用信息数据库（各有关部门按职责分工负责）	
	（四）地方信用信息系统建设	9. 加快推进政务信用信息整合（各省级人民政府负责）	
		10. 加强地区内信用信息的应用（各省级人民政府负责）	
	（五）征信系统建设	11. 加快征信系统建设（人民银行负责）	
		12. 对外提供专业化征信服务（人民银行、发改委牵头负责）	
	（六）金融业统一征信平台建设	13. 完善金融信用信息基础数据库（人民银行负责）	
		14. 推动金融业统一征信平台建设[人民银行牵头负责，中国银行业监督管理委员会（以下简称"银监会"）、中国证券监督管理委员会（以下简称"证监会"）、中国保险监督管理委员会（以下简称"保监会"）、国家外汇管理局参加]	
	（七）推进信用信息的交换与共享	15. 逐步推进政务信用信息交换与共享	发改委、人民银行牵头负责，各有关部门、各省级人民政府参加
		16. 依法推进政务信用信息系统与征信系统间的信息交换与共享	

续表

领域	任务	主要工作
三、加快推进政务诚信建设	(八)坚持依法行政	17. 将依法行政贯穿于决策、执行、监督和服务的全过程,全面推进政务公开……建立有效的信息共享机制(有关部门、省级政府负责)
	(九)发挥政府诚信建设示范作用	18. 在行政许可、政府采购、招标投标、劳动就业、社会保障、科研管理、干部选拔任用和管理监督、申请政府资金支持等领域,率先使用信用信息和信用产品,培育信用服务市场发展[发改委、人民银行牵头,中国共产党中央委员会组织部(以下简称"中组部")、财政部、人力资源和社会保障部(以下简称"人社部")、科技部等部门、各省级政府按分工分别负责]
	(十)加快政府守信践诺机制建设	19. 严格履行政府向社会做出的承诺,把政务履约和守诺服务纳入政府绩效评价体系……推动各地区、各部门逐步建立健全政务和行政承诺考核制度……(各有关部门各省级人民政府负责)
	(十一)加强公务员诚信管理和教育	20. 建立公务员诚信档案……将公务员诚信记录作为干部考核、任用和奖惩的重要依据。深入开展公务员诚信、守法和道德教育……增强公务员法律和诚信意识……(中组部、人社部、公务员局牵头负责)
四、深入推进商务诚信建设	(十二)生产领域信用建设	21. 建立安全生产信用公告制度,完善安全生产承诺和安全生产不良信用记录及安全生产失信行为惩戒制度……[安全生产监督管理局(以下简称"安监总局")、质检总局、工业和信息化部(以下简称"工信部")、公安部等部门按分工分别负责]
		22. 以食品、药品、日用消费品、农产品和农业投入品为重点,加强各类生产经营主体生产和加工环节的信用管理,建立产品质量信用信息异地和部门间共享制度……(食品药品监管总局、工信部、质检总局、农业部按职责牵头负责)
	(十三)流通领域信用建设	23. 研究制定商贸流通领域企业信用信息征集共享制度,完善商贸流通企业信用评价基本规则和指标体系……(商务部牵头负责)
		24. 强化反垄断与反不正当竞争执法,加大对市场混淆行为、虚假宣传、商业欺诈、商业诋毁、商业贿赂等违法行为的查处力度,对典型案件、重大案件予以曝光,增加企业失信成本,促进诚信经营和公平竞争(发改委、商务部、工商总局等部门按照职责分工分别负责)
		25. 逐步建立以商品条形码等标识为基础的全国商品流通追溯体系。加强检验检疫质量诚信体系建设(质检总局牵头负责)
		26. 支持商贸服务企业信用融资,发展商业保理,规范预付消费行为。鼓励企业扩大信用销售,促进个人信用消费(商务部牵头负责)

续表

领域	任务	主要工作
四、深入推进商务诚信建设	（十三）流通领域信用建设	27. 推进对外经济贸易信用建设，进一步加强对外贸易、对外援助、对外投资合作等领域的信用信息管理、信用风险监测预警和企业信用等级分类管理……（商务部、海关总署牵头负责）
	（十四）金融领域信用建设	28. 创新金融信用产品，改善金融服务，维护金融消费者个人信息安全，保护金融消费者合法权益。加大对金融欺诈、恶意逃废银行债务等金融失信行为的惩戒力度，规范金融市场秩序（人民银行、银监会、保监会、证监会、国家外汇管理局按职责分工分别负责）
	（十五）税务领域信用建设	29. 建立跨部门信用信息共享机制（税务总局牵头负责）
	（十六）价格领域信用建设	30. 实行经营者明码标价和收费公示制度，着力推行"明码实价"（发改委负责）
	（十七）工程建设领域信用建设	31. 推进工程建设市场信用体系建设。加快工程建设市场信用法规制度建设，制定工程建设市场各主体和从业人员信用标准。推进工程建设领域项目信息公开和诚信体系建设，依托政府网站，全面设立项目信息和信用信息公开共享专栏……深入开展工程质量诚信建设。完善工程建设市场准入退出制度，加大对发生重大工程质量、安全责任事故或有其他重大失信行为的企业及负有责任的从业人员的惩戒力度。建立企业和从业人员信用评价结果与资质审批、执业资格注册、资质资格取消等审批审核事项的关联管理机制。建立科学、有效的建设领域从业人员信用评价机制和失信责任追溯制度，将肢解发包、转包、违法分包、拖欠工程款和农民工工资等列入失信责任追究范围［住房和城乡建设部（以下简称"住建部"）、交通运输部、水利部、工信部、人社部等部门分工负责］
	（十八）政府采购领域信用建设	32. 加强政府采购信用管理，强化联动惩戒，保护政府采购当事人的合法权益（财政部牵头负责）
	（十九）招标投标领域信用建设	33. 扩大招标投标信用信息公开和共享范围，建立涵盖招标投标情况的信用评价指标和评价标准体系，健全招投标信用信息公开和共享制度（发改委牵头负责）
	（二十）交通运输领域信用建设	34. 形成部门规章制度和地方性法规、地方政府规章相结合的交通运输信用法规体系（交通运输部牵头负责）
	（二十一）电子商务领域信用建设	35. 建立健全电子商务企业客户信用管理和交易信用评估制度，加强电子商务企业自身开发和销售信用产品的质量监督（工信部、商务部、国家互联网信息办公室、工商总局、质检总局等部门分工负责，海关总署参加）
	（二十二）统计领域信用建设	36. 开展企业诚信统计承诺活动，营造诚实报数光荣、失信造假可耻的良好风气（统计局牵头负责）

续表

领域	任务	主要工作
四、深入推进商务诚信建设	（二十三）中介服务业信用建设	37. 建立完善中介服务机构及其从业人员的信用记录和披露制度，并作为市场行政执法部门实施信用分类管理的重要依据……（司法部、财政部、银监会、质检总局、人社部、住建部、工商总局、保监会等有关部门分工负责）
	（二十四）会展、广告信用建设	38. 推动展会主办机构诚信办展，践行诚信服务公约，建立信用档案和违法违规单位信息披露制度，推广信用服务和产品的应用（商务部、工商总局按照职责分工分别负责）
	（二十五）企业诚信管理制度建设	39. 开展各行业企业诚信承诺活动，加大诚信企业示范宣传和典型失信案件曝光力度，引导企业增强社会责任感，在生产经营、财务管理和劳动用工管理等各环节中强化信用自律，改善商务信用生态环境……（发改委、人民银行牵头负责）
五、全面推进社会诚信建设	（二十六）医药卫生和计划生育领域信用建设	40. 加强医疗卫生机构信用管理和行业诚信作风建设。树立大医精诚的价值理念，坚持仁心仁术的执业操守……［国家卫生和计划生育委员会（以下简称"卫计委"）、国家食品药品监督管理总局、人社部分工负责］
	（二十七）社会保障领域信用建设	41. 在救灾、救助、养老、社会保险、慈善、彩票等方面，建立全面的诚信制度，打击各类诈捐骗捐等失信行为……（民政部、人社部、住建部按照职责分工分别负责）
		42. 建立健全社会保险诚信管理制度，加强社会保险经办管理，加强社会保险领域的劳动保障监督执法，规范参保缴费行为，加大对医保定点医院、定点药店、工伤保险协议医疗机构等社会保险协议服务机构及其工作人员、各类参保人员的违规、欺诈、骗保等行为的惩戒力度，防止和打击各种骗保行为……（人社部牵头负责，卫计委等参加）
	（二十八）劳动用工领域信用建设	43. 进一步落实和完善企业劳动保障守法诚信制度，制定重大劳动保障违法行为社会公示办法。规范用工行为，加强对劳动合同履行和仲裁的管理，推动企业积极开展和谐劳动关系创建活动……（人社部负责）
	（二十九）教育、科研领域信用建设	44. 加强教师和科研人员诚信教育。开展教师诚信承诺活动，自觉接受广大学生、家长和社会各界的监督。发挥教师诚信执教、为人师表的影响作用。加强学生诚信教育，培养诚实守信的良好习惯，为提高全民族诚信素质奠定基础……（教育部、科技部分工负责）
	（三十）文化、体育、旅游领域信用建设	45. 依托全国文化市场技术监管与公共服务平台，建立健全娱乐、演出、艺术品、网络文化等领域文化企业主体、从业人员以及文化产品的信用信息数据库。依法制定文化市场诚信管理措施，加强文化市场动态监管……（文化部、体育总局、旅游局分工负责）

续表

领域	任务	主要工作
五、全面推进社会诚信建设	（三十一）知识产权领域信用建设	46. 建立健全知识产权诚信管理制度，出台知识产权保护信用评价办法。重点打击侵犯知识产权和制售假冒伪劣商品行为，将知识产权侵权行为信息纳入失信记录，强化对盗版侵权等知识产权侵权失信行为的联合惩戒，提升全社会的知识产权保护意识……（国家知识产权局、工商总局、国家版权局等部门按照职责分工分别负责）
	（三十二）环境保护和能源节约领域信用建设	47. 推进国家环境监测、信息与统计能力建设，加强环保信用数据的采集和整理，实现环境保护工作业务协同和信息共享，完善环境信息公开目录。建立环境管理、监测信息公开制度……（环保部牵头负责）
		48. 加强国家能源利用数据统计、分析与信息上报能力建设。加强重点用能单位节能目标责任考核，定期公布考核结果，研究建立重点用能单位信用评价机制……（发改委牵头负责，住建部等相关部门参加）
	（三十三）社会组织诚信建设	49. 依托法人单位信息资源库，加快完善社会组织登记管理信息。健全社会组织信息公开制度，引导社会组织提升运作的公开性和透明度，规范社会组织信息公开行为……（民政部负责）
	（三十四）自然人信用建设	50. 突出自然人信用建设在社会信用体系建设中的基础性作用，依托国家人口信息资源库，建立完善自然人在经济社会活动中的信用记录，实现全国范围内自然人信用记录全覆盖……（发改委、人民银行牵头，公务员局、工商总局等20个等部门分工负责）
	（三十五）互联网应用及服务领域信用建设	51. 大力推进网络诚信建设，培育依法办网、诚信用网理念，逐步落实网络实名制，完善网络信用建设的法律保障，大力推进网络信用监管机制建设……（国家互联网信息办公室牵头负责，各相关部门参加）
六、大力推进司法公信建设	（三十六）法院公信建设	52. 提升司法审判信息化水平，实现覆盖审判工作全过程的全国四级法院审判信息互联互通，推进法院审判体系和审判能力现代化……（最高人民法院负责）
	（三十七）检察公信建设	53. 进一步深化检务公开，创新检务公开的手段和途径，广泛听取群众意见，保障人民群众对检察工作的知情权、参与权、表达权和监督权。继续推行"阳光办案"，严格管理制度，强化内外部监督，建立健全专项检查、同步监督、责任追究机制（最高人民检察院负责）
	（三十八）公共安全领域公信建设	54. 全面推行"阳光执法"，依法及时公开执法办案的制度规范、程序时限等信息，对于办案进展等不宜向社会公开，但涉及特定权利义务、需要特定对象知悉的信息，应当告知特定对象，或者为特定对象提供查询服务……（公安部负责）

续表

领域	任务	主要工作
六、大力推进司法公信建设	（三十九）司法行政系统公信建设	55. 进一步提高监狱、戒毒场所、社区矫正机构管理的规范化、制度化水平，维护服刑人员、戒毒人员、社区矫正人员合法权益……（司法部负责）
	（四十）司法执法和从业人员信用建设	56. 建立各级公安、司法行政等工作人员信用档案，依法依规将徇私枉法以及不作为等不良记录纳入档案，并作为考核评价和奖惩依据。推进律师……司法鉴定人员等诚信规范执业。建立司法从业人员诚信承诺制度（公安部、司法部按照职责分工分别负责）
	（四十一）健全促进司法公信的制度基础	57. 深化司法体制和工作机制改革，推进执法规范化建设，严密执法程序，坚持有法必依、违法必究和法律面前人人平等，提高司法工作的科学化、制度化和规范化水平……强化司法机关的内部监督，实现以监督促公平、促公正、促公信〔中国共产党中央政法委员会（以下简称"中央政法委"）牵头负责〕
七、建立健全信用联合奖惩机制	（四十二）加强对守信主体的奖励和激励	58. 加大对守信行为的表彰和宣传力度。按规定对诚信企业和模范个人给予表彰，通过新闻媒体广泛宣传，营造守信光荣的舆论氛围……对诚实守信者实行优先办理、简化程序等"绿色通道"支持激励政策（发改委、人民银行牵头，各有关部门、各省级人民政府负责）
	（四十三）加强对失信主体的约束和惩戒	59. 强化行政监管性约束和惩戒。在现有行政处罚措施的基础上，健全失信惩戒制度，建立各行业黑名单制度和市场退出机制。推动各级人民政府在市场监管和公共服务等方面实施信用分类监管……（发改委、人民银行牵头，各有关部门、各省级人民政府负责）
	（四十四）建立多部门、跨地区信用联合奖惩机制	60. 通过信用信息交换共享，实现多部门、跨地区信用奖惩联动，使守信者处处受益、失信者寸步难行（发改委、人民银行牵头，各有关部门、各省级人民政府负责）
八、培育和规范信用服务市场	（四十五）培育和规范信用服务市场	61. 发展各类信用服务机构。逐步建立公共信用服务机构和社会信用服务机构互为补充、信用信息基础服务和增值服务相辅相成的多层次、全方位的信用服务组织体系……（人民银行、发改委牵头负责）
		62. 推进并规范信用评级行业发展。培育发展本土评级机构，增强我国评级机构的国际影响力。规范发展信用评级市场，提高信用评级行业的整体公信力。探索创新双评级、再评级制度（人民银行牵头负责，发改委、银监会、证监会、保监会、外交部参加）
		63. 推动信用服务产品广泛运用。拓展信用服务产品应用范围，加大信用服务产品在社会治理和市场交易中的应用……（发改委、人民银行牵头负责，各有关部门、各省级人民政府参加）

续表

领域	任务	主要工作
八、培育和规范信用服务市场	（四十五）培育和规范信用服务市场	64. 建立政务信用信息有序开放制度。各地区、各行业要支持征信机构建立征信系统。明确政务信用信息的开放分类和基本目录，有序扩大政务信用信息对社会的开放，优化信用调查、信用评级和信用管理等行业的发展环境（发改委、人民银行牵头负责，各有关部门、各省级人民政府参加）
		65. 完善信用服务市场监管体制。根据信用服务市场、机构业务的不同特点，依法实施分类监管，完善监管制度，明确监管职责，切实维护市场秩序……（人民银行负责）
九、保护信用信息主体权益和保障信用信息安全	（四十六）保护信用信息主体权益	66. 健全信用信息主体权益保护机制。充分发挥行政监管、行业自律和社会监督在信用信息主体权益保护中的作用，综合运用法律、经济和行政等手段，切实保护信用信息主体权益。加强对信用信息主体的引导教育，不断增强其维护自身合法权益的意识。建立自我纠错、主动自新的社会激励与关爱机制……（各有关部门、各省级人民政府按照职责分工分别负责）
	（四十七）强化信用信息安全管理	67. 健全信用信息安全管理体制。完善信用信息保护和网络信任体系，建立健全信用信息安全监控体系。加大信用信息安全监督检查力度，开展信用信息安全风险评估，实行信用信息安全等级保护。开展信用信息系统安全认证，加强信用信息服务系统安全管理……（公安部、工信部、质检总局、国家互联网信息办公室、人民银行等部门分工负责）
十、开展试点示范创建活动	（四十八）实施专项工程	68. 推进政务信息公开工程（各部门、各省级人民政府负责）
		69. 推进农村信用体系建设工程（人民银行牵头负责，各有关部门、各地方人民政府参加）
		70. 推进小型、微型企业信用体系建设工程（人民银行牵头负责，各有关部门、各地方人民政府参加）
	（四十九）推动创新示范	71. 开展地方信用建设综合示范（发改委、人民银行牵头，各省级人民政府负责）
		72. 开展区域信用建设合作示范（各省级人民政府负责）
		73. 开展重点领域和行业信用信息应用示范（发改委、人民银行牵头，环保部、安监总局、质检总局、住建部、水利部、商务部、工商总局等部门按照职责分工分别负责）
十一、开展诚信教育和诚信文化建设	（五十）普及诚信教育	74. 以建设社会主义核心价值体系、培育和践行社会主义核心价值观为根本，将诚信教育贯穿公民道德建设和精神文明创建全过程［中国共产党中央委员会宣传部（以下简称"中宣部"）、中央文明办、教育部按照职责分工分别负责］

续表

领域	任务	主要工作
十一、开展诚信教育和诚信文化建设	（五十一）加强诚信文化建设	75. 弘扬诚信文化，树立诚信典型［中宣部、中央精神文明建设指导委员会办公室（以下简称"中央文明办"）负责］
		76. 深入开展诚信主题活动（质检总局、安监总局、商务部、中央文明办、工商总局、人民银行、司法部等部门按照职责分工分别负责）
		77. 大力开展重点行业领域诚信缺失突出问题专项治理（中央文明办牵头，各有关部门参加）
	（五十二）加快信用专业人才培养	78. 加强信用管理学科专业建设。把信用管理列为国家经济体制改革与社会治理发展急需的新兴、重点学科，支持有条件的高校设置信用管理专业或开设相关课程……（教育部负责）
		79. 加强信用管理职业培训与专业考评。建立健全信用管理职业培训与专业考评制度。推广信用管理职业资格培训，培养信用管理专业化队伍……（人社部负责）
十二、加强组织领导	（五十三）强化责任落实	80. 各地区、各部门要统一思想，按照本规划纲要总体要求，成立规划纲要推进小组，根据职责分工和工作实际，制定具体落实方案。各地区、各部门要定期对本地区、相关行业社会信用体系建设情况进行总结和评估，及时发现问题并提出改进措施……（各部门、各省级人民政府负责）
	（五十四）加大政策支持	81. 各级人民政府要根据社会信用体系建设需要，将应由政府负担的经费纳入财政预算予以保障。加大对信用基础设施建设、重点领域创新示范工程等方面的资金支持……（各部门、各省级人民政府按照职责分工分别负责）
	（五十五）健全组织保障	82. 完善组织协调机制。完善社会信用体系建设部际联席会议制度，充分发挥其统筹协调作用，加强对各地区、各部门社会信用体系建设工作的指导、督促和检查（发改委、人民银行、中央编办牵头，各有关部门、各省级人民政府负责）
		83. 建立地方政府推进机制。地方各级人民政府要将社会信用体系建设纳入重要工作日程，推进政务诚信、商务诚信、社会诚信和司法公信建设，加强督查，强化考核，把社会信用体系建设工作作为目标责任考核和政绩考核的重要内容（各省级人民政府负责）
		84. 建立工作通报和协调制度。社会信用体系建设部际联席会议定期召开工作协调会议，通报工作进展情况，及时研究解决社会信用体系建设中的重大问题（发改委、人民银行牵头负责）

第三节　水利建设市场信用体系建设

一、水利建设市场信用体系建设的总体要求

1. 信用体系建设的指导思想

为贯彻落实《中华人民共和国政府信息公开条例》（国务院令第492号）、《企业信息公示暂行条例》（国务院令第654号）、《国务院关于印发社会信用体系建设规划纲要（2014—2020年）的通知》（国发〔2014〕21号）、《国务院关于促进市场公平竞争维护市场正常秩序的若干意见》（国发〔2014〕20号）和中央精神文明建设指导委员会《关于推进诚信建设制度化的意见》（文明委〔2014〕7号）精神，加快推进水利建设市场信用体系建设，以健全水利建设市场信用体系规章制度和标准体系为基础，以加快水利建设市场信用信息系统建设为支撑，以建立水利建设市场守信激励失信惩戒机制为重点，以提高水利建设领域诚信意识和信用水平为目的，推动信用信息公开、共享和应用，提高公共服务能力，加强事中事后监管，维护水利建设市场正常秩序，促进水利建设市场公平竞争，保障大规模水利建设顺利实施和水利工程质量安全。

2. 信用体系建设的基本原则

政府主导，分级推动。按照国务院关于社会信用体系建设的部署，在国务院发展改革部门、水行政主管部门的协调指导下，充分发挥地方各级发展改革部门、水行政主管部门的组织、引导、推动和示范作用，自上而下，协同推进水利建设市场信用体系建设。

依法监管，社会共治。坚持运用法治思维和法治方式履行政府监管职能，注重发挥市场机制作用，坚持政府和市场两手发力。充分发挥法律法规的规范作用、行业组织的自律作用、舆论和社会公众的监督作用，推动市场主体自我约束、诚信经营。

统筹安排，分步实施。针对水利建设市场信用体系建设的长期性、系统性和复杂性，坚持问题导向，强化顶层设计，提高服务水平，激发市场活力，立足当前、着眼长远，有计划、有步骤地组织实施。

强化应用，重点突破。在行政管理、市场监管和公共服务中广泛运用水利建设市场信用信息，褒扬诚信、惩戒失信，在行政许可、招标投标、政府采购、资质审核等重点环节积极应用信用评价结果。

公正透明，真实准确。坚持公开、公平、公正和诚实守信，依法依规、及时规范地发布信息，保护市场主体和社会公众的知情权、参与权和监督权，保护国家机密、商业秘密和个人隐私。

3. 信用体系建设的目标

到 2020 年，水利建设市场信用体系的规章制度和标准体系基本建立，水利建设市场主体信用信息系统基本建成，信用信息在水利建设市场监管、公共服务中普遍应用，水利建设领域守信激励和失信惩戒机制全面发挥作用，全行业诚信意识和信用水平普遍提高，水利建设市场秩序显著好转。

二、加快水利建设市场信用体系建设的作用

1. 改善和优化行业信用环境

长期以来，信用领域存在的诸多弊端，其根本原因在于行业内长期缺乏科学规范的信用激励制度和有效可行的信用管理方法，这不仅是一个行业、一个地区的问题，而是一个涉及整个社会系统的的信用环境问题。水利建设行业作为社会系统的一个组成部分，不良的信用环境导致了市场主体信用行为不规范。信用缺失不仅仅是企业自身的原因，更受政府行政决策引导和行业习惯积淀的重要影响。因此，只有建立科学规范的水利建设行业信用体系，制定规范信用行为的法律法规，为政府部门和行业管理机构提供可行的管理方法和监管依据，为水利企业提供市场交易的行为准则，警示市场主体失信付出的代价，才能根本上解决目前无照经营、合同欺诈、虚假招标、伪造假账、恶意拖欠费用等信用缺失问题。

通过水利建设市场信用体系建设，不仅推动全行业牢固地树立信用意识，更重要的是建立了完善的行业信用规章制度和包括信用评价与信用激励在内的运行机制，净化了行业信用环境，从而促使水利建设市场主体摒弃种种失信行为，形成重信守信的良好风气。

2. 繁荣信用中介服务业，建立信用激励机制

中介服务组织是介于政府、企业和个人之间，并为社会承担沟通、协调、监管等多种服务的社会组织。中介服务组织在市场经济中发挥着越来越重要的作用，主要有：一是协调经营主体间的关系；二是沟通信息，互通有无；三是行使社会监督职能，保证经济活动的公平、公正，促进市场行为的规范化；四是维护经营者和消费者的合法权益，促进市场经济健康有序的发展。

市场经济越发达，经济主体之间的交易活动越频繁，交易手段越专业化，

行政管理式的信用监督手段的有效性就会弱化，也就越需要发挥各种信用中介组织的力量。水利建设市场信用体系建设和运行，不仅可以促进信用中介服务业的发展，而且可以借助于社会化的信用服务体系实现对水利建设市场交易行为的社会监督，各种信息服务机构和评估机构的信用信息记录和评估报告可以促使企业在交易中必须规范自己的行为，注重维护自己的信用，提升自己的信用管理能力。这就有效地借助市场化的监督、制约手段，推进褒扬诚信和惩戒失信机制的运行。

3. 推进提升行业信用践约度

践约，是以契约为基础的信用行为，即信守契约，按契约办事。我国古代就有"言必信，行必果""言而有信""君子一言，驷马难追"的古训，民间有"大丈夫说到做到"的说法，重然诺是真君子，轻毁约则滥小人。说"践约"是层次稍浅的信用文化境界，是由于受契约的束而使当事人必须守约，他律的成分占主导。但"践约"又是整个信用体系的基础，也是信用活动的底线。只有当"践约"成为全社会的行为规范和自觉意识时，社会信用体系的大厦才算基本告成，也才能进入更高层次的信用文化境界。

水利建设市场信用体系的建设和良好运行，可以有效提升行业整体的信用践约度。这是因为：一些实力强、业绩佳、重合同、守信用的水利建设市场主体，不仅在水利建设市场交易中获得良好的经济效益，而且还赢得社会的广泛了解和认可，从而能动地增进自身的信用建设和践约度；同时，对有过欺诈行为，造成水利工程质量、安全事故等严重失信行为的水利建设市场主体，不仅在市场交易中处处碰壁，而且不能获得社会公众的谅解或认同，因此，必然会大力改善信用管理，增强自身的信用建设，寻求悔过自新的机会，认真践约。从而正反两个方面有效提升行业整体的信用践约度。

4. 利用行业信用信息，实现企业信用价值

通过水利建设市场信用体系建设，建立起完善的行业信用信息征集体系和行业信息共享平台，信用信息的采集、更新、整理、披露更规范，行业信用信息更完备、更准确；信用信息的查询、核对、筛选、整合和使用更便捷。

统一的行业信用信息公开与共享平台不仅能够帮助企业扩大销售、增进客户关系、建立品牌和信誉；而且在企业获取商业信用、银行贷款、资本市场信用等方面发挥重要作用，从而帮助水利建设企业实现信用价值。

5. 助力政府监控，促进行业健康发展

全面、科学、客观的行业数据能帮助水行政主管部门准确把握新形

势，特别是及时跟踪行业内经济形势的新变化，高度关注苗头性、趋势性和规律性的重大问题，用准确、可靠的统计数据辅助决策、引导行业建设和发展。

首先，水利建设市场信用体系建设能够为水行政主管部门提供全面、科学客观的行业数据，从而有效的支撑水行政主管部门科学决策。行业信用信息集中了行业内各市场主体的信用行为记录，综合了各项信用交易信息和社会信誉记录，这些将帮助行业主管部门充分掌握行业动向、熟悉行业内企业经营能力变动状况、了解行业问题，为主管机关调动资源和宏观调控提供最真实全面的信息。

其次，水利建设市场信用体系建设能够为信用经济条件下按信用价值高低进行资源配置提供决策依据。水利建设市场信用体系的建立将为主管机构进行企业或项目审批、工程审核、拨款和资金扶持、提供政策优惠等提供决策依据，有利于杜绝招投标或优惠政策分配时的不公平行为。

再次，水利建设市场信用体系建设是以信用为对象的信用监管创新制度的有益尝试。现代经济是信用经济，对信用的监管必将成为未来政府管理的重要任务。制度对经济活动的影响显而易见，有益的管理创新必将促进水利行业企业更快更好地发展。

最后，水利建设市场信用体系建设能够为主管机关和行业协会的服务内容创新提供依据和动力。行业协会的重要任务就是为会员单位提供发展所需的资源，帮助会员企业解决发展中出现的问题，信用体系的建立将使新出现的企业需求和共性问题及时准确地反馈到行业协会，有利于行业服务水平的提升。

6. 提升行业信用管理水平，推进行业规范和成熟

行业信用建设是信用经济条件下行业信用交易水平、信用秩序、信用环境和信用市场规范程度的重要衡量标准，行业信用建设水平已经成为行业成熟与否的重要标志。

水利建设行业围绕加快信用信息系统建设、完善市场主体信用记录、加大信息公开力度、推进信用评价工作、推广使用信用信息、建立守信激励失信惩戒机制等六个方面，全面启动行业信用建设工作。这些工作的落实可以提高市场主体的诚信意识和信用风险防范能力，尤其是可以帮助水利建设行业建立起系统化、规范化的信用管理机制，帮助企业建立从客户档案管理、信用政策制定到应收账款管理的全面信用管理系统。由此形成规范的行业信用制度和行业自律机制，必将成为推动行业健康有序发展的重要力量。

三、水利建设市场信用体系框架

1. 水利建设市场信用体系的范围

如前文所述,《社会信用体系建设规划纲要（2014—2020年）》指出："社会信用体系是社会主义市场经济体制和社会治理体制的重要组成部分……"它是一个庞大复杂的系统，包括公共信用体系、企业信用体系和个人信用体系，涉及全社会的信用法律法规、政府和社会信用管理机构、覆盖政府、民众和各类市场主体的信用信息数据库等。

水利部门和其他国民经济各部门、各地区的信用体系是我国社会信用体系的子体系（系统）。水利建设市场信用体系是水利行业信用体系中涉及水利建设市场交易的一个分支，它在水利部门信用体系建设中具有十分重要的地位。

2. 水利建设市场信用体系框架结构

如上所述，尽管水利建设市场信用体系是我国社会信用体系和水利行业信用体系的三级和四级子体系，但它仍然是一个庞大复杂的系统，它的庞大复杂不仅仅在于本身，还体现在与外部的信息与资源交流，纵向与水利部、国务院的政策、指令、信用信息等的上传下达，横向与国务院各有关部门、各地区有关部门及其信用信息平台之间信息交流。水利建设市场信用体系本身也很复杂庞大，它涉及全国各级水行政主管部门及其颁发的规章制度、遍布全国的大中小型水利工程建设项目、数以几十万计的建设市场主体及其市场交易行为，还有众多的信用中介服务机构、社会公众和媒体等。因此，它是一个多层次的复杂系统。

水利建设市场信用体系主要由以下子系统组成：法规制度体系（含奖惩制度）、管理组织与监管体系、信用信息综合管理体系（系统）、信用评价体系和信用宣传教育体系等。水利建设市场信用体系框架结构见图3-1。

法规制度体系主要包括信用法律法规、水利建设行业信用规章和规范性文件、企业信用管理规章制度等。信用法律法规包括党中央、国务院颁发的信用建设法律法规，水利建设行业信用规章和规范性文件包括水利部制定、颁发的水利建设市场信用建设的规章、规范性文件和各省市水利主管部门制订、发布的水利建设市场信用政策文件。

信用管理组织与监管体系。主要包括政府监管和社会监管。在水利建设市场信用体系中，水利行业内的政府信用管理机构主要有国务院水行政主管部门、省水行政主管部门和市县水利建设主管部门，这些水行政主管部门

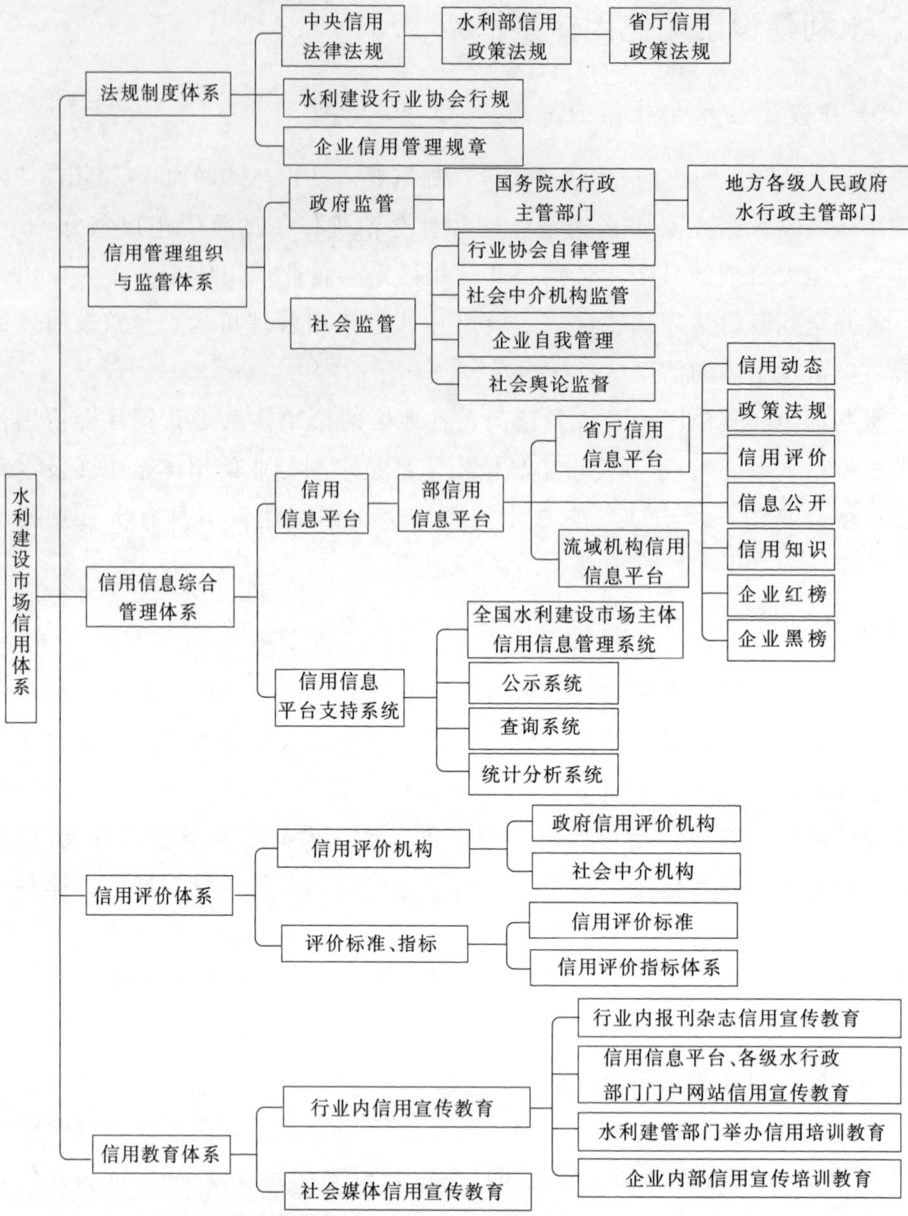

图 3-1 水利建设市场信用体系框架结构图

对辖区内水利建设市场主体的信用活动进行监管。社会监管包括行业协会的自律管理、社会信用中介机构监管、水利建设企业的信用管理以及社会舆论监督。

信用信息综合管理体系。主要包括"信用信息平台"和"信用信息平台支持系统"。"信用信息平台"包括全国水利建设市场信用信息平台（以下简称"部信用信息平台"）、各流域机构和各省级的水利建设市场信用信息平台（以下简称"流域机构"或"省厅信用信息平台"）。"部信用信息平台"主要由信用动态、政策法规、信用评价、信息公开、信用知识、企业红榜、企业黑榜等栏目组成;"信用信息平台"支持系统包括全国水利建设市场主体信用信息管理系统、公示系统、查询系统和统计分析系统。部信用信息平台与各流域机构和各省厅信用信息平台等不同层级的"信息平台"将实现互联互通。

信用评价体系。主要包括信用评级机构和信用评级指标和标准。目前水利建设企业的信用评级机构有中国水利工程协会和中国水利水电勘测设计协会及中国水利企业协会等三个评级机构。中国水利工程协会负责建设、施工、监理、供货、招标代理、质量检测、安全评价等水利建设市场主体的信用评价工作,中国水利水电勘测设计协会负责勘察、设计、咨询等水利建设市场主体的信用评价工作,中国水利企业协会负责机电制造企业的信用等级评价工作。"评级标准、指标"是指水利建设市场主体信用等级标准和信用等级评价指标体系。

信用教育体系。主要包括水利行业内信用宣传教育和社会媒体信用宣传教育。水利行业内信用宣传教育包括利用行业内报纸杂志的信用宣传教育、利用部省信用信息平台、各级水行政主管部门的门户网站进行信用宣传教育、各级水行政主管部门举办的信用培训教育和水利建设企业内部开展的信用宣传、培训教育。

第四章
水利建设市场信用信息管理

第一节 信用信息内涵及组成

一、信用信息内涵

1. 信用信息的内涵及产生

信用信息是指信用主体在交易活动中产生的、与信用行为有关的记录,其能够综合反映信用主体的信用状况,集中体现在履约能力和履约意愿两个方面,既包含了签约时静态信用状况,也涉及履约全过程的动态信用状况[15]。

信用信息的产生,与市场经济条件下市场失灵问题的存在有着密切关联。市场经济是人类迄今为止最具有效率和活力的经济运行机制和资源配置手段,它具有任何其他机制和手段不可替代的功能优势。西方经济学者曾一度认为:市场能够通过价格和竞争机制,对经济活动进行自发有效和有序的组织,从而使每个人都追求个人利益的最大化,最终给社会带来共同利益。然而,20世纪以来爆发的历次世界性的经济危机,都充分地暴露出市场自身不可避免的缺陷,即市场失灵。究其原因,重要的一点就是信息不对称。一个市场经济的正常运行,需要交易各方有足够的共同信息。但是在很多情况下,一方知道的信息另一方不一定知道,或者知道的没有对方多。信息不充分必然影响到竞争的充分性,由此影响到市场运行机制的效率,严重时有可能导致市场功能无法正常发挥作用。

随着市场经济的发展,市场规模不断扩大,信息越来越分散和复杂,这使得交易双方不可能充分掌握市场当前的状况和变化,以及预测将来会出现的变化。因此,市场信息不对称是不可避免的,而只能通过各种措施尽量降低其对经济发展所造成的危害程度。在这些措施的制定和推行过程中,政府应该起到关键性作用,通过经济、法律、行政等手段,改善企业信用信息交流环境，提高信息透明度，使市场信息极为不对称状况大为改善，最终实现信息的全社会共享。

2. 信用信息的属性

所谓属性，是指事物所具有的性质、特征。信用信息的属性可以归纳为私人属性、社会属性、运动属性、准确性属性四个方面[16]。具体而言：

(1) 私人属性。私人属性是信用信息的基本属性。信用信息的私人属性指的是，所有的信用信息的存在，都是以信用主体的存在作为首要前提的。信用主体的存在是以信用主体作为依托的，并且信用信息本身都会对信用主体产生一定程度的影响。

信用信息的私人属性的存在，要求必须加强对信用主体隐私的保护工作。尤其是当前信用主体本身对于信用信息的控制能力很差，单纯依靠信用主体本身的力量无法实现对信用信息的保护，这就需要政府必须通过相关法律、法规的制定，推进信用主体的保护工作。

(2) 社会属性。信用信息不仅具有私人属性，同时由于信用信息不仅会对信用主体的权益产生影响，同时还会对其他主体产生影响，进而有可能会对其他主体的权益产生影响。

信用信息的产生主要是源于市场经济条件下不同市场主体之间信息不对称，而在市场经济条件下，由于市场主体同时面临竞争和合作的压力，在此过程中，竞争及合作各方都需要了解对方的信用情况，这就使市场主体面临着搜集信用信息的任务。

(3) 运动属性。信用信息的私人属性和社会属性是其天然的属性，这也即意味着只要信用信息存在，其就会具有这两种属性。而信用信息的这两种属性本身具有一定的冲突：私人属性要求保护信用主体的隐私，而社会属性又要求信用信息必须公开。私人属性与社会属性之间的冲突，使得信用信息必然处于不断发展变化的过程中，亦即信用信息的运动属性。

对于信用信息的运动属性而言，其涵盖了从原始信息的收集到满足需求的信用信息成品的整个环节，具体的工作内容涉及信息的收集、加工、处理、传播等一系列工作。通常情况下，信用主体不会收集自己的信息，这也使得信用信息的收集工作是从收集其他利益主体的信息开始的。在经过一系列的加工、处理、传播等环节后，信用信息被加以利用，从而实现了自身的价值。

正是因为信用信息的作用愈发重要，使当前信息加工领域获得了较好的发展机遇，包括数据挖掘等新的信息技术被提出并应用到信息管理领域。这也就使得信用信息的运动属性越发得到体现。

(4) 准确性属性。对于信用信息而言，准确性是其所具有的另一个重要属性。信用信息在运动过程中，实现了其自身的价值。而只有准确的信用信息，才能够为信用主体的决策等工作提供支撑。

信用信息的准确性应当包括两个层面的内容：一是信用信息的真实性；二是信用信息的全面性。信用信息的真实性，要求所有相关的信用信息都应当是真实的，如果真实性无法得到保证，那么准确性就无从谈起。对于信用信息的全面性而言，其主要体现在信用信息应当能够覆盖信用主体全部的信用行为，并且能够收集到最新的信用信息，确保信用信息能够全面、系统、及时地反映出信用主体的最新信用情况。

二、信用信息的分类及组成

1. 信用信息的分类

信用信息是描述信用主体信用状况的相关数据等。从事社会活动和经济交易的市场主体都是信用主体。信用信息的具体表现形式丰富，记录主体也具有多样性。在这样的背景下，可以从信用信息的记录主体的视角出发，将信用信息进行分类[17]。

从信用信息记录主体的视角出发，信用信息可以分为公共信用信息、金融信用信息、交易信用信息等三类。其中，公共信用信息是在行政管理过程中产生的，由行政司法机关记录的信息，该类信息属于公开信息，可以在法律允许的范围内进行公示，并提供给该类信息的需求者，一般向社会进行公开；金融信用信息是在金融服务过程中，信用主体所发生的借贷、担保等信息，是由金融机构记录的，并且最终归集到金融信用信息基础数据库中，该类信息并不向社会公开，仅用于金融类业务审批等特定用途；交易信用信息则是在市场经济环境中的经济交易过程中产生的信用信息，是由交易双方记录的行为，该类信息也不向社会公开，而是由交易双方在市场行为中进行应用。

除此以外，也可以从信用信息的性质、信用主体等视角对信用信息进行分类。

从信用信息的性质的视角，可以将信用信息分为正面信用信息与负面信用信息，其中正面信用信息是指信用主体在过去获得的信用交易以及在信用交易中正常履约的信息，或者信用主体按照合同约定按时还款、缴纳税费的信息；负面信用信息是指信用主体在过去的信用交易中未能按时、足额偿还贷款，未能按时、足额支付各种费用的信息，即违约信息。

从信用主体的视角，可以将信用信息分为企业信用信息与个人信用信息。企业信用信息主要包括企业的注册信息、财务报表、付款记录、企业发展史、经营状况等内容；个人信用信息主要包括个人收入、资产、职业、教育、信用记录、公共事业服务记录、偿贷信息等内容。

2. 信用信息的组成

由于信用信息管理涉及信息的收集、加工、处理、传播等一系列工作，并且在信用信息管理各项工作开展过程中，尤其是在信用信息采集、共享、使用、公开等环节，不同信息的安全边界是不同的，这就意味着，需要明确信用信息的组成，并且对信用信息的各项内容进行梳理和整合，进而为信用信息分级管理等工作的开展提供有效支撑。

对于信用信息的分类，国家对于企业信用信息制定了专门的规范，主要包括《企业信用数据项规范》（GB/T 22120—2008）、《企业信用信息采集、处理和提供规范》（GB/T 22118—2008）。在这两项规范中，对于企业信用信息进行了梳理，认为信用主体的信用信息包括基本信息、经营管理信息、财务信息、银行往来信息、提示信息、其他信息等内容。各项内容所包含的信息类型（见表4-1）。

表4-1 GB/T 22120—2008 的信用信息分类表

基本分类	包含信息类
基本信息	工商登记信息、税务登记信息、组织机构代码登记信息等
经营管理信息	股权结构信息、生产经营状况信息、分支机构信息、进出口信息等
财务信息	资产负债信息、损益信息、现金流量信息
银行往来信息	开户信息、贷款证（卡）信息、银行融资信息
提示信息	法院判决信息、欠缴税收信息、行政处罚信息、行政强制信息等
其他信息	非银行融贷记录、对外担保记录、对外提供借款记录等

对于不同类型的企业，由于其自身的生产经营、业务开展、自身特色等方面存在不尽相同，这就使得不同企业信用信息方面存在着一定的差异性。

3. 水利建设市场信用信息的组成

2011年8月，水利部印发《水利工程建设领域项目信息公开和诚信体系建设实施方案》（水建管〔2011〕433号），进一步明确了水利工程建设领域项目信息和信用信息的组成。总体而言，水利建设市场信用信息的组成分为两大类，一类是从业单位信用信息，另一类是从业人员信用信息。

（1）水利建设市场从业单位信用信息组成。水利建设市场从业单位是指参与水利工程建设活动的建设、勘察、设计、施工、监理、咨询、供货、招标代理、质量检测、安全评价等企（事）业单位。水利建设市场从业单位信用信息包括基本信息、资质信息、人员信息、工程业绩信息、信用评价信息、良好行为记录信息、不良行为记录信息等构成。各部分具体内容如下：

1) 基本信息：包括单位名称、营业执照注册号、营业执照登记机关、组织机构代码、组织机构登记机关、税务登记证号、企业类型（事业性质）、经营范围、注册资本、成立日期、住所、经营期限、子分公司情况、管理体系认证、单位更名信息等内容。

2) 资质信息：包括资质等级名称、专业类别、资质证书编号、资质有效期、资质证书核发机关、首次取得资质情况等。

3) 人员信息：包括法定代表人信息、单位负责人信息、技术负责人信息、管理团队人员信息、在职员工职称和学历信息、执（从）业人员信息等。

4) 工程业绩信息：包括项目名称、项目所在地、项目状态、开竣工日期、合同价、项目负责人、项目主要参加人员、项目获奖情况等内容。

5) 信用评价信息：包括工商、税务、金融、质检、安全和环保等诚信评价的评价结果、评价日期、评价机构、有效期等内容。

6) 良好行为记录信息：包括县级以上人民政府、水行政主管部门、流域管理机构或相关专业部门、有关社会团体奖励和表彰的奖项名称、奖项级别、颁奖单位、颁奖文号、颁奖时间等信息。

7) 不良行为记录信息：①违法信息：包括法院判决结果、判决主要内容、处罚对象、执行期限、判决机关和检察院行贿受贿犯罪档案查询结果等内容；②行政处理决定信息：包括市场主体、行为类别、行为代码、处理决定、处理机关、处理时间、处理依据、不良行为、相关文号、处理情况等内容；③欠薪及欠缴社保金信息：包括欠薪时段、欠薪总额、欠薪记录机关、欠缴社会保险种类及金额等内容。

(2) 水利建设市场从业人员信用信息组成。水利建设市场从业人员是指参与水利工程建设活动市场主体的主要自然人，包括法人代表、项目负责人、技术负责人，具有建造师、结构工程师、监理工程师、造价工程师、质量检测员等执（从）业资格的项目从业人员。水利建设市场从业人员信用信息包括基本信息、执业资格信息、良好行为记录信息、不良行为记录信息等。各部分具体内容如下：

1) 基本信息：包括姓名、性别、职称、证件类型、证件号码、从业单位、合同结束日期、照片等内容。

2) 执业资格信息：包括证书名称、资格证书号、执业编号、专业、级别、有效期、核发日期、核发机关等内容。

3) 良好行为记录信息：包括县级以上人民政府、水行政主管部门、流域管理机构或相关专业部门、有关社会团体奖励和表彰的姓名、奖项名称、奖项级别、颁奖单位、颁奖文号等内容。

4）不良行为记录信息：①违法信息：包括法院判决结果、判决主要内容、处罚对象、执行期限、判决机关和检察院行贿受贿犯罪档案查询结果等内容；②行政处理决定信息：处理种类、处理对象、处理事由、处理依据、处理机关、处理时间、处理执行情况等内容。

第二节　信用信息管理的主要内容与流程设计

一、水利建设市场信用信息管理的主要内容

水利建设市场信用信息管理的内容包括信用信息系统建设、市场主体信用记录、信用信息公开等内容。

1. 水利建设市场信用信息系统建设

水利建设市场信用信息系统建设的内容包括以下几个方面：

（1）推进信用信息标准化。颁布《水利建设市场主体信用信息数据库表结构及标识符》，建立以组织机构代码为基础、全国统一规范的水利建设市场主体信用信息标准，对市场主体的基本信息、良好行为记录信息、不良行为记录信息等内容和标识做出统一规定。

（2）加快信用信息平台建设。各级水行政主管部门要结合政务信息化工程建设，按照统一的信用信息标准，加快信用信息平台建设步伐，健全水利建设市场主体信用信息数据库，完善信用信息登录、检索、查询功能。国务院水行政主管部门负责建立全国共享的水利建设市场主体信用信息平台，建立完善的信用信息征集系统、信用信息公示系统、信用信息查询系统和信用信息管理系统。

（3）建立信用信息共享机制。加快全国、流域和区域水利建设市场主体信用信息平台的互联互通，建立畅通的信息数据交换系统，逐步实现平台数据即时交换，实现全国水利建设市场主体信用信息平台和流域管理机构、省级人民政府水行政主管部门水利建设市场主体信用信息平台的互联互通。同时，加强与发展和改革委员会、工商、税务、公安等部门的数据交换，拓宽信用信息查询渠道，推进市场主体信用信息的交换共享，有效消除信用信息孤岛。通过连接国家电子招标投标公共服务平台，实现招标投标信用信息的数据交换和互认共用。水利建设市场主体信用信息按要求纳入国家统一的信用信息平台。

2. 水利建设市场主体信用记录

水利建设市场主体信用记录的内容包括以下几个方面：

（1）健全市场主体信用档案。所有水利建设市场主体应登录全国水利建设市场信用信息平台，按照《水利工程建设领域信用信息基本指导目录（试行）》要求和信用信息平台设置，建立和完善水利建设市场主体信用档案，实现信用记录的全覆盖和电子化存储。水利建设市场主体自主填报信用信息，并对信用信息的真实性、及时性负责。

（2）规范不良行为信息记录。各级水行政主管部门应按照有关法律法规和《水利建设市场主体不良行为记录公告暂行办法》（水建管〔2009〕518号）要求，将对市场主体的不良行为行政处罚决定自作出之日起20个工作日内对外进行记录公告。受到不良行为行政处罚的市场主体，应按照《企业信息公示暂行条例》的规定自行政处罚决定做出之日起20个工作日内通过企业信用信息公示系统向社会公开并记入其信用档案。

（3）实行信用信息社会监督。除涉及国家机密、商业秘密、个人隐私的信息外，水利建设市场主体信用档案向社会公开，接受社会监督。市场主体对其信用信息进行更正的，更正前后的信息同时公示。省级以上水行政主管部门可对市场主体信用档案进行随机抽查。任何单位和个人发现市场主体信用信息虚假的，可以向水行政主管部门举报。

3. 水利建设市场主体信用信息公开

水利建设市场主体信用信息公开的内容包括以下几个方面：

（1）公开市场主体信用信息。各级水行政主管部门要按照《中华人民共和国政府信息公开条例》要求，推进政务信息公开，依托政府网站设立水利工程建设领域项目信息和市场主体信用信息公开共享专栏，建立面向政府部门、市场主体和社会等不同层面的信息发布制度，在保护涉及公共安全、商业秘密和个人隐私等信息的基础上，及时发布市场主体信用信息，并对公民、法人或其他组织申请公开的信用信息依法予以公开。

（2）公开水利建设项目信息。各级水行政主管部门、项目主管部门（单位）和项目法人应按照《水利工程建设领域项目信息公开基本指导目录（试行）》，准确、及时、规范地公开水利工程建设项目信息，使水利建设项目真正成为阳光工程。大中型或总投资3000万元以上的水利工程建设项目，应于2015年7月1日起实行信息公开；其他水利工程建设项目，应于2016年1月1日起全面实行信息公开。

（3）公开严重失信行为信息。加大对严重失信行为的曝光力度，对于水利建设市场主体出借、借用资质证书进行投标或承接工程、围标、串标、转包或违法分包所承揽工程，有行贿、受贿违法记录，对重（特）大质量事故、生产安全事故负有直接责任，公开信息隐瞒真实情况、弄虚作假的严重失信行为，公开向社会发布。严重失信行为信息公布期限为3年。

二、水利建设市场信用信息管理的流程设计

根据水利建设市场信用信息管理的主要内容可以看到，水利建设市场主体信用信息管理应当遵循以下流程进行：水利建设市场主体信用档案的建立、水利建设市场主体信用信息的填报、水利建设市场主体信用信息档案的公开及监督。并且，信用信息依其所处的阶段，可以有多种形态。信用信息的初始形态就是与主体信用状况有关的各种原始记录，这些原始记录经过初步整理、加工按一定格式存储到数据库中，就表现为基础信用信息，再通过统计的、计算技术的、经济的、财务的等多种方法作聚类、分析、提炼等多种方式的处理，变成信用信息产品，典型的是信用报告。

1. 水利建设市场主体信用档案的建立

根据《关于加快水利建设市场信用体系建设的实施意见》（水建管〔2014〕323号）的要求，所有水利建设市场主体应当在全国水利建设市场主体信用信息平台中，建立水利建设市场主体信用档案，进而实现信用记录的全覆盖和电子化存储。

2. 水利建设市场主体信用信息的填报

水利建设市场主体信用信息的填报是信用信息管理中最为重要的内容，也是信用信息管理的核心。信用信息的准确性、及时性和完整性是信用报告价值体现的根本，是整个信用信息管理工作的基础和前提。

根据《关于加快水利建设市场信用体系建设的实施意见》（水建管〔2014〕323号）的规定，水利建设市场主体信用档案建立后，由水利建设市场主体自主填报信用信息，并对信用信息的真实性、及时性负责。

水利建设市场主体的信用信息可以分为基础信息（包括基本信息、资质信息、人员信息、工程业绩信息）和行为记录信息（包括信用评价信息、良好行为记录信息、不良行为记录信息）。其中基本信息的输入由水利建设市场主体登录水利建设市场主体信用信息平台进行录用；对于行为记录信息的输入方式，则由水利建设市场主体根据有关部门的决定，自行录入。其中，对于不良行为记录，水利建设市场主体应在政府部门对其不良行为行政处罚决定做出之日起20个工作日内，通过企业信用信息公示系统向社会公开，同时

录入水利建设市场主体信用档案。

3. 水利建设市场主体信用信息档案的公开及监督

为保证水利建设市场主体信用信息的真实性,水利建设市场主体信用档案向社会公开,接受社会监督,同时省级以上水行政主管部门可以对水利建设市场主体的信用档案进行随机抽查。任何单位和个人发现水利建设市场主体的信用信息存在虚假情况,可以向水行政主管部门举报。

根据上述分析,水利建设市场信用信息管理的流程见图4-1。

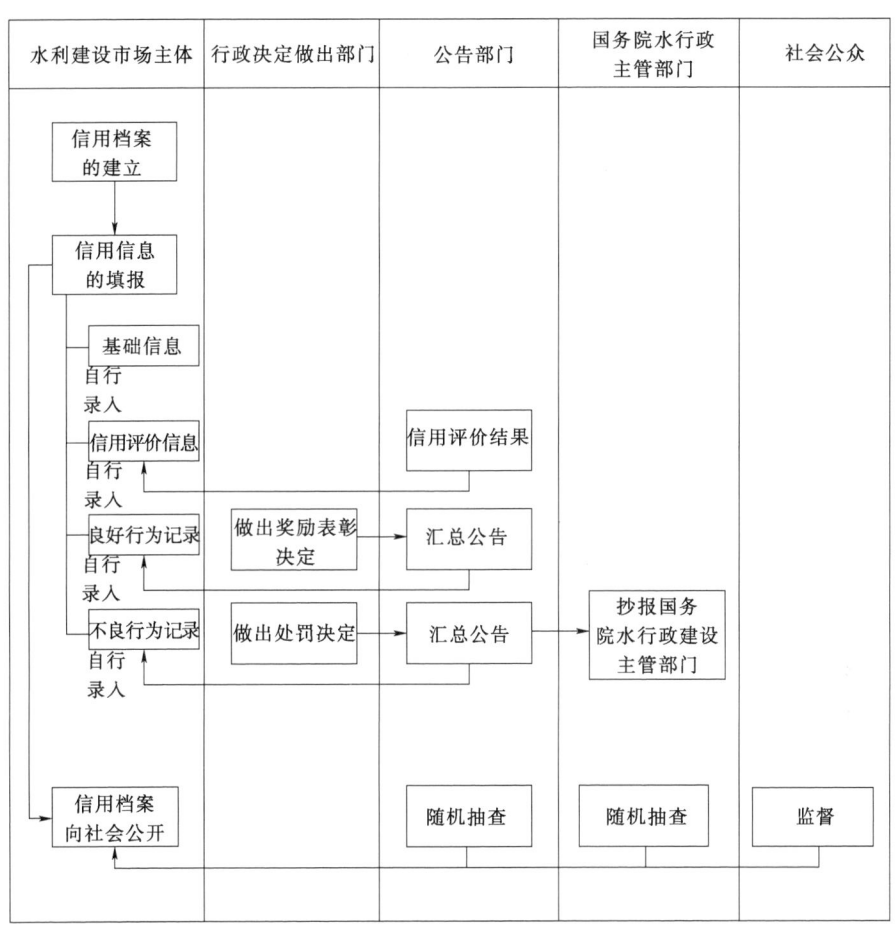

图4-1 水利建设市场信用信息管理的流程图

注:行政决定做出部门包括县级以上人民政府、水行政主管部门或相关专业部门;公告部门包括有关流域管理机构、省级水行政主管部门。

对于不良行为记录,公告部门应自不良行为行政处理决定做出之日起20个工作日内对外进行记录公告。水利建设市场主体应在政府部门对其不良行为行政处罚决定做出之日起20个工作日内,通过企业信用信息公示系统向社会公开,同时记入水利建设市场主体信用档案。

第三节　水利建设市场信用信息管理系统构架

一、水利建设市场信用信息管理系统建设思路与目标

1. 水利建设市场信用信息管理系统建设思路

（1）制定全国统一的水利工程建设市场主体信用信息标准，按照统一的、规范的相关信息编码规则及数据库设计，在水利部建设水利建设市场信用信息管理主系统（以下简称"主系统"），在各省建设水利建设市场信用信息管理省级系统（以下简称省级系统）。各省企业和项目法人分别负责对其管辖范围内的企业信用信息、项目信息等进行管理和维护，既保证了水利工程建设市场主体信息的准确性、有效性，也可实现一数一源的建设原则。

（2）水利部与各省级水行政主管部门之间通过信息共享交换平台进行数据交换。企业信用信息、项目信息经所在地的省级系统通过共享交换平台把本区域的信息上传到主系统，同时可以从主系统下载其他区域的信息到省级系统，保证信息的及时、有效、准确，符合共享校核、及时更新的建设原则。

（3）水利部主系统负责存储各省级系统共享过来的信息，通过检索，可以很容易的知道企业在全国范围内水利建设市场中的表现，全面提高了对水利建设市场的监管能力，规范了市场主体的守信行为。

（4）群众、企业、招标代理机构等可通过互联网访问系统进行企业信息和项目信息的查询，让企业的信用信息在阳光下接受监督，对于规范工程建设领域的市场主体行为，维护市场经济秩序，降低市场交易成本具有积极意义，也必将对促进和完善社会信用体系建设，营造和谐信任的社会环境起到举足轻重的作用。

2. 水利建设市场信用信息管理系统建设目标

（1）建立统一标准的水利建设市场信用信息基础数据库。按照统一技术标准、统一编码、统一数据格式的工作思路，制定统一的分类规范、编码规范、数据元定义规范和代码集规范等内容，建设统一标准的水利建设市场信用信息基础数据库，为信用信息的统一应用提供基础。

（2）建立统一的水利工程建设市场主体信用信息输入、公示、管理功能模块，避免重复申报。省级水行政主管部门提供水利工程建设市场主体信用信息输入管理平台，信用信息由申请企业登录省级系统进行录入，企业对自身填报资料的真实性、完整性进行担保，信息申报后即进行为期7天的公示

期，接受广大群众的监督，公示期间经举报发现填报虚假信息者，一经查实，取消其一定时间内参与全国水利行业投标的权利，所造成的一切后果由企业负责，但是为了公平公正，企业也有进行申诉的权利。企业信息公示期满后自动入库水利行业企业信用档案库，供交易中心、企业、公众等进行查询以及信息应用。企业一次录入、申报和公示，全国通用。

（3）建立水利工程建设项目信息录入、公示功能模块。水利工程建设项目信息由项目法人登录省级系统进行录入，信息申报后进行公示。在录入项目信息时，必须通过查找选择方式输入设计企业、监理企业、施工企业、项目经理等，保证项目信息和企业信息、资质信息是关联的，保证企业信用评价业绩自动形成。信息申报后进入为期7天公示期，具体的公示、申诉过程可参考市场主体信用信息流程。

（4）建立水利建设市场信用信息共享交换平台，一次录入，全国应用。系统内建立信息共享交换平台，各省级水行政主管部门通过该平台上传本区域内的市场主体信用信息和项目信息，下载其他区域的信用信息，保证数据的一致性。一数一源，企业在所属区域的省级系统录入并进行公示、管理，保证数据的真实性和完整性，全国统一应用。

（5）建立水利工程建设市场信用信息发布与监督系统。为招标机构、市场主体、社会群众等提供水利建设市场主体信用信息和项目信息的查询窗口，及时公布相关信息，透明公开，接受社会监督，杜绝虚假信息。

（6）建立水利建设市场信用信息应用系统。加强水利建设市场信用信息的应用，将水利建设市场主体信用评价结果作为市场准入、招标投标、资质监管、评优评奖的重要依据，最大程度上解决了水利工程建设信息公开不规范、不透明，市场准入和退出机制不健全，水利工程建设领域信用缺失等突出问题，积极推进水利工程项目建设公开透明，逐步建立互联互通的工程建设领域信用体系。

二、水利建设市场信用信息管理系统总体设计

1. 系统设计思路

水利建设市场信用信息管理系统所涉及的信息存在涉及面广、关联性强等特点。系统涉及项目信息、企业信用信息、企业信用评价等级信息等，项目信息涉及工程项目的全过程，并且要与设计、施工、监理等企业进行关联；各企业也要与对应的项目业绩、信用评价等级信息、良好行为记录信息以及不良行为信息等进行关联。

按照统一技术标准、统一数据格式、统一监督管理的工作思路，在水利

部建立水利建设市场管理主系统，在各省建立管理省级系统，各省负责对其管辖的项目信息、企业信用信息、企业良好行为及不良行为信息等进行采集、维护和管理，并及时向主系统上报数据，同时省级系统也可从主系统获取其他省份同步的信息，实现一数一源、多元采集、交换共享、及时更新、权威发布的建设原则。

系统将表示层和业务逻辑层分离，表示层提供用户访问业务逻辑的界面，业务逻辑完成业务计算的计算机管理。同时，多个业务逻辑所需要的基础性服务也抽取出来，构成公共模块。

系统采用 B/S 体系结构，数据库管理软件 Oracle、Server SQL，中间件 Weblogic、Tomcat 等，提供 Web、数据存储、业务逻辑管理等服务。客户端不用安装专用软件，采用通用的浏览器（如 IE）即可实现数据表格填报，直观图形界面的信息查询、分析、统计功能。

2. 系统信息流

（1）信息采集。水利工程项目信息由项目建设单位进行项目信息填报，建设单位对填报信息的真实性和准确性负责，申报后进行公示，公示结束进入项目库，供企业填报业绩、交易中心查询以及信息统计、信息应用等。企业信用信息则由企业录入，申报后进行公示，公示期满后进入企业诚信档案库。

对于不良行为记录，水利建设市场主体应在政府部门对其不良行为行政处罚决定做出之日起 20 个工作日内，通过企业信用信息公示系统向社会公开，同时录入水利建设市场主体信用档案。系统信息采集流程见图 4-2。

（2）信用等级评价。水利建设市场主体信用等级评价信息由企业录入，信用评价机构进行考核、评级，评级结果网上公示。

3. 总体网络结构

系统充分利用现有的网络资源，不单独建设网络，系统总体网络结构见图 4-3。

（1）在水利部架设主系统服务器、数据库服务器、数据共享交换服务器，各省架设省级系统服务器、省级数据库服务器、省级与主系统的数据交换共享在水利专网内完成；市县级水行政主管部门则可利用水利专网进行录入和管理。

（2）公众、企业、招标代理机构、项目建设单位等可以通过互联网查询主系统全国的项目信息和信用信息。

（3）企业和项目建设单位可以通过互联网登录省级系统进行信息的录入和申报，公众、企业、招标代理机构、项目建设单位等可以在省级系统查询本省的项目信息和信用信息。

第四章 水利建设市场信用信息管理

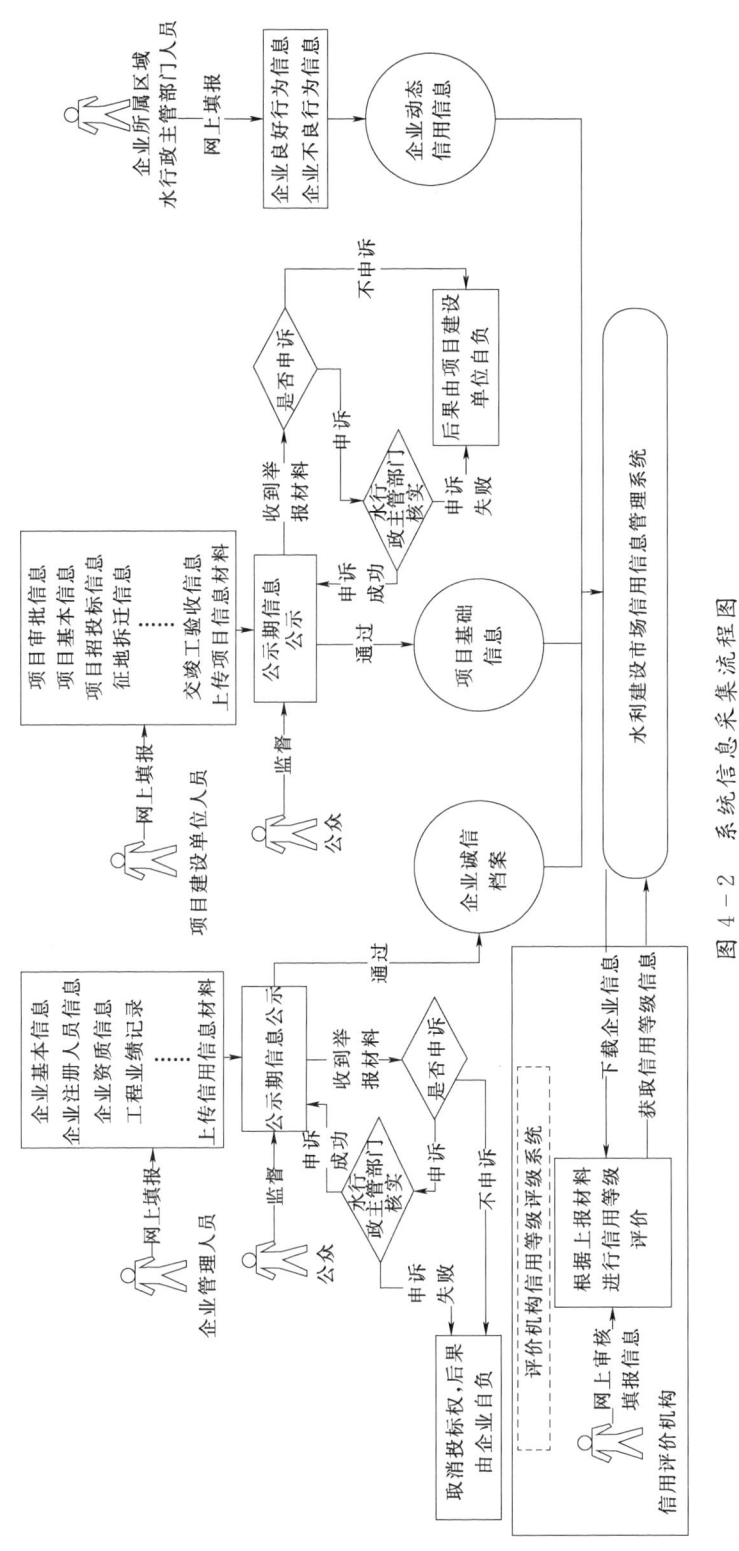

图4-2 系统信息采集流程图

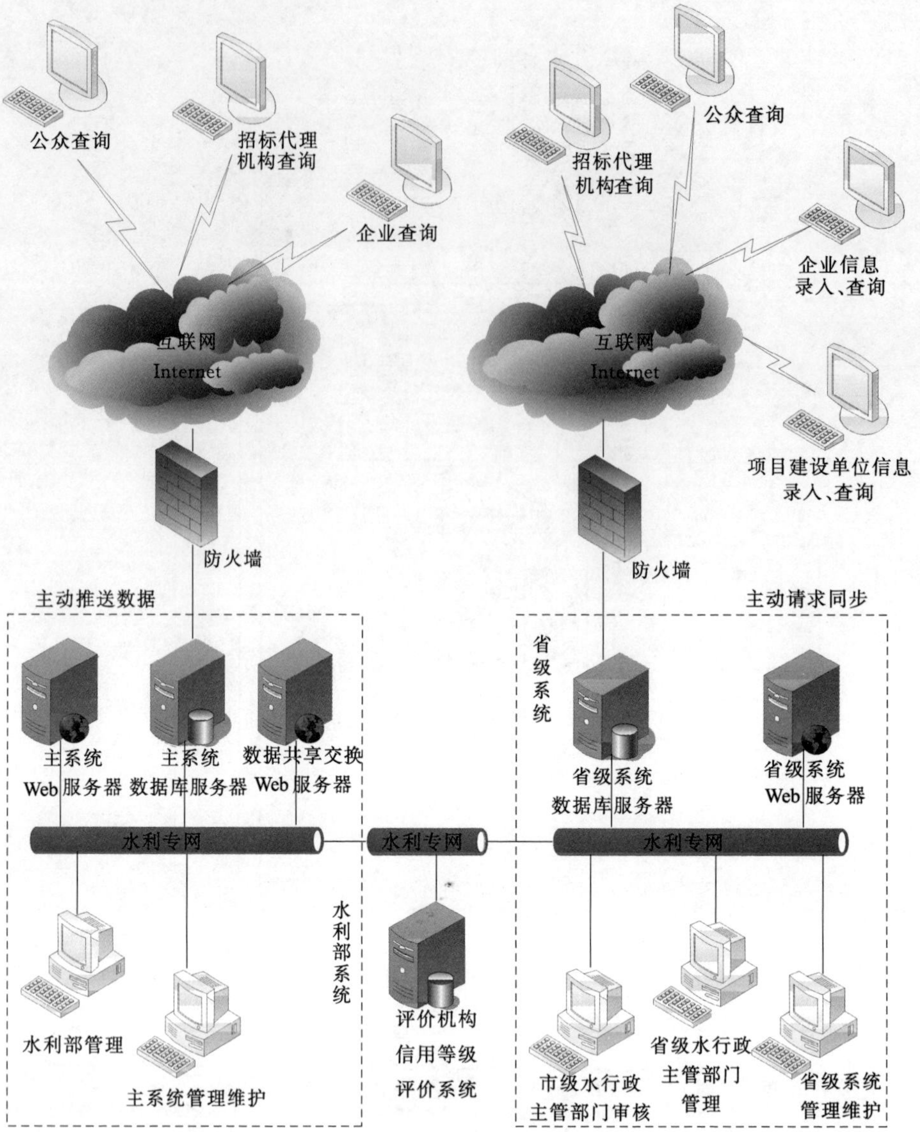

图 4-3　系统总体网络结构图

（4）共享交换平台采用 Web Service 来实现，提供数据接口服务。各省级系统与水利部主系统、水利部主系统和信用评价机构的信用等级评价系统的数据共享，将通过该平台来完成。平台以水利部主系统的数据库为数据源，各省级系统可调用平台提供的接口服务来完成数据的上传和下载，信用评价机构的信用等级评价系统可通过平台提供的接口服务来下载数据，实现系统数据的共享交换。

（5）主系统、省级系统与其他系统平台的数据共享与交换根据实际需要另外建设。

4. 系统总体结构

水利建设市场信用信息管理系统的业务应用分别由主系统、共享交换平台和省级系统组成,中间业务逻辑将应用与数据库紧密联系起来,底层的硬件环境、网络环境和软件系统等基础设施作为系统的运行载体,再通过标准规范体系和安全保障体系以确保系统安全和稳定地运行,主系统总体结构见图4-4。

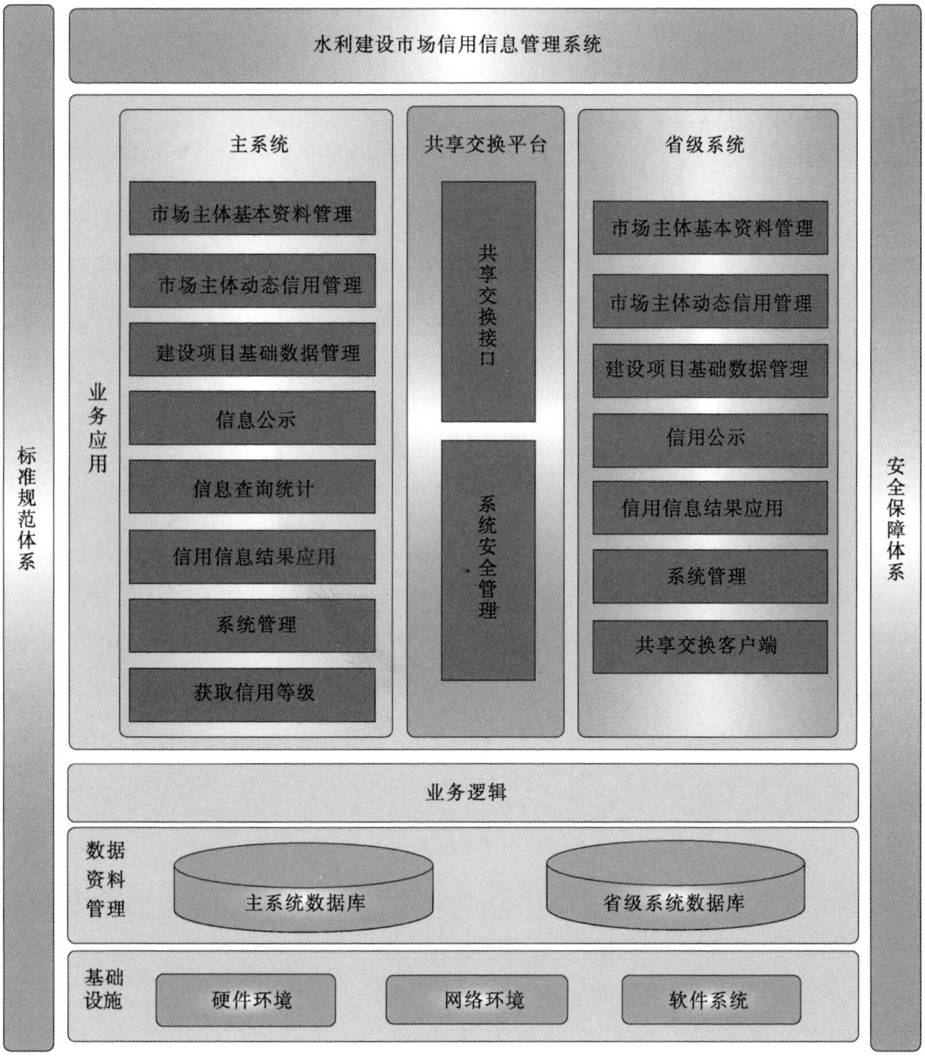

图 4-4 主系统总体结构图

5. 技术框架

(1) 应用系统技术框架。系统采用多层的结构体系,包括表现层、控制层、服务层和数据层,每一层采用的技术和实物载体(见图4-5)。

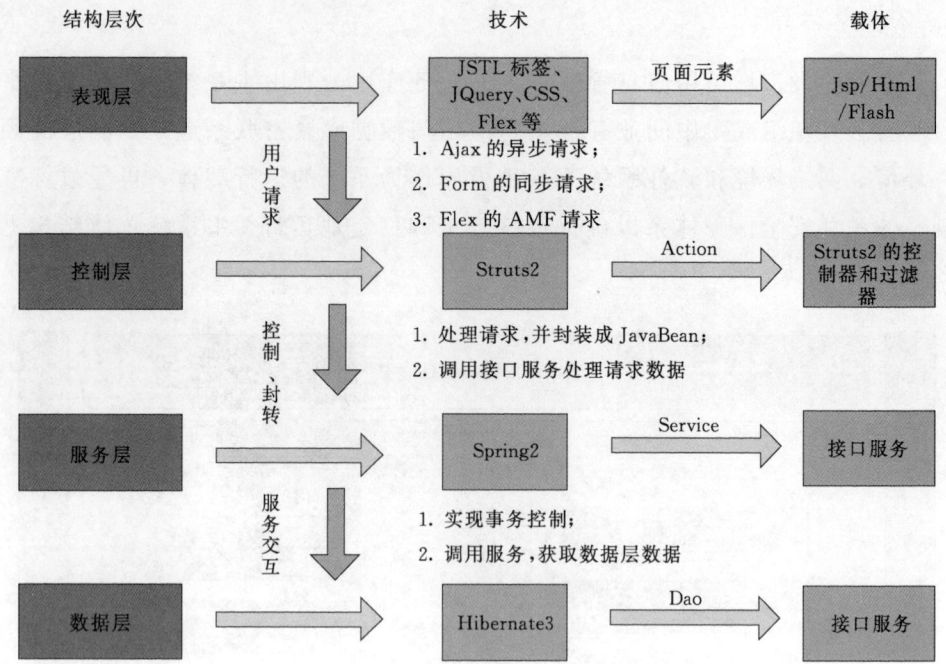

图4-5 应用系统技术框架图

1）表现层。表现层位于技术架构图的最外层，最接近用户，用于显示数据和接收用户输入，并向服务端发送请求，为用户提供一种交互式操作的界面。系统在该层面上主要载体有Jsp、Html和Flash等，同时采用JSTL标签、JQuery、CSS和Flex等技术将页面元素和后台处理数据准确、有序地展现出来，并向后台发送各种服务请求，包括ajax异步请求、form同步请求和flex AMF请求，以完成用户与服务端的相互通信。

2）控制层。控制层主要任务是接收客户端的请求，并调用具体的业务逻辑组件来完成相关处理。Struts框架在这层中担当着指挥者和控制者角色，它拦截客户层请求，并在Action里边调用相应的业务逻辑进行处理，最后再指定对应的视图将处理结果展示到表现层。这样的实现方式把用户界面编程的两部分连接起来，使代码易于维护，也是组织代码的一种重要方式。

3）服务层。服务层也可以成为业务逻辑层，是在数据访问层和上层之间进行数据交换的桥梁，本系统的业务逻辑通过Spring的XML文件进行配置实现，将业务逻辑处理封装成接口，向上层的请求提供服务。同时，实现系统的事务控制，保证业务操作的原子性，并根据业务逻辑的处理需求，调用相应的数据服务接口与数据库通信来获取数据，最后将数据处理结果反馈至上层，以完成本次的业务处理。

在Spring框架中，可以通过使用XML配置文件，形成了创建一次，处处可用的优势。在进行软件开发时，可以将重复使用的代码和程序逻辑封装成接口服务，并配置到 XML 文件，交由 Spring 容器管理，以便提高代码的重用性和系统开发效率，也方便软件运行期间的维护工作。

4）数据层。数据层采用了 Hibernate 映射工具，这种工具是面向环境的对象关系数据映射，用来把对象模型表示的对象映射到基于关系模型数据结构中去。不仅能管理类到数据库表的映射，还提供了数据查询和获取数据的方法，可以大幅度地减少数据处理功能的开发时间。

在服务层对底层数据库进行操作时，Hibernate 在中间起到关键作用，实现了服务层与数据操作的分离。如果需要对数据库操作进行修改，只需修改数据层部分，上层的具体系统功能不会受到影响。这样做到了各层次相互分离、责任分明，实现系统架构的松耦合，对代码的可重用性和可维护性具有重要意义。

(2) 共享交换平台技术框架。共享交换平台将采用 Web Service 技术来实现，Web Service 是一个平台独立的、低耦合的、自包含的、基于可编程 Web 的应用程序，可使用开放的 XML（可扩展标记语言）标准来描述、发布、发现、协调和配置这些应用程序，用于开发分布式的互操作的应用程序。

Web Service 技术，能使得运行在不同机器上的不同应用无须借助附加的、专门的第三方软件或硬件，就可相互交换数据或集成。它通过向外界暴露一个能够通过 Web 进行调用的 API，并使用标准的互联网协议，像超文本传输协议 http 和 XML，将功能体现在互联网和企业内部网上。Web Service 公开服务接口后，依据 Web Service 规范实施的应用之间，无论它们所使用的语言、平台或内部协议是什么，远程客户端通过远程调用服务，都可以相互交换数据，交换数据格式可采用 XML、JSON 等方式。基于 Web Service 这些特点和优势，以及系统实际建设和应用的需要，毫无疑问，采用 Web Service 来实现共享交换平台是最佳选择。

共享交换平台技术框架见图 4-6。

6. 安全保密设计

系统安全保密设计覆盖以下几个方面的内容，具体包括身份鉴别、访问控制、安全审计和软件容错。在系统的运行过程中，各部分负责对应的应用，并通过验证、控制和审计等手段确保系统安全稳定运行。

(1) 身份鉴别。在系统登录界面，用户通过输入正确的用户名和密码进入系统，系统会根据不同的角色为用户赋予角色对应的功能权限，再根据用户的功能权限来展示用户相应的操作界面，即通过系统的身份验证和用户持有的功能权限来共同完成这一过程。

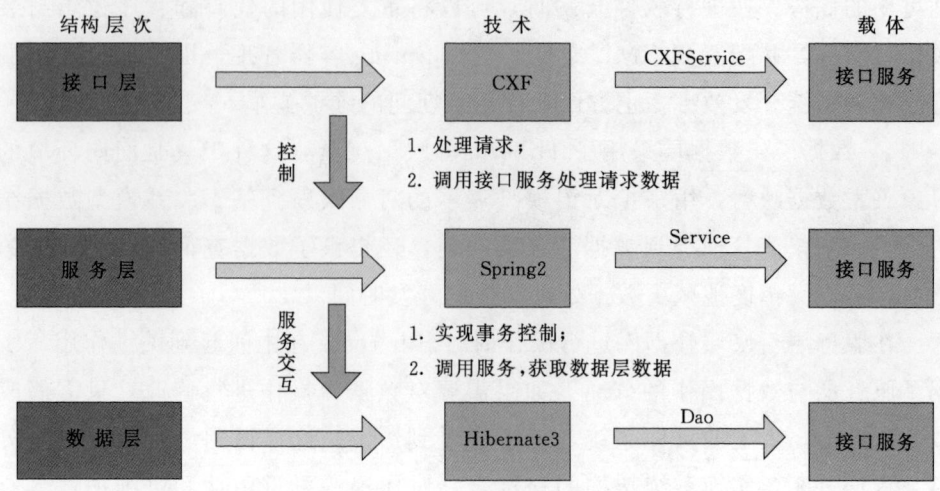

图 4-6 共享交换平台技术框架图

（2）访问控制。系统通过用户、角色、权限、用户所属行政区域的设置，将用户的权限控制到菜单、页面及页面的功能点。由授权主体配置访问控制策略，并严格限制默认账户的访问权限，同时保证只授予不同账户为完成各自承担任务所需的最小权限。对一些重要数据，系统设置为只有更高权限的人员方可读取或操作。

（3）安全审计。系统提供覆盖到每个用户的安全审计功能，对应用系统重要安全事件进行审计，记录操作日志；审计（日志）记录的内容至少应包括事件的日期、时间、发起者信息、主题标识、描述和结果等；系统提供对审计（日志）记录数据进行统计、查询、分析及生成审计报表的功能。

（4）软件容错。系统提供数据有效性检验功能，保证通过人机接口输入或通过通信接口输入的数据格式或长度符合系统设定要求；系统提供自动保护功能，当故障发生时自动保护当前所有状态，保证系统能够进行恢复。本系统在用户输入的每次操作后都会先用 JQuery Validation 插件在页面进行用户输入格式的合法性验证，只有验证通过，才能提交请求，并执行具体操作。

三、水利建设市场信用信息管理系统

水利建设市场信用信息管理系统功能包括水利工程建设市场信用信息管理主系统、信用信息共享交换平台、水利建设市场信用信息管理省级系统，其系统功能结构见图 4-7。

1. 主系统

主系统将部署在水利部，各省级系统可通过共享交换平台与主系统进行数据共享交换。届时，没有建设省级系统的省份，其辖区企业可以通过主系

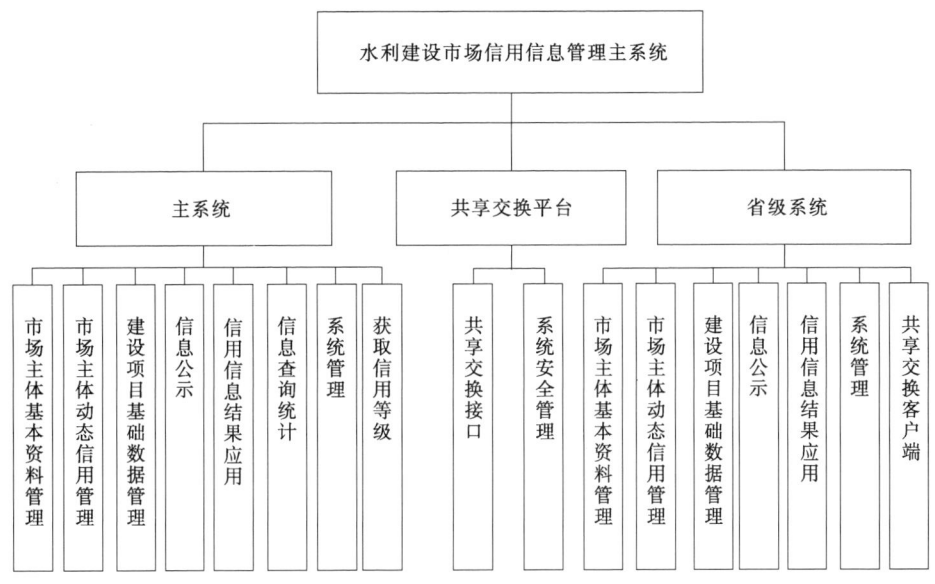

图4-7 水利建设市场信用信息管理系统功能结构图

统进行信息录入上报。主系统主要包括市场主体基本资料管理、市场主体动态信用管理、建设项目基础数据管理、信息公示、信用信息结果应用、信息查询统计、系统管理和获取信用等级8个功能模块，其功能结构见图4-8。

(1) 市场主体基本资料管理。市场主体基本资料管理包括企业用户注册申请及审核、企业基本信息、企业资质信息、企业工程业绩信息、企业人力资源信息、资产状况信息等。企业信息由企业的管理人员登录主系统进行增加、修改、删除，填报的内容包括基本资料、人员信息、资质、主要业绩、资产状况、证明材料扫描件等，企业对自身填报资料的真实性、完整性进行担保。信息申报后即进行为期7天的公示期，接受社会监督，公示期间经举报发现填报虚假信息者，一经查实，取消其一定时间内参与全国水利行业投标工作的权利，所造成的一切后果由企业负责。企业信息公示期满后，数据自动入库水利行业企业信用档案库，供交易中心、企业、公众等进行查询以及信息应用，其管理业务流程见图4-9。

1) 企业基本信息。企业基本信息主要用于存储单位名称、地址、营业执照、组织机构代码、主营业务、历史沿革等基本信息，包含以下内容：组织机构代码证信息、企业名称、注册地区、单位性质、注册地址、企业类型、所属省级、所属市级、成立日期、法定代表人信息、注册资本金、实缴注册资本金、营业执照信息、营业期限、经营范围、税务登记信息、企业联系人、办公电话、传真、企业经理信息、技术负责人信息、统计证信息、安全生产许可证信息、银行开户许可证信息、管理认证体系、企业网址、企业简介、工

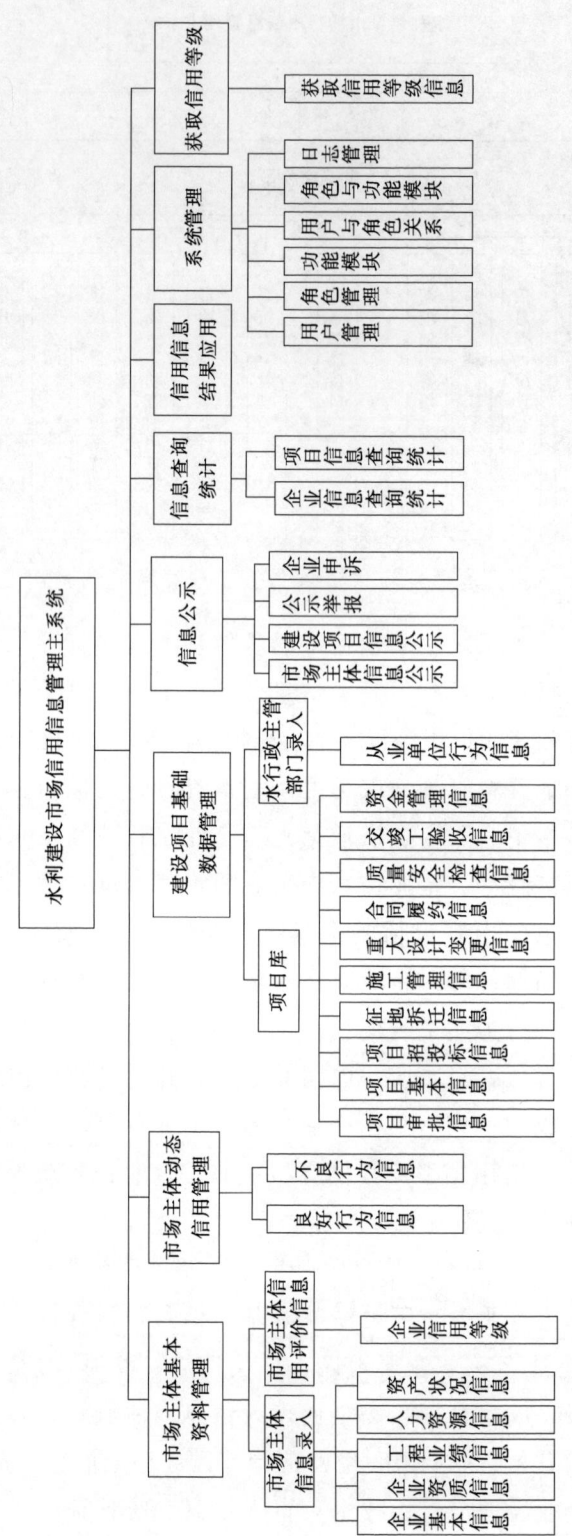

图 4-8 主系统功能结构图

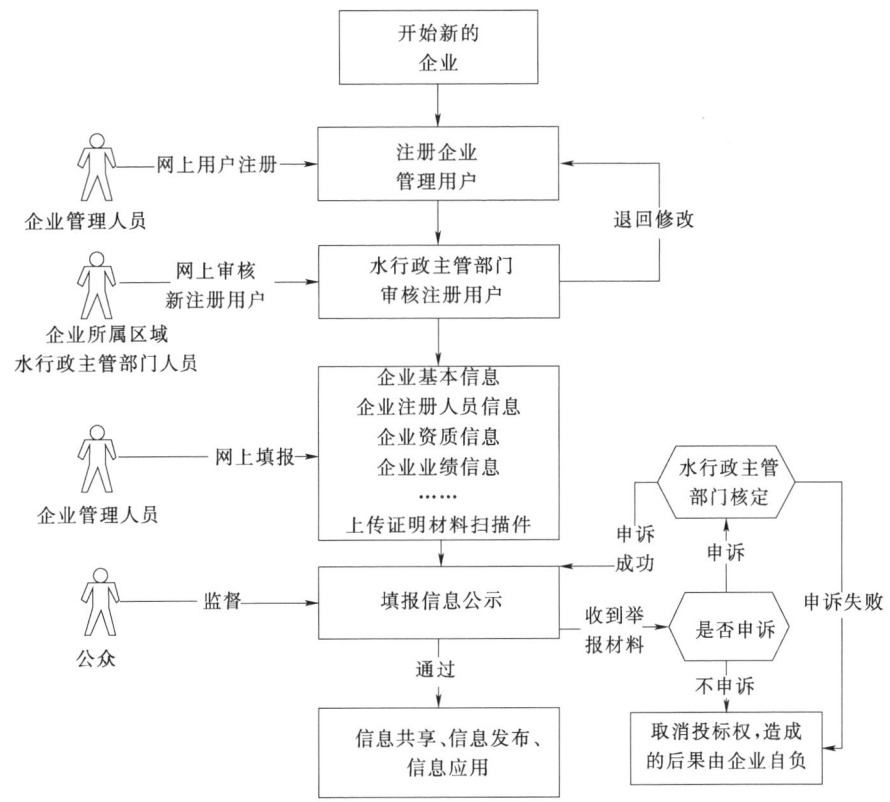

图 4-9 市场主体基本资料管理业务流程图

商年检结果、电子邮箱、股权结构、单位名称变更信息等，如果含有分公司的，还包含分公司基本信息。

2）企业资质信息。企业资质信息主要用于存储单位资质类别、等级、证书编号、有效期、核发机关等信息，包括企业所拥有的资质等级名称、资质类别、资质证书号、资质有效期、资质证书核发日期、资质证书核发机关、资质证书是否有效等信息。

3）工程业绩信息。工程业绩信息主要是包括项目编码、项目名称、项目开工日期、项目竣工日期、项目所在地、项目负责人、项目规模、项目获奖情况、项目状态、项目建设单位、项目质量、项目主管部门、评定结果等信息。

4）人力资源信息。人员基本信息主要包括法定代表人信息、技术负责人信息、单位负责人信息、从业人员信息、专业资格执业信息等。

5）资产状况信息。资产状况信息主要用于反映单位财务和设备等信息状况，应按年度分列出单位该年底财务信息状况、设备资产信息状况等。

6）信用评价信息。信用评价信息主要采纳信用评价机构的信用评级等级信息，包括信用评级结果、企业类型、评价机构、评价日期、评价有效期、重合同守信用情况等信息。信用评价等级信息由主系统向信用评价机构进行获取。

（2）市场主体动态信用管理。业务流程是企业或项目所在区域水行政主管部门人员进行企业良好行为信息和企业不良行为信息录入，省级水行政主管部门人员可以进行管理，其管理业务流程见图4-10。

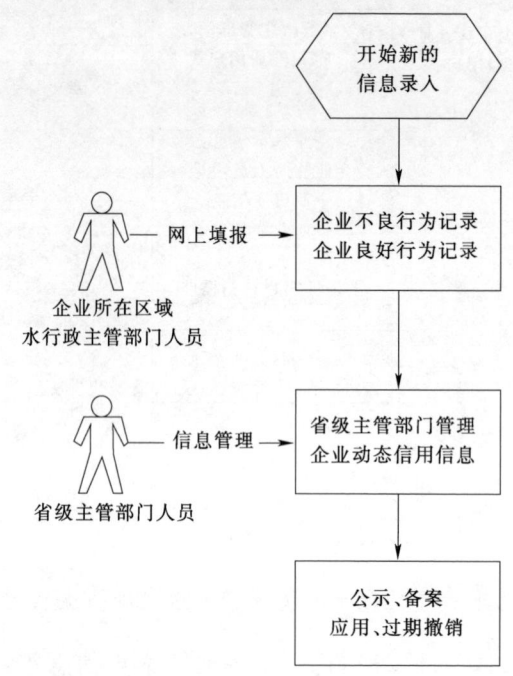

图4-10　市场主体动态信用信息管理业务流程图

1）企业良好行为信息。企业良好行为信息主要是企业获奖情况信息，包括荣誉证书编号、荣誉内容、荣誉认定日期、颁发机构、有效期等信息。

2）企业不良行为信息。企业不良行为主要包括企业违法信息、行政处罚信息、行政强制信息等。

（3）建设项目基础数据管理。建设项目基础数据包括项目基础信息录入、水行政主管部门录入和信息公示。项目基础信息录入包括项目审批信息、项目基本信息、招标投标信息、征地拆迁信息、重大设计变更信息、合同履约信息、质量安全检查信息、资金管理信息、交竣工验收信息等。项目基础信息等由建设单位网上填报，在录入项目信息时，必须通过查找选择方式输入设计企业、监理企业、施工企业、项目经理等，保证项目信息、企业信息和资质信息是关联的。进行申报后，自动进入为期7天的公示期，接受社会监督。公示期间经举报发现填报虚假信息者，一经查实，所造成的一切后果由建设单位负责，公示期满后，自动入项目库，供交易中心、企业、公众等进行查询以及信息应用。每宗项目都有对应的项目管理用户，项目具体信息只能由项目管理用户修改。其管理业务流程见图4-11。

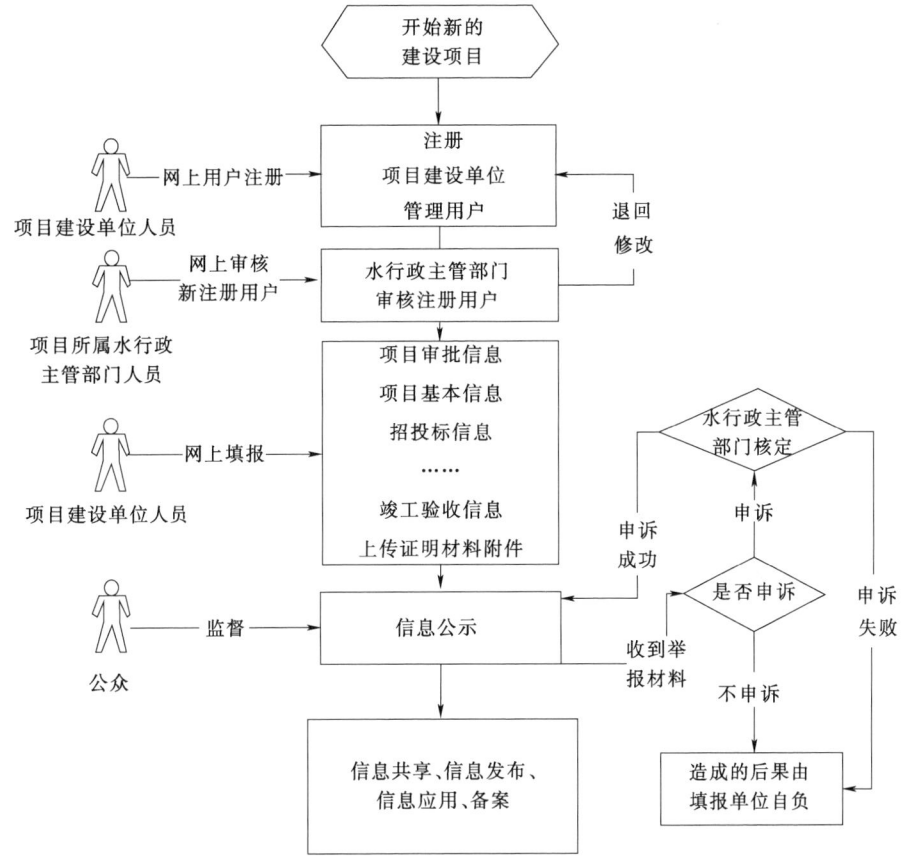

图4-11 建设项目基础数据管理业务流程图

1）项目审批信息。项目审批信息主要是项目进行审批、核准、备案的信息，应包括项目建议书、项目可行性研究报告、初步设计方案、概算、节能评估报告、规划选址意见、用地批复、环境影响评价、施工许可等信息。每类信息应包括审批单位、审批人、审批人职务、审批时间、审批意见等信息。

2）项目基本信息。项目基本信息主要包括项目编码、项目名称、项目概况、计划开工时间、计划竣工时间、工程地址、投资规模、建设单位、建设单位主要从业人员、设计单位、设计单位主要从业人员、监理单位、监理单位主要从业人员、监督单位、检测单位、其他参建单位、其他主要从业人员等信息。

3）招标投标信息。招标投标信息主要包括项目编码、项目标段名称、代理机构、招标公告发布日期、招标公告内容、获取招标文件开始日期、获取招标文件结束日期、投标截止时间、投标资格预审公告内容、投标资格预审发布日期、投标资格预审专家、中标通知书发布日期、中标内容结构、中标人、中标金额、评标专家等信息。

4）征地拆迁信息。征地拆迁信息主要包括项目编码、征地方案编号、征地位置及面积、补偿安置标准、征地审批时间、征地审批单位、征地审批意见、征地公告发布时间、征地公告内容、征地负责人、征地负责人联系方式、拆迁方案编号、拆迁位置及面积、补偿安置标准、拆迁审批时间、拆迁审批单位、拆迁审批意见、拆迁公告发布时间、拆迁公告内容、拆迁负责人、拆迁负责人联系方式等信息。

5）重大设计变更信息。重大设计变更信息主要包括项目编码、设计变更管理依据、项目变更时间、审批单位、审批人、审批人职务、变更原因、资金变更、变更内容等信息。

6）施工管理信息。施工管理信息主要包括项目编码、项目进度计划、项目投资完成率、项目完成情况等信息。

7）合同履约信息。合同履约信息主要包括项目编码、合同履约保证金到位情况、施工单位项目考核、参建单位主要相关人员按合同履约到场信息、设备材料采购情况等信息。

8）质量安全检查信息。质量安全检查信息主要包括项目编码、工程质量安全监督机构、质量安全监督负责人、项目质量安全监督检查的内容、项目质量安全监督检查的结果、项目质量鉴定、安全鉴定结果。

9）资金管理信息。资金管理信息主要包括项目编码、项目资金筹措及到位情况、项目资金使用情况、资金概预算执行情况等信息。

10）交竣工验收信息。交竣工验收信息包括项目编码、交竣工验收时间、交竣工验收结果、交竣工验收报告、工程决算、征地补偿及移民安置验收时间、征地补偿及移民安置验收结果、水保验收结果、水保验收时间、环保验收结果、环保验收时间、档案验收结果、档案验收时间、消防验收结果、消防验收时间、交付使用时间等信息。

11）从业单位行为信息。从业单位行为信息主要存储项目从业单位在项目过程中存在的不良行为信息记录，应包括项目编码、处理类别、决定单位、决定日期、从业单位名称、处理文件编号、简要事实、处理措施等信息。

（4）信息公示。没有建设省级系统的省份，其辖区企业和建设单位可以通过主系统进行信用信息录入和上报。企业的基本资料信息由企业管理人员网上填报，项目基本信息则由项目建设单位进行网上填报，填报单位对自身填报资料的真实性、完整性进行担保。信息申报后即进行为期7天的公示期，接受社会监督。

信息公示模块包含市场主体信息公示、项目信息公示、公示举报以及企业申诉四个功能模块。

1）市场主体信息公示。市场主体基本信息网上填报后可进行申报，一经申报即进入为期 7 天的公示期，接受社会监督。企业需对自身填报的信息真实性和完整性进行担保，一经举报核实，造成的后果由企业负责，有可能被禁止一定期限在全国水利行业范围内进行投标的权利。市场主体信息公示结束后即进入水利行业企业信用档案库，供交易中心、企业、公众等进行查询以及信息应用。

2）项目信息公示。项目基本信息网上填报后可进行申报，一经申报即进入为期 7 天的公示期，接受社会监督。填报单位需对自身填报的信息真实性和完整性进行担保，一经举报核实，造成的后果由填报单位负责。项目信息公示结束后即进入水利行业项目档案库，供交易中心、企业、公众等进行查询以及信息应用。

3）公示举报。在市场主体信息和项目信息公示期间，企业、交易中心、群众等均可就不实的信息进行实名举报，举报有多种方式，在网页上进行详细的介绍，举报需提供真实有效的证明材料。

4）企业申诉。企业被举报后可登录系统选择申诉。若企业选择不申诉或在可申诉有效期没有进行申诉，即认定企业已默认其申报信息不实的行为，所造成的后果由企业负责，有可能被禁止一定期限内在全国水利行业进行投标的权力。

（5）信用信息结果应用。该功能模块将建设企业信用信息和项目部分信息结果查询界面，主要为市、县级水行政主管部门、招投标机构以及公众提供信息查询服务。用户无需登录，即可通过互联网访问，同时可按企业名称、企业类别、行政区划、资质类型和信用评价等级等条件进行单独查询和复合查询。

（6）信息查询统计。信息查询统计功能主要是针对水利部业务需要，对项目、企业相关的一系列信息按地区、时间段、金额等分类进行统计，形成对应的图文报表，为业务抉择提供良好的数据分析与支持。

1）企业信息查询统计。企业信息查询统计针对企业的资质、工程业绩、工程师数量、资产、信用评级等级等信息按企业类别、所属地域、时间段等进行分类统计，形成对应的报表图文，提供业务决策支持。

2）项目信息查询统计。项目信息查询统计针对项目的规模、施工进度、资金管理情况、合同履约情况等信息按项目所属地域、项目性质等进行分类统计，形成对应的报表图文，提供业务决策支持。

（7）系统管理。系统管理模块包括用户管理、角色管理、功能模块、用户与角色关系、角色与功能模块和日志管理 6 个子模块。

1) 系统登录。完成操作员用户登录，不同的身份会有不能的功能权限。登录的过程验证用户名与密码，同时判断用户的角色，进入相应的操作界面。系统还应提供修改密码、用户注销等功能。

2) 用户管理。系统管理员可查询、增加、修改和删除用户个人初始资料。用户信息主要包括：用户 ID、用户登录名、用户名称、用户密码、用户所属角色组、用户所属行政区域等信息，其中用户密码是以加密后的字符串保存在数据库中，管理员查看不了用户的密码，只能重新初始化用户密码。

3) 角色管理。系统管理员可查询、增加、修改和删除系统角色，并配置用户角色对应的功能权限。

4) 模块管理。维护系统功能权限的 URL，管理员可以进行查询、增加、修改和删除操作，同时可以设置功能权限的级别，对应菜单级别设置时可以配置菜单的前置图标，方便系统菜单的管理。

5) 角色与用户关系。记录用户与角色的关联关系，提供增删改查功能。

6) 角色与功能模块。记录角色与功能权限的关联关系，提供增删改查功能。

7) 系统日志。系统日志用来记录系统的运行情况，记录系统的安全和系统的使用状况。安全日志记录系统出现异常或非法操作等方面的详细信息，系统使用状况日志记录每个用户的使用时间以及同步到主系统的信息记录。

(8) 获取信用等级。企业信用评价等级信息由信用评价机构进行评定，主系统可通过以下两种方式进行获取：

1) 信用评价系统开放 Web Service 接口，主系统通过调用 Web Service 接口获取企业的信用等级信息，再与主系统的数据进行匹配，并将匹配成功的企业信用等级信息存入数据库。

2) 可在信用评价系统数据库新建一个用户，该用户角色的访问权限仅为：查询与信用等级信息相关的数据表。主系统通过该用户连接访问信用评价机构的信用评价系统数据库，获取企业信用等级信息，再与主系统的数据进行匹配，并将匹配成功的企业信用等级信息存入数据库。

2. 省级系统

省级系统将分别部署在各省的服务器上，可通过共享交换平台与主系统进行数据共享交换。市场主体和项目建设单位通过省级系统进行信息录入上报，企业对自身填报资料的真实性、完整性进行担保。一次录入，全国通用。省级系统主要包括市场主体基本资料管理、市场主体动态信用管理、建设项目基础数据管理、信息公示、信用信息结果应用、系统管理和共享交换客户端 7 个功能模块构成。省级系统还可以根据本省的实际情况，开发其他应用模块，其功能结构见图 4-12。

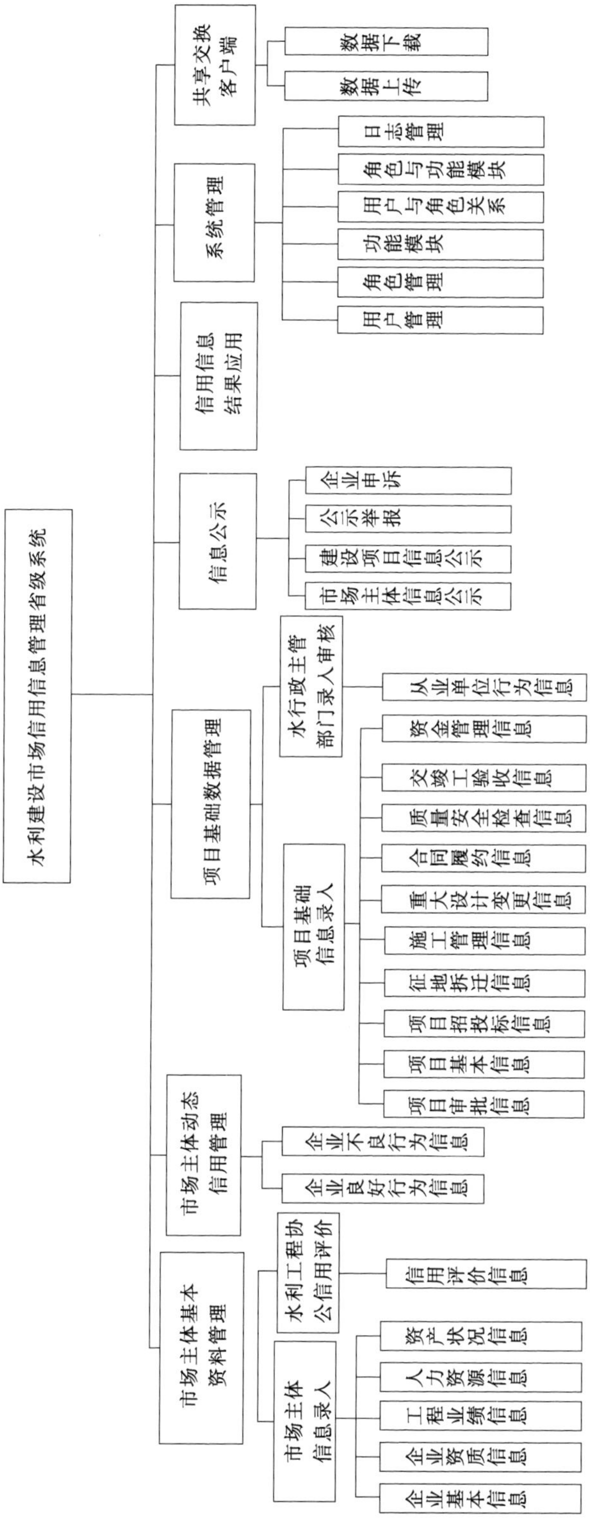

第四章 水利建设市场信用信息管理

图 4-12 省级系统功能结构图

(1) 市场主体基本资料管理。市场主体基本资料管理包括企业用户注册申请及审核、企业基本信息、企业资质信息、企业工程业绩信息、企业人力资源信息、资产状况信息等。企业信息由企业的管理人员进行增加、修改、删除，填报的内容包括基本资料、人员信息、资质、主要业绩、资产状况、证明材料扫描件等，企业对自身填报资料的真实性、完整性进行担保。信息申报后即进行为期7天的公示期，接受社会监督，公示期间经举报发现填报虚假信息者，一经查实，取消其一定的时期内参与全国水利行业投标的权利，所造成的一切后果由企业负责。企业信息公示期满后，自动入库水利行业企业信用档案库，供交易中心、企业、公众等进行查询以及信息应用。同时，省级系统把公示后的企业信息通过调用共享交换平台提供的 Web Service 接口把市场主体的基本资料上报到主系统，对信息进行共享、发布和应用，其业务管理流程见图4-13。

企业基本信息、工程业绩信息、人力资源信息、资产状况信息、填报信息审核等功能描述见主系统部分的描述。

信用评价信息主要采纳信用评价机构的信用评级等级信息，由主系统向信用评价机构进行获取，然后同步到省级系统。

(2) 市场主体动态信用管理。市场主体动态信用信息管理业务流程是企业或项目所属区域水行政主管部门人员进行企业良好行为信息和企业不良行为信息录入，并通过信息共享功能把数据传输到水利部主系统中。市场主体动态信用信息管理业务流程见图4-14。

(3) 建设项目基础资料管理。建设项目基础数据包括项目基础信息录入、水行政主管部门录入和信息公示。项目基础信息录入包括项目审批信息、项目基本信息、招标投标信息、征地拆迁信息、重大设计变更信息、合同履约信息、质量安全检查信息、资金管理信息、交竣工验收信息等。项目基础信息一般由建设单位网上填报，申报后进行公示，公示期过后将通过调用共享交换平台提供的 Web Service 接口把项目基础信息上报到主系统，并对信息进行共享、发布和应用。有些省（直辖市）实现了跨部门的项目信息共享交换，省级系统可根据实际情况导入项目信息，建设单位补充完善，公示后上报到主系统。每宗项目都有对应的项目管理用户，项目具体信息只能由项目管理用户修改，其管理业务流程见图4-15。

项目审批信息、项目基本信息、招标投标信息、征地拆迁信息、重大设计变更信息、施工管理信息、合同履约信息、质量安全检查信息、资金管理信息、交竣工验收信息、从业单位行为信息、填报信息审核等功能描述参见主系统部分。

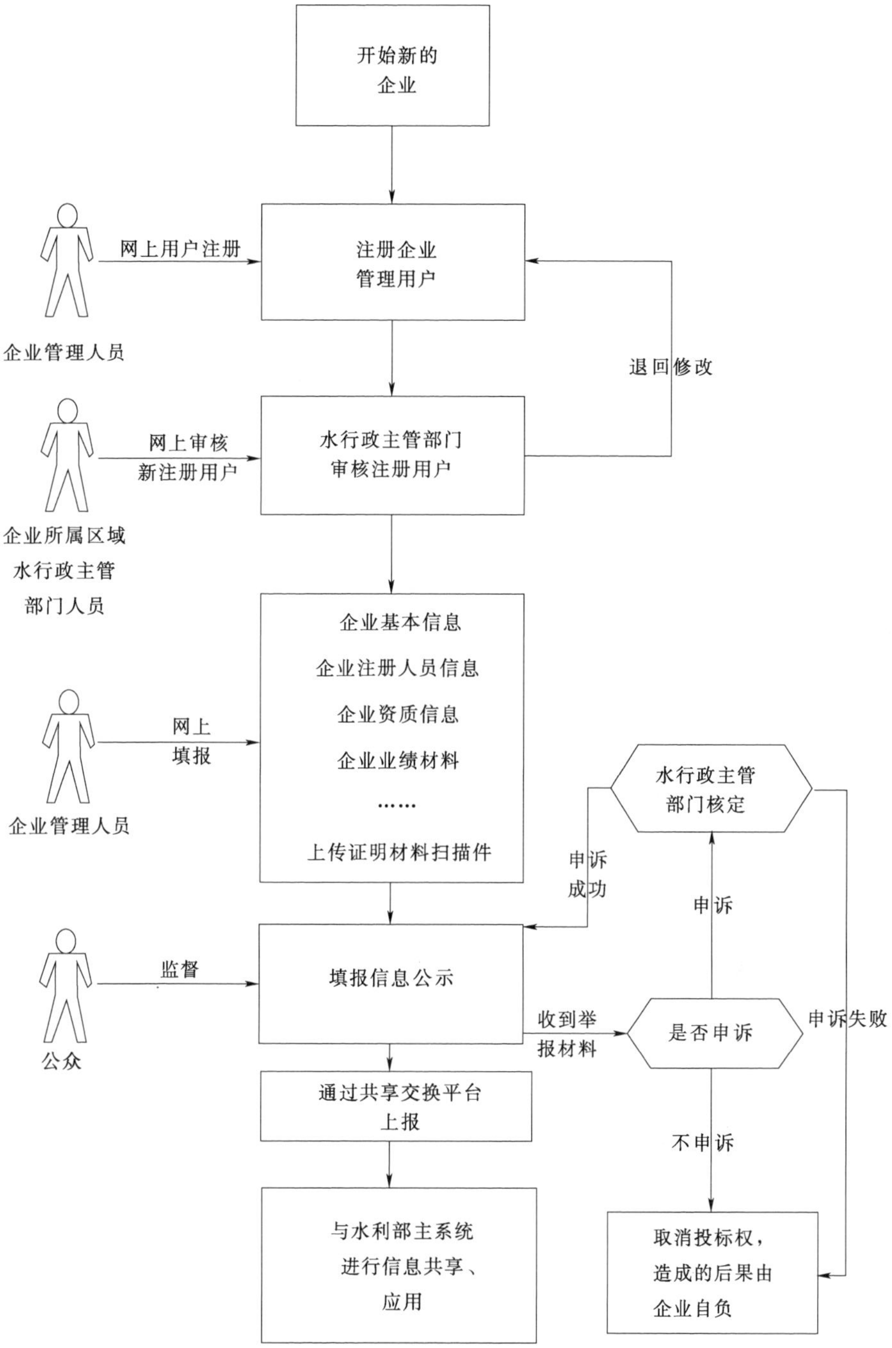

图 4-13 市场主体基本资料管理业务流程图

（4）信息公示。信息公示模块参见主系统部分。

（5）信用信息结果应用。系统管理模块参见主系统部分。

（6）系统管理。系统管理模块参见主系统部分。

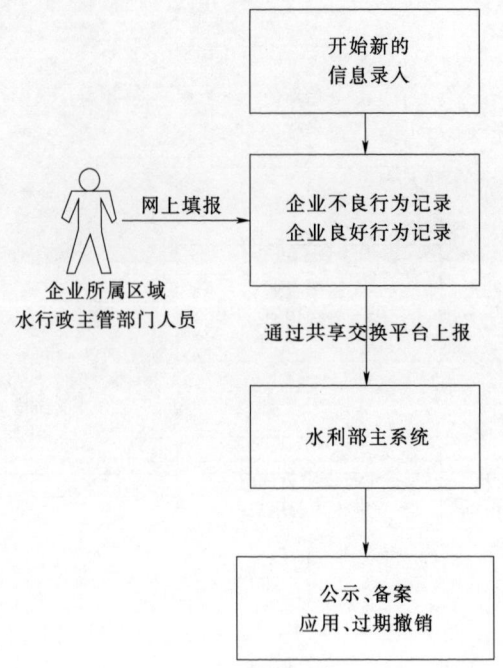

图4-14 市场主体动态信用信息管理业务流程图

（7）共享交换客户端。共享交换客户端是省级系统用于连接共享交换平台与主系统进行数据的共享与交换，客户端通过调用信用共享平台提供的Web Service接口服务来完成数据的上传和下载，实现系统数据的共享交换。

3. 共享交换平台

共享交换平台将部署在水利部，以水利部主系统的数据库为数据源，采用Web Service来实现，提供数据接口服务，各省级系统可调用平台提供的接口服务来完成数据的上传和下载，信用评价机构的信用等级评价系统可通过平台提供的接口服务来下载数据，实现系统数据的共享交换。

共享交换平台的建立，将妥善解决省级系统和水利部主系统、水利部主系统和信用评价机构的信用等级评价系统之间的信息数据传输和数据共享问题，实现信息系统之间跨网络、跨系统、跨数据库的数据共享与交换，实现信息资源的合理使用。利用数据共享与交换服务，实现合理的用户登录和权限控制、可靠的数据传输、数据完整性的保障以及安全的数据分类分级访问机制，从而在保证水利部和各个省级系统独立运行的基础上，实现各省级系统的数据一致性。同时通过制订数据的统一规范标准，建立数据共享交换平台，提供数据规范统一接口，使得通过数据共享和交换服务完成的数据访问，保证了数据的权威性和规范性，简化了各省级系统之间数据共享与交换的复杂度，进一步降低了应用系统的建设与维护成本，同时，各省只负责对其辖下的企业和项目进行

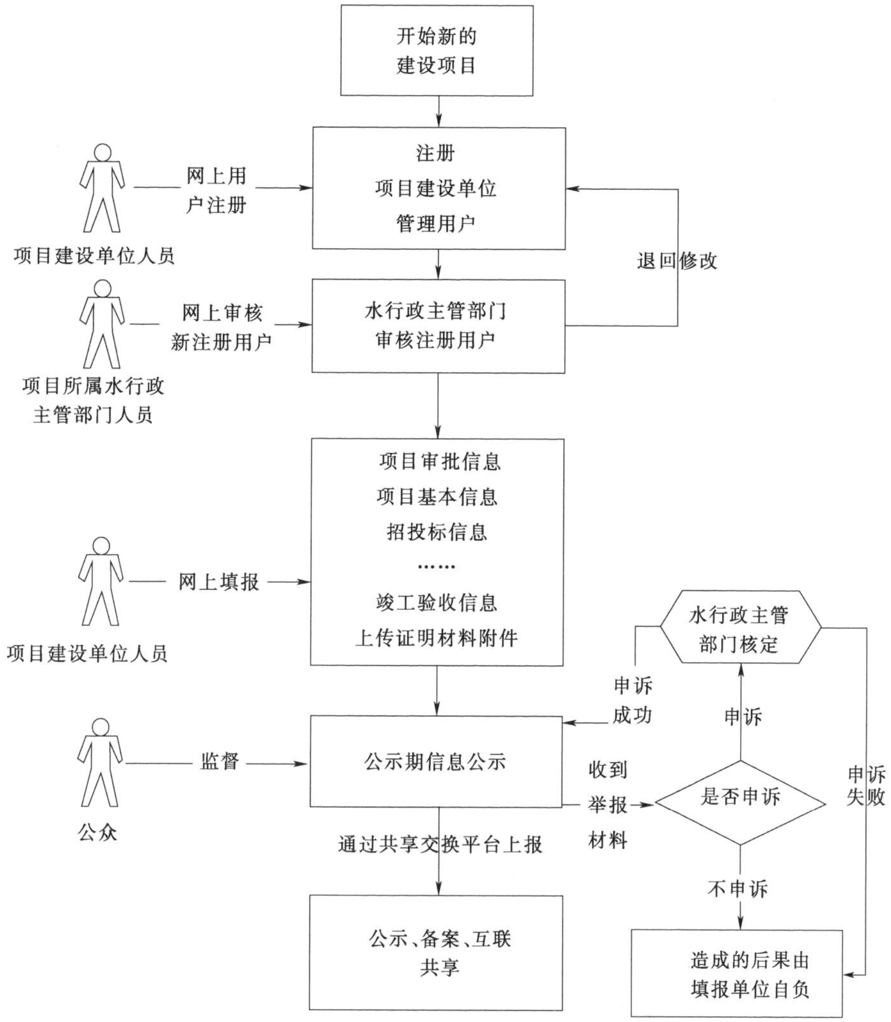

图 4-15 建设项目基础数据业务管理流程图

管理和维护,最大限度地保证了信息来源的准确性和实现一数一源的建设原则。通过共享交换平台,实现一次录入,全国应用的目标。

(1) 共享交换信息。本项目涉及的数据共享与交换的信息主要有:①建设市场主体基础信息(包括基本信息、资质信息、工程业绩信息、人力资源信息、资产状况信息、信用评价等级信息等);②建设项目基础信息(包括项目基本信息、招投标信息、项目审批信息、征地拆迁信息、重大设计变更信息、合同履约信息、质量安全检查信息、资金管理信息、交竣工验收信息、从业单位行为信息等);③建设市场主体动态信用信息管理(包括企业良好行为信息、企业不良行为信息等);④建设项目的动态信息(包括在建项目参建单位、项目经理、总监理工程师、从业单位行为信息等);⑤其他相关信息。

(2) 平台结构图。共享交换平台结构见图 4-16。

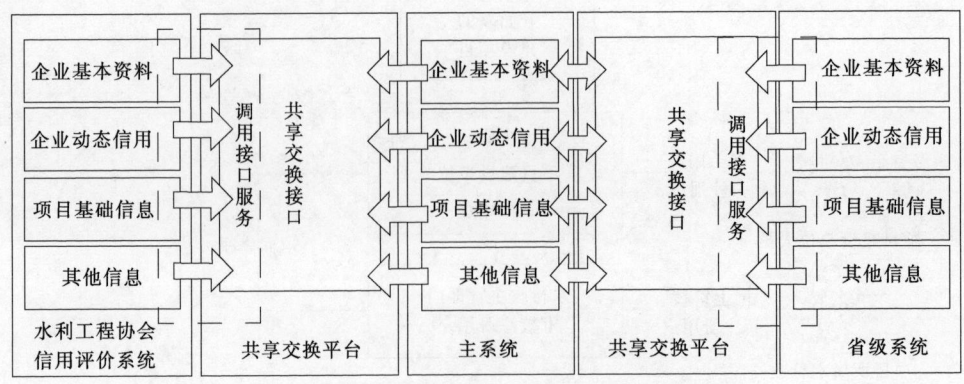

图 4-16 共享交换平台结构图

共享交换平台以水利部主系统的数据库为数据源，采用 Web Service 来实现，提供数据接口服务，各省级系统可调用平台提供的接口服务来完成数据的上传和下载，信用评价机构的信用等级评价系统可通过平台提供的接口服务来下载数据，实现系统数据的共享交换。

（3）平台功能结构图。共享交换平台功能结构见图 4-17。

共享交换平台主要包括共享交换接口与系统安全管理两大模块。

1）共享交换接口。共享交换接口包括企业基本信息接口、企业资质接口、工程业绩信息接口、人力资源信息接口、资产状况信息接口、信用等级信息接口、良好行为信息接口、不良行为信息接口、项目审批信息接口、项目招投标信息接口、征地拆迁信息接口、施工管理信息接口、重大设计变更信息接口、合同履约信息接口、质量安全检查信息接口、交竣工验收信息接口、资金管理信息接口以及其他接口，每个接口对应不同的信息类型，包含信息上报和信息下载功能。

2）系统安全管理。系统安全管理包含了安全认证、用户管理、权限管理、日志管理（见表 4-2）。

表 4-2 系统安全管理功能模块描述表

功能模块	功能特性概述
安全认证	通过 IP 验证、用户认证等对连接到平台的用户进行安全认证，并判断其用户身份，不同的身份会有不同的功能权限
用户管理	允许系统管理员可查询、增加、修改和删除用户个人初始资料，并对各用户的权限加以管理与限制
权限管理	允许系统管理员对权限分组定义，对平台各接口的权限进行设置。实现对用户的授权管理，该模块提供权限分组的查询、增加、修改和删除等功能
日志管理	日志用来记录系统的运行情况，记录系统的安全和系统的使用状况。安全日志记录系统出现异常或非法操作等方面的详细信息，系统使用状况日志记录了每个用户的使用时间

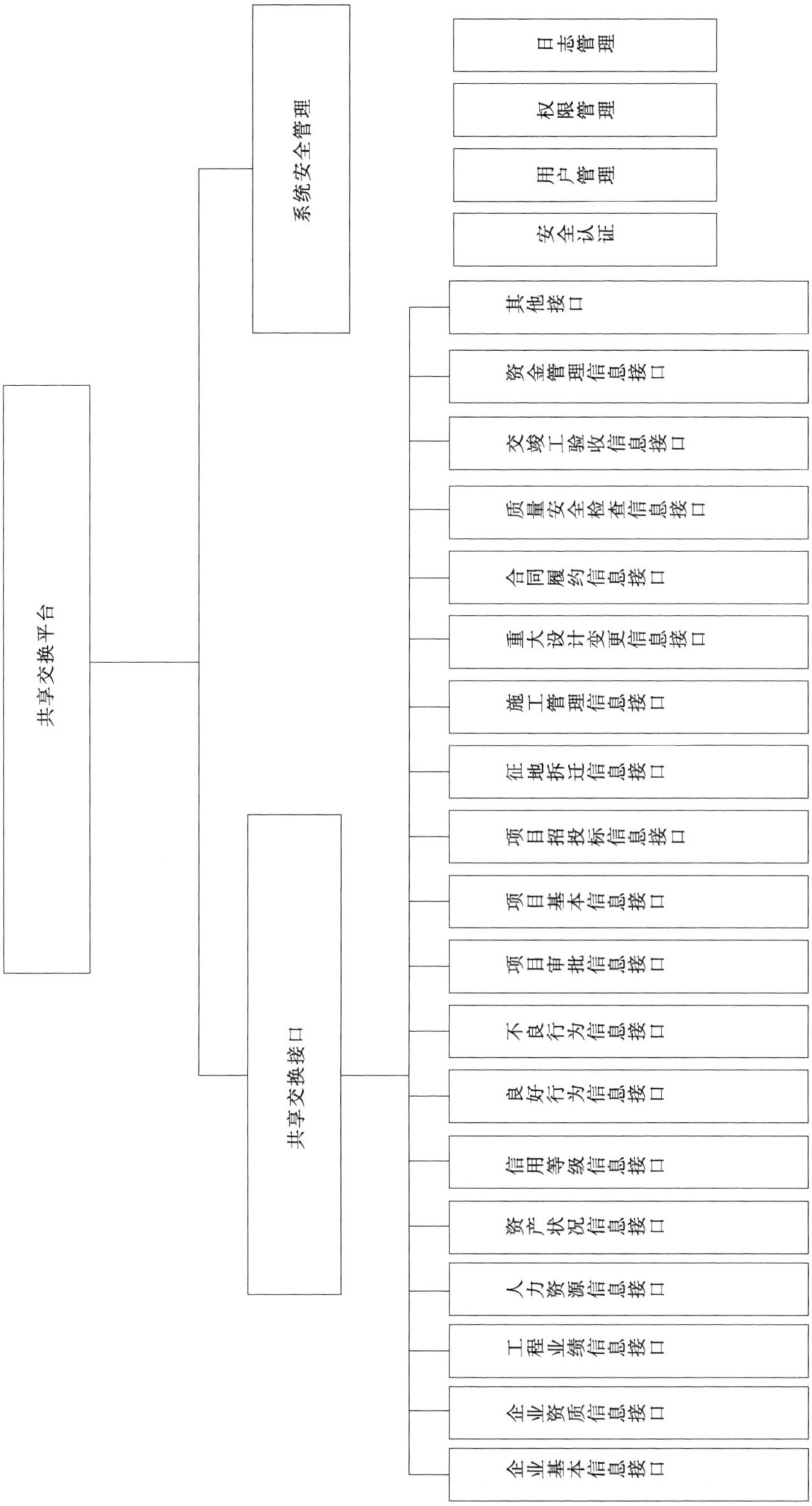

图 4-17 共享交换平台功能结构图

(4) 平台工作流程图。

1) 各省级系统通过共享交换平台与主系统实现数据的上传和下载，平台工作流程见图 4-18。

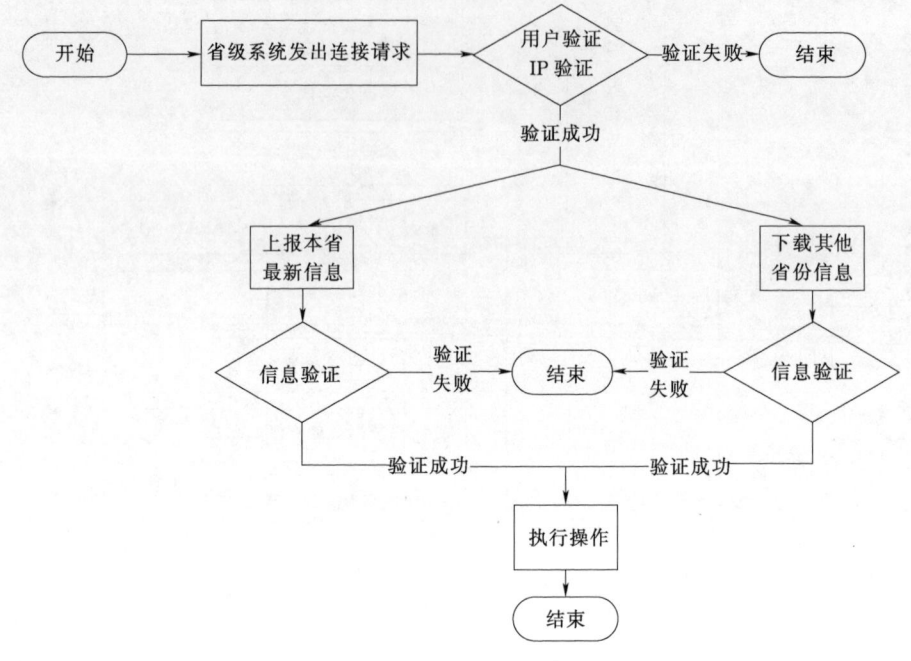

图 4-18　平台工作流程图

①当连接共享交换平台时，需通过 IP、用户验证等方式，确定用户的真实有效性；②当主动向主系统上报数据时，则需先通过共享交换平台的安全认证、权限、数据规范等一系列方法对推送过来的数据进行校验，确定数据的真实有效性，然后再进行同步；③当需从主系统获取其他省的数据时，则主动向共享交换平台发出请求，平台接收到请求后，会进行一系列的认证和验证，再对合法的请求进行处理。

2) 信用评价机构的信用评价系统可通过平台提供的接口服务来下载数据，实现系统数据的共享交换。当信用评价机构的信用系统连接共享交换平台时，需通过 IP、用户验证等方式，确定用户的真实有效性；当信用评价机构的信用系统需从主系统获取数据时，则主动向共享交换平台发出请求，平台接收到请求后，会进行一系列的认证和验证，再对合法的请求进行处理。

第四节　全国水利建设市场信用信息平台

一、全国水利建设市场信用信息管理平台概述

2006 年 8 月，水利部组织开发"全国水利建设市场信用信息平台"（以下

简称"信用信息平台")。经过反复调研、多次改版，2010 年 6 月，结合水利工程建设领域专项治理工作，"信用信息平台"（网址 http：//rcpu.cwun.org/）正式上线开通运行，并实现了与水利部门户网站的"水利工程建设领域项目信息公开和诚信体系建设专栏"对接。"信用信息平台"主要由信用动态、政策法规、信用评价、信息公开、信用知识、企业红榜、企业黑榜等栏目组成；由全国水利建设市场主体信用信息管理系统、公示系统、查询系统和统计分析系统做支撑，能够满足所有水利建设市场主体及其从业人员申报和发布信用信息，满足社会公众对水利建设市场主体信用信息的查询、举报和投诉，能够满足各级水行政主管部门对水利建设市场主体全面情况的查询，其平台首页面见图 4-19。

图 4-19　全国水利建设市场信用信息平台首页面

截至 2018 年 1 月 25 日，为 14985 家单位建立了信用信息数据库，公布 11979 家单位的基本信息 1034390 条、项目信息 201236 项、从业人员信息 764332 人；公布良好行为记录信息 56387 条；公布不良行为处理决定 259 个，涉及 456 家市场主体；发布诚信红名单，宣传诚信企业 881 家；发布失信黑名单，曝光严重失信企业 9 家。

全国水利建设市场信用信息平台企业信息公示页面见图 4-20。

全国水利建设市场信用信息平台从业人员信息公示页面见图 4-21。

全国水利建设市场信用信息平台行政处罚信息公示页面见图 4-22。

二、建立水利建设市场信用信息管理平台的意义

信息平台建设是建立与现代经济和现代科技相适应的监管手段需要，是实

图4-20 全国水利建设市场信用信息平台企业信息公示页面

图4-21 全国水利建设市场信用信息平台从业人员信息公示页面

图 4-22 全国水利建设市场信用信息平台行政处罚信息公示页面

施有效监督的技术保障。建立统一的水利建设市场主体信用信息平台,是加强水利行业信用监管,维护水利建设市场经济秩序,促进水利建设事业又好又快发展的重要举措。

1. 有利于解决市场信息不对称的问题

信用信息平台向全社会公开,达到资源共享,将大幅度地减少信息不对称现象,从而使工程信息透明化,市场竞争公平化,有效遏止失信行为的发生。

2. 有利于提高市场的监管效率

信用信息建设是对监管方式和手段的创新,通过信息化的技术手段整合甚至再造目前的管理流程,借助于信用信息平台强大的动态数据库系统,将彼此脱节的管理资源充分整合,为水行政主管部门提供全面、科学、客观的行业数据,实现全方位、全过程的管理。

3. 有利于促进长效信用机制的完善

通过对不良信息的公布披露,使失信行为曝光于市场之中,并将最终被请出市场。营造守信光荣,失信可耻的市场氛围和企业公平竞争的市场环境。

水利建设市场信用信息平台的建立,将有助于加强水利建设市场动态监管，有助于解决当前市场主体信用意识薄弱和信用缺失的问题，有助于维护统一、开放、竞争有序的水利建设市场秩序，推动水利建设事业实现又好又快地发展。

三、全国水利建设市场信用信息管理平台主要功能

1. 利用信用信息管理系统，报送和发布水利建设市场主体信用信息

市场主体信用记录，既是企业信用信息的收集过程，又是建立企业信用档案的重要内容，更是加强企业信用建设的基础工作。按照《实施意见》的要求，所有水利建设市场主体应于2015年12月底前登录全国水利建设市场主体信用信息平台，按照《水利工程建设领域信用信息基本指导目录（试行）》要求和信用信息平台设置，建立和完善水利建设市场主体信用档案，实现信用记录的全覆盖和电子化存储。水利建设市场主体自主填报信用信息，并对信用信息的真实性、及时性负责。

2. 利用信用信息公示系统，加大信用信息公开力度

《实施意见》要求加大信息公开力度，要求公开市场主体信用信息、水利建设项目信息、严重失信行为信息，实行信用信息社会监督。除涉及国家机密、商业秘密、个人隐私的信息外，水利建设市场主体信用档案向社会公开，接受社会监督。市场主体对其信用信息进行更正的，更正前后的信息同时公示。

依托政府网站设立水利工程建设领域项目信息和市场主体信用信息公开共享专栏，建立面向政府部门、市场主体和社会等不同层面的信息发布制度，在保护涉及公共安全、商业秘密和个人隐私等信息的基础上，及时发布市场主体信用信息，并对公民、法人或其他组织申请公开的信用信息依法予以公开。

加大对严重失信行为的曝光力度，对于水利建设市场主体出借、借用资质证书进行投标或承接工程，围标、串标，转包或违法分包所承揽工程，有行贿、受贿违法记录，对重（特）大质量事故、生产安全事故负有直接责任，公开信息隐瞒真实情况、弄虚作假的严重失信行为，公开向社会发布。

3. 利用信用信息管理和查询系统，实现水利建设市场主体信用信息的资源共享和互联互通

在现有平台的基础上，逐步实现全国水利建设市场主体信用信息平台和流域管理机构、省级人民政府水行政主管部门水利建设市场主体信用信息平台的互联互通。同时，加强与发展和改革委员会、工商、税务、公安等部门

的数据交换,拓宽信用信息查询渠道,推进市场主体信用信息的交换共享,有效消除信用信息孤岛。通过连接国家电子招标投标公共服务平台,实现招标投标信用信息的数据交换和互认共用。水利建设市场主体信用信息按要求纳入国家统一的信用信息平台。从而实现在全国、流域和区域水利建设市场主体信用信息平台的互联互通,建立畅通的信息数据交换系统,逐步实现平台数据即时交换。

四、全国水利建设市场信用信息管理系统的操作使用

全国水利建设市场信用信息平台的数据主要来自"全国水利建设市场信用信息管理系统",是水利建设市场主体自主填报和发布信息网络技术支持系统。水利建设市场主体填报的信用信息一经发布,信用平台将同时向社会公告。

1. 概述

水利建设市场主体报送的信息主要包括:基本信息、资质信息、人力资源、资产状况、工程业绩、良好行为、不良行为、外省信息共8类信息。

流域或省级管理机构登录系统可查看单位信用信息及报送不良行为行政处理决定。

2. 用户登录

各级用户登录"全国水利建设市场信用信息平台"进入信用信息平台主页面(见图4-23)。

点击左上角"信息申报入口"按钮,进入登录页面(见图4-24)。

点击"单位信用信息申报入口",进入登录页面(见图4-25)。

填写须注意的问题:

(1) 单位预申请:单位初次报送信用信息且尚未获取用户名密码,请点击此按钮建立数据库,管理员开通后即可登录。

(2) 单位登录:单位首次申报或更新申报信用信息,请点击此按钮进入系统。单位登录的用户名和初始登录密码为单位组织机构代码证号或统一社会信用代码证号(例如,组织机构代码证号为12345678-9,则用户名和初始登录密码均为12345678-9),单位登录系统后请立即更改密码。

(3) 省级登录:省级管理机构查看单位信用信息和报送不良行为行政处理决定请点击此按钮进入系统。

(4) 常见问题:此处对申报过程中经常遇到的问题进行了解答。

(5) 省级联系方式:此处列表显示了各省级管理机构联系方式,方便单位查询。

图 4-23 全国水利建设市场信用信息平台主页面

（6）最新通知：此处链接与工作相关的最新通知。

（7）申报流程：此处用流程图形式直观展示了总体申报程序。

单击"单位预申请"，进入登录页面（见图 4-26）。

单击单位登录，进入用户登录页面（见图 4-27）。

3. 市场主体信息报送

（1）首次申报信息。信用信息填写并保存⇨逐项核对信息⇨信用信息逐项发布。

图 4-24　全国水利建设市场信用信息平台登录页面

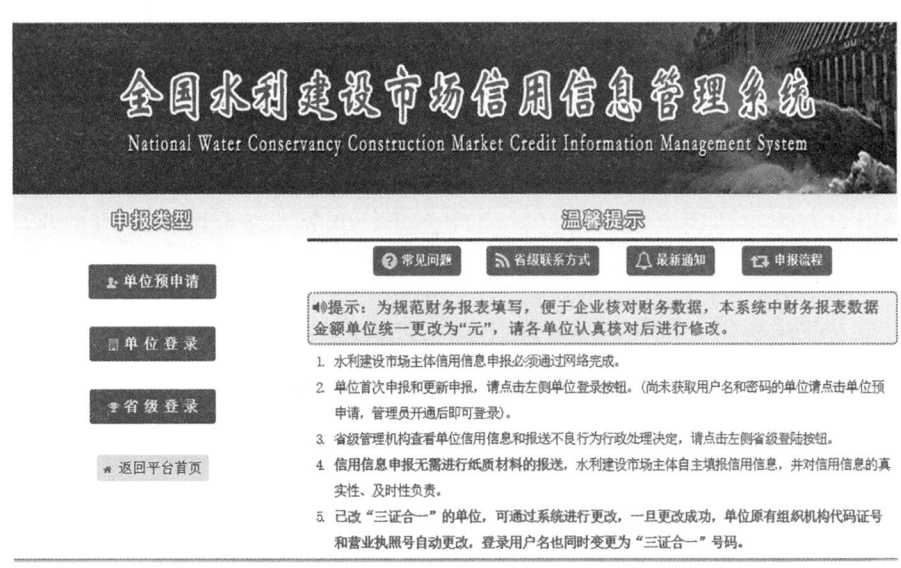

图 4-25　全国水利建设市场信用信息平台单位信用信息申报登录页面

图 4-26 全国水利建设市场信用信息平台单位预申请登录页面

市场主体填写的信息主要有基本信息、资质信息、人力资源、资产状况、工程业绩、良好行为、不良行为、外省信息共 8 类（见图 4-29）。

单击首次申报按钮后，请申报单位逐项填报，填报信息确认无误后再逐项公开。灰色字体表示该项信息已完成公开，单击可查看已公开的企业信用信息最新内容。

（2）更新申报。更新信息并保存⇒更新信息⇒发布更新信息。

市场主体可更新的信息主要有基本信息、资质信息、人力资源、资产状况、工程业绩、良好行为、不良行为、外省信息共 8 类（见图 4-29）。

填写须注意的问题：

1）请认真阅读更新申报页面处的注意事项。

2）表格内单位名称和统一社会信用代码为不可修改项，如需修改单位名称请写明修改原因并将相关附件（单位营业执照、工商核准通知书扫描件）发邮箱至 wr@cweun.org。

第四章 水利建设市场信用信息管理

图 4-27 全国水利建设市场信用信息平台单位登录页面

图 4-28 全国水利建设市场信用信息平台单位首次申报信息页面

3)单位只需保存和发布更新内容,其他未修改表格可不发布。

4. 省级管理机构初审

省级管理机构登陆可查看单位信用信息及报送单位不良行为行政处理决

135

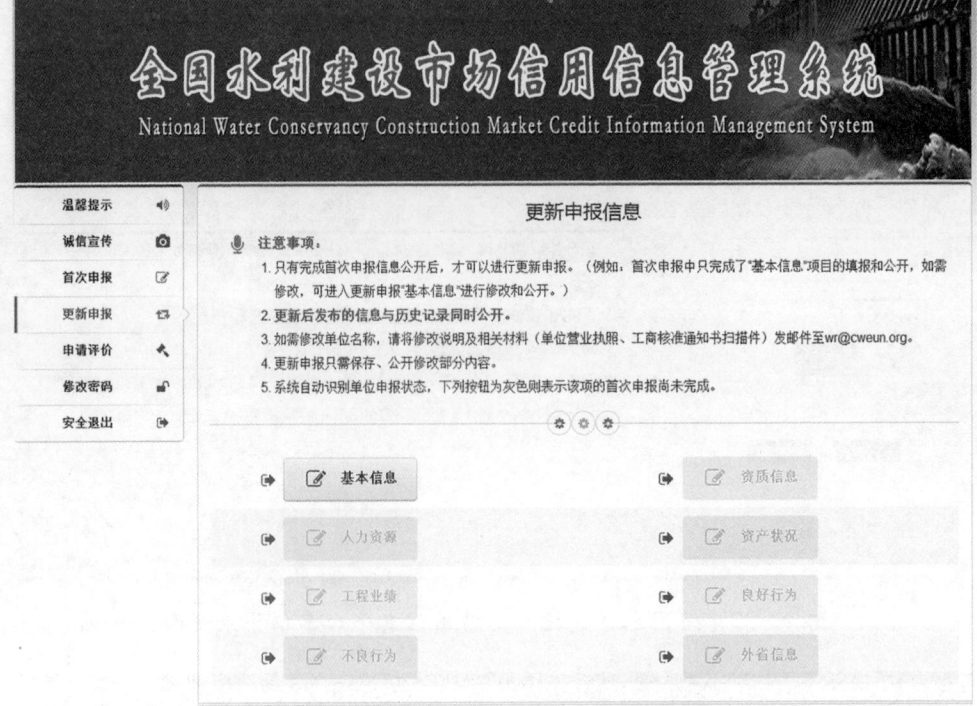

图 4-29　全国水利建设市场信用信息平台更新申报信息界面示意图

定。省级管理机构登录后，出现省级页面（见图 4-30）。

提示：省级管理机构上报的不良行为处理决定经水利部审核入库后，将只能查看，不能修改。

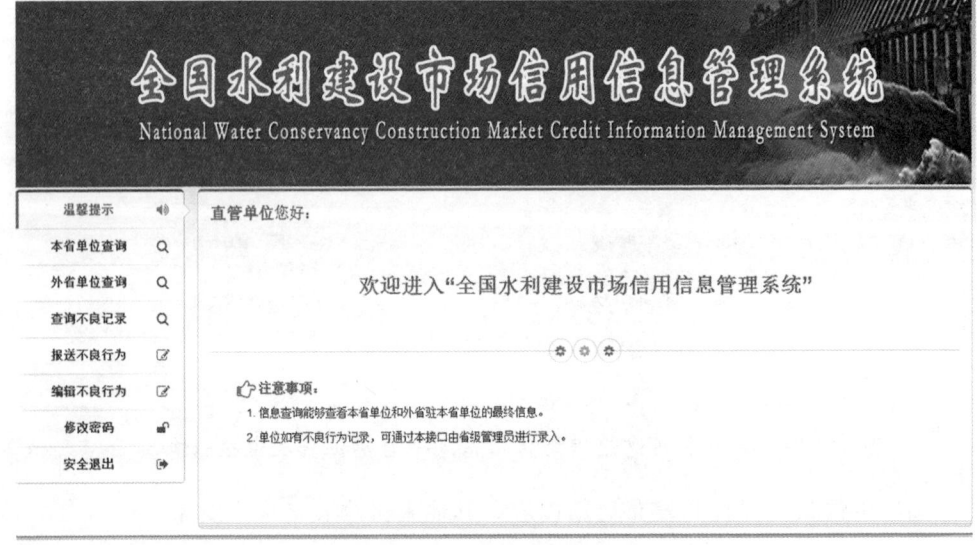

图 4-30　全国水利建设市场信用信息平台省级管理机构界面

第五章
水利建设市场主体信用评价

第一节 信 用 评 价 概 述

一、信用评价内涵

1. 信用评价的概念

信用评价,也称为信用评级或资信评估,是指由专门机构或部门根据一定的评价标准、程序和方法,以客观公正的立场,对评价客体的履约能力、可信任程度的估量,并以专用符号或简单的文字形式来表示其评价结果或信用等级的一种行为。

由上述信用评价概念可看出,信用评价主要包括以下要素:

(1) 信用评价主客体。信用评价主体,也称为授信主体或征信机构(部门),在国际上,通常是由专门的社会中介机构来承担,提供信用评价服务,如国际上著名的标准普尔公司、穆迪公司、惠誉公司三大信用评价机构和我国的评级机构大公国际资信评估有限公司等;也可由政府或企业成立专门的机构(或部门)来承担。信用评价客体,狭义的主要指企业,广义的指各类主体,包括政府、企业、金融机构、社会组织和自然人等。

(2) 信用评价标准和方法。信用评价是对评价客体的履约能力、可信程度进行的评价。履约能力一般与评价客体的资金实力、技术管理能力等因素有关,具有客观性;而可信程度是指评价客体履约的主观意愿,可通过历史记录和信誉等因素评价,具有主观性。因此信用评价需要以一套能够衡量评估客体信用行为可靠性和安全性的指标体系为考量基础,并以定量、定性的科学方法对相关数据进行处理,并据此综合评价评估客体的信用等级,因此信用评价标准和方法合理与否,对信用等级的客观评价相当重要。

(3) 信用等级的划分。信用等级通常用专用符号或简单文字形式标示,国际通行的"四等十级制"评级等级,具体等级分为:AAA、AA、A、BBB、BB、B、CCC、CC、C、D。但这也需要根据具体情况进行合理划分和评级。

从信用评价本质看,其应是风险管理的一种手段。在经济交往关系中,双方主体的信用等级越低,意味着面临的违约或信用风险越高。以金融借贷关系为例,信用评价是对各类借款人所负各种债务能否如约还本付息的能力和可信任程度的评估,是对债务偿还风险的评价。信用评价结果是一个企业履约状况和偿债能力的综合反映。

2. 信用评价的分类

常见的信用评价分类标准如下:

(1) 按评价客体分,信用评价可分为企业信用评价、证券信用评价、国家主权信用评价和其他信用评价。

1) 企业信用评价。包括工业、商业、外贸、交通、水利水电、建筑、房地产、旅游等公司企业和企业集团的信用评价以及商业银行、保险公司、信托投资公司、证券公司等各类金融组织的信用评价。金融组织与公司企业的信用评价要求不同,一般公司企业生产经营比较正常,虽有风险,容易识别,企业的偿债能力和盈利能力也易测算;而金融组织就不一样,容易受经营环境影响,是经营货币借贷和证券买卖的企业,涉及面广、风险大,在资金运用上要求盈利性、流动性和安全性的协调统一,要实行资产负债比例管理,要受政府有关部门监管,特别是保险公司是经营风险业务的单位,风险更大,风险测算更复杂。

2) 证券信用评价。包括长期债券、短期融资券、优先股、基金、各种商业票据等的信用评价。目前主要是债券信用评价,这在国内外资本市场上已形成制度,企业发行债券要向认可的债券评信机构申请信用等级。关于股票评级,除优先股外,国内外都不主张对普通股票发行前进行评级,仅对普通股票发行后上市公司的业绩评级。

3) 国家主权信用评价(Sovereign Rating)。国际上流行国家主权评级,体现一国偿债意愿和能力,主权评级内容很广,除了要对一个国家国内生产总值增长趋势、对外贸易、国际收支情况、外汇储备、外债总量及结构、财政收支、政策实施等影响国家偿还能力的因素进行分析外,还要对金融体制改革、国企改革、社会保障体制改革所造成的财政负担进行分析,最后进行评级。根据国际惯例,国家主权等级列为该国境内单位发行外币债券的评级上限,不得超过国家主权等级。

4) 其他信用评价,主要包括项目信用评价和个人信用评价等。

(2) 按评价方式分,信用评价可分为公开评价和内部评价两种类型。

1）公开评价。一般指独立的信用评价公司进行的评价，评价结果要向社会公布，向社会提供资信信息。评价公司要对评价结果负责，评价结果具有社会公证性质。

2）内部评价。一般指评价结果不向社会公布，内部掌握。例如，银行对借款人的信用等级评估，就属于这一种，由银行信贷部门独立进行，作为审核贷款的内部参考，不向外提供资信信息。

(3) 按信用评价收费与否分，信用评价可分为有偿评级和无偿评级两种类型。

1）有偿评级。在国际上，由独立的信用评价公司接受客户委托进行的信用评价，一般都要收费，属于有偿评级。

2）无偿评级。信用评价机构有时为了向社会提供资信信息，有时为了内部掌握，评价一般不收费用。无偿评级通常只能按照有关单位的公开财务报表和资料进行，不能进行深入现场调查，因而资信信息比较单一，评估程序和方法也较简单。

3. 水利建设市场信用评价内涵

(1) 水利建设市场信用评价概念。根据前述信用评价定义，可将水利建设市场信用评价定义为：由专门机构依据有关法律法规和水利建设市场主体和从业人员信用信息，按照规定的标准、程序和方法，对水利建设市场主体和从业人员的履约能力和可信任程度进行综合评价，确定其信用等级并向社会公开的活动。

由于我国水利建设市场从业人员尚未完全实现职业化，从业人员的信用行为更多是通过企业的履约能力和合规性来体现的，因此当前水利建设市场信用评价主要是指市场主体的信用评价，包括勘察、设计、施工、监理、咨询、机械制造、招标代理、质量检测、供货等9类市场主体的信用评价。未来的发展趋势是不仅包括对市场主体的信用评价，也包括对从业人员的信用评价。

(2) 水利建设市场信用评价方式的确定。对于公开信用评价而言，当前我国信用评价方式主要有三种：一是政府部门主导信用评价工作，二是行业商会协会以会员为对象开展信用评价，三是专业的第三方评价机构以市场化方式开展信用评价。采用何种信用评价方式需要根据相关政策、市场条件和信用评价目的和实践等因素而定。当前水利建设市场主体信用评价采取"政府主导、统一组织、社会中介结构承担"的方式，由国务院水行政主管部门统一组织，通过购买服务方式选择相关社会中介结构承担具体工作。主要基于以下五方面原因：

1）从信用评价的目的看，水利建设市场主体信用评价的目的是为政府监管提供科学的依据，为规范市场提供有效的手段，为社会各界、市场各方提供信用公共产品和服务；是出于社会管理需要、评价行为对社会产生影响、评价结果用于社会，属于公共性信用评价。

2）从信用评价的条件看，市场化评价模式（如美国、英国）受多种经济社会因素制约，需要以健全的法律体系为保障、普及的信用意识为导向、成熟的评价机构为主体、充足的信用信息为依据、活跃的信用交易为基础、足够的市场需求为前提，但美国的次贷危机表明，即使满足上述条件仍存在一定风险，从国内信用评价现状而言广泛采取市场化模式的条件还不具备。

3）从信用评价的政策看，国务院《规划纲要》确定政府推动、社会共建的原则，《国务院关于促进市场公平竞争维护市场正常秩序的若干意见》（国发〔2014〕20号）、《国务院办公厅关于运用大数据加强对市场主体服务和监管的若干意见》（国办发〔2015〕51号）等文件提出要全面客观地评估市场主体经营状况和信用等级，根据信用状况实行分类分级、动态监管。《国务院关于"先照后证"改革后加强事中事后监管的意见》（国发〔2015〕62号）提出，通过政府购买服务等方式，委托行业商会协会开展信用评价、咨询服务、法律培训、监管效果评估，推进监管执法和行业自律的良性互动。

4）从信用评价的实践看，政府主导信用评价工作是相关行业开展信用评价工作的通行做法。如证监会组织对证券公司按5大类11个级别进行综合性评价并向社会发布评价结果；税务总局明确国家和地方税务机关联合开展纳税信用评价工作并发布评价结果；环境保护部门负责实施企业环境信用评价工作并发布评价结果；交通运输部门制定了统一的信用评价规则，采取统一管理、分级负责制，组织对公路水运市场主体开展信用评价工作。

5）从信用评价的主体看，通过政府购买服务方式委托社会中介机构开展信用评价工作，符合加强和创新社会管理、改进政府提供服务方式、加大政府购买服务力度的要求，也符合政府购买服务的范围和规定；社会中介机构在政府组织和监管下，按照统一的评价办法和评价标准，充分利用全国水利建设市场信用信息平台信息开展评价，有利于支持社会中介结构的发展；评价费用由财政资金列支，不向企业收取费用，减轻了企业缴费评价、多头评价的负担。

6）从信用评价的结果看，由政府主导并统一组织信用评价，评价结果唯一、全行业通用，使评价结果更具权威性、公信力，既有利于信用评价结果应用、促进健全守信激励失信惩戒机制，也有利于减轻地方保护、清除市场壁垒，促进水利建设市场的公平竞争，维护市场的正常秩序。

二、信用评价的特点

信用评价的特点主要体现在公允性、广泛性、权威性、时效性等方面。具体而言：

(1) 公允性。信用评价的主客体之间是一种委托或自觉行为，双方之间没有任何利害关系。评价主体承担着对评价客体进行独立公正判断的鉴定和验证的职责，处于完全独立地位，不受任何干预、干扰，因而也决定着信用评价必须具备社会公证功能，向社会、公众、投资者等提供和创造具有公证的信用等级信息。

(2) 广泛性。信用评价得以生存并不断发展壮大，既是市场经济发展的客观需要，也是社会信用观念和信用环境改善的综合反映，它决定着信用等级信息可以为参与市场的各方所共享。适应于各种不同类别、不同规模、不同所有制形式等经济组织的需要，并能通过公开传媒公布信用等级，信用信息为社会、公众、投资者的基本要求，具有充分的广泛性和社会公允性。

(3) 权威性。客观实际要求信用等级的评价结果必须具备客观真实性，具有高度的权威性。否则，信用评价将失去其生存发展的意义。所以，信用评价必然选择走信用评价专业人员的评价与信用评价专家组织鉴证相结合的道路。

(4) 时效性。信用评价结果作为一种社会公允信息，是在一定时间、一定地点，根据一定条件，经过综合评价而形成的，具有一定时效性。时间、地点、条件等发生变化，信用等级的评定结果也将随之改变。否则，势必失去其客观可靠的基础和权威性，失去其信用公证的作用。

三、信用评价的作用和意义

1. 信用评价的作用

(1) 揭示市场交易中真实信息的作用。信用评价的产生源自信息的不对称性。在经济活动中，交易双方所掌握的信息在质量和数量上都是不对等的，交易者内部掌握的自身信息比交易对手多许多，这就造成了信息的不对称。而交易对手又很有必要了解对方的资金实力、信誉状况等信息，于是就会委托第三方或者自己进行调查评估，对其做出信用评价，然后依据信用评价的结果制定相应的信用政策。

信用评价在一定程度上解决了信息不对称的问题，有利于提高交易行为的透明度，建立交易行为的信息传递机制，从而提高经济活动中的效率。

(2) 评估和控制信用风险的作用。这在资本市场上尤为重要。在国内外金融市场上，信用评价报告是证券发行和流通的先决条件。在市场经济国家，政府监管部门一般都会要求对公开发行的债务进行信用评估，换言之公开发行债务的信用评估是强制性的。对于证券发行人来说，为了提高证券在市场上的流通性，几乎所有的发行人都必须出具评价报告，并且在某些市场上，同一证券的评级报告数量会影响到该证券的定价和流通。对于证券的买方来说，信用报告将作为他们对证券分析和评估的重要参考。同时，信用评价也是他们用来遵守监管部门对其规定的证券投资最低信用等级要求的工具。对证券的卖方来说，信用评价也是他们进行证券分析和评估的重要参考。同时，通过信用评价卖方可以直接选择适合的交易对手，控制信用风险的发生。

信用评价报告是银行信贷信用风险判定的依据。目前，信用评价已经成为银行信贷受理与审批流程中的重要环节，信用报告直接影响银行是否授信的决策以及授信额度大小。巴塞尔协议对于银行信用风险的相关规定集中体现了信用评价的重要作用与话语权，并规定了各信用等级的投资产品的风险权重。所以，某些投资产品的信用报告发生变化时，相应的银行信用风险权重与资产价值也会发生变化，当某些投资产品的信用评价结果较低或较高、信用风险超过了巴塞尔协议的规定值与规定范围时，银行必须对持有的投资产品做出抛售或买进的决策。当所有银行都做出这样的决策时，就会影响整个银行系统的经济资本配置，并且这个时候市场的投资品价格就会发生剧烈波动。

(3)（金融）投资决策的依据。很多国家在政府监管的相关规定中，特别是有关投资法规或管理规定中，都直接规定使用信用评价，有的规定显示信用评价是市场准入的前置条件，有的明确规定信用报告是投资选择与可行决策的依据。信用报告结果会直接影响投资产品的初始定价，进而影响其流通性，也会影响投资产品的市场价格波动。一般来说，信用评价越高的投资产品，其定价也就越高，流通性也越好。信用评价在金融市场和非金融市场都是一种话语权的象征，它影响并决定了市场的准入和定价。当信用报告结果发生变化时，直接影响市场参与者是否能符合监管部门的规定，从而迫使这些市场参与者改变投资组合，在市场上进行大量抛售和买进的动作，影响市场的稳定性。

2. 信用评价的意义

随着我国社会主义市场经济体制的建立，信用交易已成为经济活动中的一种主要交易方式，信用建设也成为保障市场健康发展的基石、构建和谐社会的基础。通过开展水利建设市场主体信用评价工作，加快水利建设市场信用体系建设,对提高全行业的诚信意识和信用水平、规范水利建设市场秩序、保障大规模水利建设质量和安全具有十分重要的意义。

(1) 开展水利建设市场主体信用评价工作,是贯彻落实国务院社会信用体系建设规划纲要、加快推进水利建设市场信用体系建设的迫切要求。国务院《纲要》提出,社会信用体系建设要充分发挥政府的组织、引导、推动和示范作用,逐步建立健全信用法律法规体系和信用标准体系,积极推广信用产品的社会化应用,促进信用信息互联互通、协同共享,健全社会信用奖惩联动机制;制定工程建设市场各类市场主体和从业人员信用标准,建立企业和从业人员信用评价结果与资质审批、执业资格注册、资质资格取消等审批审核事项的关联管理机制;鼓励市场主体运用基本信用信息和第三方信用评价结果,并将其作为投标人资格审查、评标、定标和合同签订的重要依据;推动在市场监管和公共服务的市场准入、资质认定、行政审批、政策扶持等方面实施信用分类监管,对诚实守信者实行优先办理、简化程序等"绿色通道"支持激励政策,对失信主体实行行政监管、市场、行业和社会四方面的约束和惩戒。为贯彻落实纲要,国家发展和改革委员会及人民银行联合印发了《社会信用体系建设规划纲要(2014—2020年)任务分工》和《社会信用体系建设三年重点工作任务(2014—2016)》,进一步明确了部门分工和工作重点。2014年,水利部和国家发展和改革委员会联合印发的《关于加快水利建设市场信用体系建设的实施意见》(水建管〔2014〕323号)中明确,要推进信用评价工作,出台信用评价办法及评价标准,规范信用评价活动,积极应用信用评价结果,实行市场主体信用分类监管。

当前,中央高度重视重大水利工程建设,把打基础、管长远的重大水利工程作为稳增长、扩内需、促改革、惠民生的重要引擎之一,积极推进172项重大水利工程建设,在建水利工程年度投资规模超过8000亿元,而且国务院对年度建设任务目标有明确时限要求。这要求必须进一步规范市场秩序,保障工程质量、安全和进度。目前水利建设市场还存在守信激励和失信惩罚机制不健全、部分市场主体信用意识薄弱等问题,围标串标、层层转包、恶意拖欠等失信行为时有发生,有的地方基层群众和企业反映强烈。开展信用评价工作,客观反映市场主体的信用状况,可为各级政府主管部门行政审批和市场监管提供重要的参考依据,维护水利建设市场健康发展。

(2) 开展水利建设市场主体信用评价工作,是创新水利建设市场监管方式、有效提供公共服务的重要举措。党的十八届五中全会提出,要深化行政管理体制改革,进一步转变政府职能,持续推进简政放权、放管结合、优化服务,提高政府效能;加快形成统一开放、竞争有序的市场体系,建立公平竞争保障机制，打破地域分割和行业垄断；增加公共服务供给，增强政府职责，提高公共服务共建能力和共享水平；创新公共服务提供方式，能由政府购买服务提供的，政府不再直接承办；加强和创新社会治理，推进社会治理精细化。国务院办公厅《关于运用大数据加强对市场主体服务和监管的若干意见》要求，政府要创新市场经营交易行为监管方式，对企业的商业轨迹进行整理和分析，全面、客观地评估企业经营状况和信用等级，实现有效监管。

开展水利建设市场主体信用评价工作，有利于进一步转变政府职能，推进简政放权、放管结合、优化服务，提高政府效能；有利于推动监管执法和行业自律的良性互动，进一步优化水行政主管部门市场监管和社会服务的能力；有利于建立公平竞争保障机制，建设统一开放、竞争有序、诚信守法、监管有力的现代市场体系，平等保护各类市场主体合法权益；有利于减少地方保护、清除市场壁垒，促进水利建设市场的公平竞争，维护市场的正常秩序。通过政府购买服务方式开展信用评价工作，由政府提供公共产品和服务，评价费用由财政资金列支，不向企业收取费用，既保障了评价结果的公平公正，提高权威性、公信力，也减轻了企业多头评价、缴费评价的负担。

(3) 开展水利建设市场主体信用评价工作，是实行市场主体分类监管、建立守信激励失信惩戒机制的重要前提。通过近年来的努力，目前许多水利建设市场主体已经在信用平台上建立了信用档案，实现了电子化存储。但市场主体的各类信息，包括人员、业绩、履约状况、良好信息、不良信息等，是一个庞大的数据库，难以直接应用，需要一个综合的判定标准来体现一个单位的信用基本状况。开展信用评价，通过对水利建设市场主体的各类信用信息汇总整理、进行定性定量分析，确定信用等级，才能在市场活动中全面、客观、科学地综合应用市场主体信用信息，有效实施分类监管和奖优罚劣。建立评价结果与资质审批等审批审核事项的关联管理机制，有利于增强水利社会管理的公平正义；将市场主体信用评价结果与招标投标活动挂钩，有利于选择管理能力强、信誉水平高的企业承揽工程任务，净化交易市场环境，确保工程建设的质量和效益；按照信用评价结果实行市场主体信用分类监管，有利于建立完善守信激励失信惩戒机制，通过市场资源配置的手段倒逼市场主体诚信经营，营造水利建设行业诚信光荣、失信可耻的良好氛围。

(4) 开展水利建设市场主体信用评价工作，是发挥社会组织作用、激发市场主体活力的有效手段。良好的信用是市场主体的无形资产，是参与水利建设市场的通行证。信用评价标准就像一把标尺，参加信用评价对市场主体建立内部信用管理体系和信用风险防控措施、优化企业要素配置、提高自身管理水平、提升企业信用资本、树立良好企业形象、获取市场信用资源具有重要作用。开展信用评价可以有效引导市场资源配置,激发市场主体活力,促进讲信用、有信用、守信用的市场主体发展壮大。水利建设市场信用评价结果,必将为信用等级高的企业在水利工程建设活动中创造更多的机会,赢得更大的市场,从而提高市场竞争力。

第二节　信用评价的国内外经验借鉴

一、信用评价的国外经验借鉴

现代企业信用评价起源于19世纪末20世纪初的美国,自现代企业信用评价出现以后,西方各国结合本国国情,陆续开展了根据企业财务实际统计指标的评估工作,并且也形成了多种企业信用评价模式,其中具有代表性的企业信用评价模式包括:美国的财务导向型、德国的偿付能力导向型、英国的系统评价等。

国外企业信用评价工作是以市场主导的形式进行,由第三方信用服务机构开展信用评价。在国外资本市场,以穆迪、标准普尔和惠誉国际为代表的三大资信评级公司,1975年被美国证券交易委员会(SEC)认可为"全国认定的评级组织"(NRSRO),三家公司已经垄断了国际评级行业。穆迪擅长主权国家评级;标准普尔擅长企业评级;惠誉公司擅长金融机构与资产证券化评级。另外,国际上对于信用风险度量方面,也提出了较多的模型,为企业信用评价工作的开展提供了有效支撑。

1. 标准普尔的企业信用评级

标准普尔对企业进行信用评级,首先对企业经营环境进行一些基本的商业分析和预测;然后对企业的财务状况进行分析。企业信用等级的最后确定在很大程度上还是要依赖对企业财务风险的评估。

商业分析和预测包括国家和政策风险(countries and policy risk)、行业风险(industry risk)、竞争能力(ability to compete)、盈利能力/同业比较(profitability/peer comparison),其中竞争能力包含市场地位(market position)、多样性(diversity)、管理(management)、所有权(ownership);财务风险分析包括会计制度(accounting system)、金融政策(financial policy)、现金流合理水平(cash flow adequacy)、资本结构(capital structure)、流动性/短期因素(liquidity/short-term factors)。

标准普尔根据企业的商业风险和财务风险评估结果综合决定企业的信用等级,其公司评级矩阵见表5-1。

表 5-1 标准普尔公司评级矩阵表

商业风险状况	财务风险状况					
信用等级	极小	很小	一般	较大	很大	重大
优秀	AAA/AA+	AA	A	A—	BBB	—
良好	AA	A	A—	BBB	BB	BB—
满意	A—	BBB+	BBB	BB+	BB—	B+
一般	—	BBB—	BB+	BB	BB—	B
较差	—	—	BB	BB—	B+	B—
很差	—	—	—	B+	B	B—

2. 国际常用的信用风险评价模型

国际上对于企业信用风险控制及评估方面，主要是借鉴银行风险方面的经验。《新巴塞尔资本协议》中，将银行风险分为了信用风险、市场风险、操作风险等方面，对于其中的信用风险和市场风险主要是运用风险价值（Value at Risk）方法进行处理。借鉴该方法，国际上对于信用风险评价，常用的评价模型主要有以下几个：①KMV 公司于 1993 年给出的 Credit Monitor 模型（即 KMV 模型）；②J.P 摩根（J.P Morgan）于 1997 年提出的 Credit Metrics 模型；③瑞士银行金融产品部（Credit Suisse Financial Product，CSFP）于 1997 年给出的 Credit Risk$^+$ 模型；④麦肯锡公司（Mc Kinsey）于 1998 年给出的 Credit Portfolio View 模型；⑤KPMG 公司于 1998 年给出的 Loan Analysis System（LAS）模型。并且，从评价指标的情况来看，当前西方国家现有的信用评价模式中，一共涉及了 67 项企业财务指标，其中使用频率最高的指标主要是在 10 项左右，并且重点考察的是企业的获利能力、偿债能力、经营效率等方面。另外，对于中小企业而言，在信用评价方面，品德、声望、资格、资金实力、担保以及经营条件等方面都是评价的主要方面。

二、国内企业信用评价

我国企业信用评价工作最早是在 1932 年开始的，当时上海商业储蓄银行受上海各家银行的委托，在上海成立了我国金融史上第一家从事信用调查和经济调查的咨询机构——中国征信所。后来，在新中国成立后，由于长期实行计划经济模式，使得企业信用征信业务没有存在的必要。改革开放以后，随着市场经济体制的逐步确立，对于企业信用咨询业务的恢复和发展提出了客观要求，我国企业信用咨询业务经历了恢复、发展、整顿、繁荣的发展过程。

1. 恢复阶段 (1980—1987 年)

自 1980 年以来,中国人民银行作为国家金融管理的主要机构,进行了经济信息工作的开展及业务咨询。1987 年年末,中国人民银行正式发文,要求各地方政府成立资信评估公司。而在此之前,中国工商银行上海经济信息咨询公司在 1984 年就开始筹建,并于 1985 年 2 月正式建成,并逐步推广咨询试点。在这一阶段,企业信用评价工作主要是为银行信贷业务服务的。

2. 发展阶段 (1988 年)

在 1987 年中国人民银行大力推进的基础上,1988 年企业信用咨询公司获得了较快发展,90% 以上的商业性公司是在这一年创办的。截至 1988 年年末,各主要金融机构建立起了企业信用咨询公司 240 多家。

3. 整顿阶段 (1989—1992 年)

为贯彻落实中央关于进一步清理整顿信用咨询公司的精神,各银行对各自创办的信用咨询公司进行了认真清理整顿,到 1990 年年底,撤销各级咨询公司 270 多家。1992 年,国家将咨询业、信息业、各类技术服务机构等列为发展第三产业的重点之一,这就使得企业信用咨询行业获得了恢复和发展。

4. 繁荣阶段 (1992 年年底至今)

1992 年年底,我国第一家专业从事企业信用调查服务的公司——北京新华信商业风险管理有限公司成立,这标志着我国企业信用评价工作进入了新的发展时期,在商业信用评价服务领域引入了市场竞争机制,这也即意味着企业信用评价服务工作开始由政府驱动向市场驱动方向转变。随后,国内陆续成立了多家专门从事企业资信调查服务的专业性公司,使我国企业信用评价工作进入了前所未有的繁荣时期。

进入 21 世纪以来,我国信用评价工作获得了较快的发展,国务院有关部门陆续出台了一系列政策措施,加强企业信用建设和评价工作。

2005 年 11 月 25 日,全国整规办和国务院国资委印发《商会协会行业信用建设工作指导意见》,将"对会员企业开展信用评价"列入 6 项商会协会开展行业信用建设工作的主要内容之一,提出"作为鼓励企业守信的重要手段,商会协会可以根据会员企业的守法守规情况、履行行规行约情况等信用信息,对会员企业开展行业信用评价。信用评价内容可以依法进行公示,使信用优良的企业降低交易成本,获得更多的交易机会,从而在全社会范围内形成守信践诺的激励机制。对于涉及企业商业秘密的评价结果,只有经过被评企业授权后才能披露。商会协会开展信用评价要紧密结合行业特点,针对本行业的具体情况设计相应的指标体系和评价程序。信用评价的指标体系和评价程序要做到科学规范、公开公正,要有相应的监督、申诉和复核机制。要广泛宣传商会协会制定的有关信用的行规行约以及信用评价的程序和标准,及时向会员企业通报商会协会信用建设工作的进展情况以及最新的信用评价结果。"

2006年4月24日,全国整顿和规范市场经济秩序领导小组办公室和国务院国有资产监督管理委员会行业协会联系办公室印发《行业信用评价试点工作实施办法》,促进和规范商会协会开展行业信用评价工作,搞好行业信用评价工作试点,确定了试点的范围、内容和目的、申请试点须提交的材料、组织试点的程序与实施、试点工作的监督与评价、行业信用评价结果的应用等内容。

2007年1月15日,全国整顿和规范市场经济秩序领导小组办公室和国务院国有资产监督管理委员会行业协会联系办公室印发《关于加强行业信用评价试点管理工作的通知》,公布了首批行业信用评价试点商会协会名单,共44家商会协会获得了行业信用评价试点资格。截至2015年11月,一共公布了13批行业信用评价参与单位名单,共206家商会协会获得行业信用评价参与单位资格。

2015年8月5日,商务部信用工作办公室和国资委行业协会联系办公室印发《关于进一步做好行业信用评价工作的意见》,进一步规范和促进行业信用评价工作,加快构建以行业组织为主体、第三方机构为支撑、企业广泛参与、政府指导规范、社会监督保障的"五位一体"行业信用体系,同时明确了行业信用评价工作要求及流程。商会协会对企业进行信用等级评价须经过以下流程:

(1)参评单位资质。商会协会应以其主要专业领域的会员企业为评价对象。参评会员企业应在工商行政管理部门注册登记3年以上,并具有两年以上稳定的经营记录。

(2)评价准备。商会协会应向会员企业发放评价公告,组织接受会员企业报名,指导会员企业填写参评申报材料。

(3)实地考察。有条件的商会协会应对参评会员企业进行实地考察,深入了解其生产经营情况。

(4)补充评价资料。商会协会在实地考察或访谈后,可要求参评会员企业补充相关资料,并建立完整的评价工作底稿。

(5)初评。商会协会应根据参评会员企业提供的资料和实地调研结果,在定性和定量分析的基础上,初步确定参评会员企业的信用级别。

(6)公示。商会协会应在行业组织官方网站、协会期刊以及相关媒体上公示初评结果,接受会员企业和社会公众的监督和评议。

(7)终评。公示期结束后,商会协会应组织评审委员会对初评报告及公示反馈意见进行审核。经 2/3 以上评审委员认可的评价结果为最终结果。

商会协会应在确定最终评价结果后的 20 个工作日内,登录"商务部商务信用信息交换共享平台"(xypt.mofcom.gov.cn)录入参评会员企业相关信息,并上传企业信用评价报告电子文本,进行网上备案。不属于申报商会协会会员或已在其他商会协会参评的企业,将被退回不予备案。存在违规失信行为的企业,将被退回且 3 年内不予备案,并被录入商务部"商务领域企业信用信息数据库"失信企业名单。通过审核的企业备案信息及评价结果将在"行业信用评价备案管理"页面和中国市场秩序网上公布。

企业信用等级有效期最长不超过 3 年,最短不低于 1 年。有效期满后,商会协会应对参评会员企业进行复评。复评结果按照前述程序重新进行公示和备案。参评会员企业自愿放弃复评的,原备案信息将自动失效。

商会协会应建立参评会员企业动态管理制度,在信用等级有效期内实时跟踪了解参评会员企业信用状况。对违反国家法律和行政法规且受到行政处罚的参评会员企业,立即撤销其信用等级,并收回相关证书和标牌。对受到举报投诉的参评会员企业,及时核实情况,并视情况对其信用等级做出调整。当参评会员企业信用状况发生变化后,商会协会应及时向社会公布。

第三节　信用评价的方法、范围和原则

一、信用评价的方法

信用评价的方法有很多。由于水利建设市场主体信用评价工作的基本出发点是通过对一系列评价指标进行赋值,并设置相应的指标权重,在此基础上综合所有指标的评价结果,实现对市场主体的信用综合评价的目的。因此,信用评价本质上是属于综合评价问题。而对于综合评价问题,可以采用的评价方法有很多,常见的综合评价方法包括加权求和法、模糊综合方法、主成分分析法、理想解法、灰色理论、物元分析方法等。这些方法各有其特点和最佳适用范围。

1. 加权求和法

加权求和法是较为简单的一种方法,其基本思想是通过对评价指标体系中各指标权重的确定,并对各指标进行赋值,然后求出综合评价值的方法。

该方法较为简单,应用范围广。

2. 模糊综合方法

模糊综合方法是根据模糊数学中所提到的概念和方法,对实际的评价问题,提供一些特定的评价依据,并通过对模糊关系合成的原理,对一些边界不清、不容易定量化的因素,进行量化,进而对其进行数量化评价的一种评价方法[18]。

由于该方法具有很强的适用性,并且操作方法较为简便,能够较好地完成综合评价任务,因此,该方法得到了较为广泛的普及和应用。然而,由于该方法在具体实施综合评价的过程中,在进行数据处理,包括指标权重处理的过程中,主观色彩较为浓厚,这就使评价工作很容易受到评价者自身素质、知识结构体系等方面的影响,因而有可能会导致评价结果失真,不能够很好地反映实际。

3. 主成分分析法

主成分分析法的基本思路概括如下:借助一个正交变换,将分量相关的原随机变量转换成分量不相关的新变量,从代数角度,即将原变量的协方差阵转换成对角阵;从几何角度,即将原变量系统变换成新的正交系统,使之指向样本点散布最开的正交方向,进而对多维变量系统进行降维处理[19-21]。

利用主成分分析法进行综合评价时,具有以下几个方面的缺点[21]:①主成分分析法只是一种"线性"降维技术,只能处理线性问题;②由于运用主成分分析法时,需要对原始数据进行标准化处理,而标准化处理消除了各指标变异程度上的差异,导致无法反映原始数据的全部信息;③利用主成分分析法进行综合评价的实际结果与评价指标间的相关程度高低有关,当指标间相关性小时,每一主成分承载的信息量也就越小。

4. 理想解法

理想解法(TOPSIS)由 Hwang 和 Yoon 于 1981 年提出,直译为逼近理想解的排序方法,是一种多指标决策方法。其基本思路是通过构造多指标问题的理想解和负理想解,并以靠近理想解和远离负理想解两个基准作为评价各对象的判断依据。理想解法基于数据样本本身,具有一定的客观性。然而,在多指标决策过程中往往是统计数据非常有限,加上人为的因素,许多数据波动较大,没有典型的分布规律,直接利用样本数据进行分析难以保证决策结果的正确性[22-23]。

5. 灰色理论

灰色理论最早是由我国邓聚龙教授提出来的,其中涉及很多的具体方法,如灰色预测、灰色关联度评价等。其中，灰色关联度评价方法的思想是选取一系列最优指标组成参考序列，通过计算各待评事物与参考序列的关联程度，根据最大关联度原则，来评判、比较方案的优劣[24]。灰色关联分析法借助关联分析技术进行综合评价，由于其概念明确、计算简单，在评价实践中也经常被采用。但这种方法也存在一些需要进一步探讨的问题，灰色关联度只是对事物的一种模糊式的判定，其精确度并不高，测定的结果具有排序的作用和意义，但取值并不可靠[25]。该方法作为评价方法可靠性不是很强，但可用来结合其他的数学算法共同确定指标权重。

6. 物元分析方法

物元分析（Matter Element Analysis）是我国著名学者蔡文教授20世纪80年代创立的一门新兴学科，是系统科学、思维科学和数学交叉的边缘学科，是贯穿于自然科学和社会科学应用广泛的横断学科[26]。所谓物元，就是描述事物的名称、特征及量值3个基本元素的简称。物元分析是研究物元及其变化并用以解决矛盾问题的规律和方法。通过物元分析，可以将复杂问题形象化，并建立事物多指标、多参数的综合质量评价模型，最终以定量的数值表示评价结果，从而较完整地反映事物质量的综合水平[27]。

考虑到水利建设市场主体信用评价工作本身所涉及的内容多，且数据处理相对简单，因此，采用加权求和法进行信用评价工作。

二、信用评价的范围

国务院《社会信用体系建设规划纲要（2014—2020年）》提出，要制定工程建设市场各方主体和从业人员信用标准，建立企业和从业人员信用评价结果与资质审批、执业资格注册、资质资格取消等审批审核事项的关联管理机制。鉴于国家对土木工程师、建造师、监理工程师、造价工程师等从业人员的资格管理政策正在进行调整，本着先易后难、循序渐进的原则，目前水利建设市场主体信用评价范围先行考虑参与水利工程建设活动的勘察、设计、施工、监理、咨询、招标代理、机械制造、质量检测等从业单位，暂不包括对从业人员的信用评价（目前水利建设从业人员的信用档案已基本建立并在全国水利建设市场主体信用信息平台公开发布信息，在对从业单位的信用评价中也考虑了从业人员的综合素质、信用记录等指标）。随着国家政策法规调整、水利建设市场发展和信用评价实施情况，今后逐步开展对参与水利建设的相关从业人员的信用评价。

三、信用评价的原则

信用评价作为信用管理的重要依据和资本市场健康发展的监测器，必须坚持以下原则。

1. 公开性原则

信用评价公开是指国家信用管理、信用评级行业、信用评级机构的相关制度要公开，合法、及时的信用信息的传播要公开。

2. 公平性原则

在信用评价过程中，评价双方以及评价对象之间的法律地位是平等的，评价机构在进行信用评价时要公平对待，不带有任何偏见。各类评价活动都必须在平等的基础上，按照公平性的原则进行。

3. 公正性原则

信用评价人员应当具备公正的品质，客观公正地评价每个评价对象，合理地采用评估体系。

4. 真实性原则

在信用评价过程中，评价机构应按照合理的程序和方法搜集资料和数据，保证资料和数据的真实、准确，并按照规范的程序对评价对象做出客观评价。

5. 独立性原则

评级机构的内部信用评审委员会成员、评估人员在评价过程中应保持独立性，根据所收集的数据和资料独立做出评判，不能受评级对象及其他外在因素的影响。

6. 审慎性原则

在信用评价资料的分析和判断过程中应持谨慎态度，特别在对定性指标的处理上。在分析基础资料时，应准确指出影响评价对象的潜在风险，对评价对象某些指标的极端情况要做深入分析。

7. 依法原则

在社会主义法治的中国，任何活动的开展都必须在法律允许的范围之内，信用评价活动也不例外。信用评价必须遵守本行业的法律法规和政策，在法律保障的基础上展开。

8. 符合国情原则

信用评价在不同国家、不同地区有着不同的意义，而评价对象本身也存在着较大的社会文化差异性。因此，信用评价必须符合我国国情，充分考虑我国的文化背景和社会经济条件。

第四节 水利建设市场主体信用评价指标与等级

一、水利建设市场主体信用评价指标

勘察、设计、施工、监理、咨询、机械制造、招标代理、质量检测等各类水利建设市场主体的评价标准，均包括综合素质、财务状况、管理水平、市场行为和信用记录等5项一级评价指标，每项一级指标细化为若干二级、三级指标，不同评价类别的二级、三级评价指标分别设置，综合评价考察市场主体的诚信度、合规度和践约度。

1. 评价指标

水利建设市场主体信用评价的指标主要有综合素质、财务状况、管理水平、市场行为和信用记录五个方面。另外，为加大对水利建设市场主体严重失信行为惩戒力度，设置一票否决指标。

（1）综合素质指标。综合素质指标主要是指市场主体的综合情况，包括企业的经营规模、经营年限、人员素质等方面。勘察单位、施工单位、机械制造单位、质量检测单位的综合素质指标评价还包括设备设施情况。

勘察单位的经营规模指标包括工程勘察资质等级、净资产为相应资质标准要求数额的倍数、工程勘察年产值等指标。经营年限指标考察的是勘察年限。人员素质指标考察的是注册（岩土）工程师人数为相应资质标准要求人数的倍数、其他注册工程师人数为相应资质要求人数的倍数、中级（含）以上职称员工占全体员工比例。设备设施指标考察的是主要技术装备情况。

设计单位的经营规模指标包括水利水电工程设计资质等级、净资产为相应资质标准要求数额的倍数、工程设计年产值等指标。经营年限指标考察的是设计年限。人员素质指标考察的是注册（水利水电）工程师人数为相应资质标准要求人数的倍数、其他注册工程师人数为相应资质要求人数的倍数、中级（含）以上职称员工占全体员工比例。

施工单位的经营规模指标包括水利水电工程施工资质等级、净资产为相应资质标准要求数额的倍数、工程施工年产值等指标。经营年限指标考察的是施工年限。人员素质指标考察的是水利水电工程专业注册建造师人数为相应资质标准要求人数的倍数、水利水电相关专业中级以上职称人员达到相应资质标准要求的倍数、持有岗位（培训）证书的现场管理人员达到相应资质标准要求的倍数、中级以上技术工人达到相应资质标准要求的倍数。设备设施指标考察的是固定资产占总资产的比例。

监理单位的经营规模指标包括水利工程建设监理单位资质、净资产为相应资质标准要求数额的倍数、工程监理年产值等指标。经营年限指标考察的是监理年限。人员素质指标考察的是监理工程师人数为相应资质标准要求人数的倍数、总监理工程师人数为相应资质要求人数的倍数、监理工程师和监理员占在职员工总数的比例。

咨询单位的经营规模指标包括水利水电工程咨询资质等级、净资产为相应资质标准要求数额的倍数、工程咨询年产值等指标。经营年限指标考察的是咨询年限。人员素质指标考察的是注册咨询（投资）工程师人数为相应资质标准要求人数的倍数、其他注册工程师人数为相应资质要求人数的倍数、中级（含）以上职称员工占全体员工比例。

机械制造单位的经营规模指标包括生产/使用许可证、净资产、机械制造年产值等指标。经营年限指标考察的是制造年限。人员素质指标考察的是大专（含）以上学历员工占全体员工比例、技师或中级以上职称员工占全体员工的比例。设备设施指标考察的是厂房、设备设施配备。

招标代理单位的经营规模指标包括工程建设项目或中央投资项目招标代理资质等级、净资产为相应资质标准要求数额的倍数、近3年代理水利水电工程中标金额等指标。经营年限指标考察的是招标代理年限。人员素质指标考察的是水利造价工程师人员数量、水利水电相关专业人员数量。

质量检测单位的经营规模指标包括水利工程质量检测单位资质、工程检测年产值等指标。经营年限指标考察的是质量检测年限。人员素质指标考察的是质量检测员人数为相应资质标准要求的倍数、水利水电相关专业中级以上职称比例。设备设施指标考察的是固定资产占总资产的比例。

（2）财务状况指标。财务状况指标是市场主体的盈利能力、偿债能力、运营能力与发展能力的综合反映，同时也将对市场主体的市场竞争力和未来发展产生重要的影响。虽然行业经营领域不同，企业的综合实力和单项财务指标存在较大的差异，但从总体来看，财务状况良好的企业通常经营稳定，发展潜力较大；而财务状况不佳的企业通常会面临不同程度的财务压力，从而影响企业的正常经营。

施工单位、监理单位、招标代理单位、质量检测单位的财务状况指标是相同的。其中，盈利能力考察的是市场主体的主营业务利润率与净资产收益率，偿债能力考察的是企业资产负债率与流动比率，运营能力考察的是应收账款周转率与总资产周转率，发展能力使用的考察指标是企业近3年净资产平均增长率。

1）盈利能力。盈利能力考察市场主体的主营业务利润率与净资产收益率。较强的盈利能力及其稳定性是企业获得足够现金以偿还到期债务的关键因素，充足而稳定的收益能够反映企业良好的管理素质和开拓市场的能力，从而提高企业的财务灵活性。

主营业务利润率＝（主营业务利润/主营业务收入）×100%

净资产收益率＝（净利润/平均净资产）×100%

2）偿债能力。偿债能力考察市场主体的资产负债率与流动比率。偿债能力是指偿还短期债务和长期债务的能力，是经济实力和财务安全性的重要体现，也是衡量市场主体是否稳健经营、信用风险大小的重要尺度。

资产负债率，是指在一定生产经营期间负债总额与全部资产的比率，用于衡量企业利用债权人提供资金进行经营活动的能力，以及反映债权人所提供的资本占全部资本的比例，它反映了企业的长期偿债能力，也反映出企业债权人权益的保障程度。

资产负债率＝（年末负债总额/年末资产总额）×100%

流动比率，是衡量企业流动资产在短期债务到期以前可以变为现金用于偿还流动负债的能力，反映了企业短期偿债能力。

流动比率＝（流动资产/流动负债）×100%

3）运营能力。运营能力考察应收账款周转率与总资产周转率。

应收账款周转率＝（主营业务收入/应收账款平均余额）×100%

其中：应收账款平均余额＝（期初应收账款＋期末应收账款）/2

总资产周转率＝（主营业务收入/平均资产总额）×100%

4）发展能力。发展能力考察企业近3年净资产平均增长率。企业发展能力是指企业通过自身的生产经营活动，不断扩大积累而形成的发展潜能。

近3年净资产平均增长率 $= \left[\sqrt[3]{\dfrac{\text{年末净资产}}{3\text{年前年末净资产}}} - 1 \right] \times 100\%$

（3）管理水平指标。市场主体的管理水平指标是对其管理层素质、制度建设、人力资源管理、信用管理、创新能力与发展战略的综合反映。管理能力对企业经营极为重要，管理者的基本素质、战略定位以及企业内控制度、质量、安全管理的完备性和有效性等，往往左右企业的生存和发展。

8类单位的管理层素质指标、信用管理指标、发展战略指标相同。管理层素质指标包括企业负责人综合素质、技术负责人综合素质、管理团队综合素质。信用管理指标包括信用部门、门户网站、报告披露、平台信息，主要考察市场主体是否设立信用管理部门或明确信用管理归口管理部门，且有专职信用管理工作人员；是否设立门户网站，内容完整并及时更新；是否按照

《企业信息公示暂行条例》及时报送和披露企业年度报告和行政处罚等信息；是否在全国水利建设市场信用信息平台及时公开有关信息，且信息完整、准确。

勘察单位、设计单位、咨询单位的制度建设指标包括管理制度、质量管理体系认证、环境管理体系认证、职业健康安全管理体系认证。人力资源管理指标包括合法用工、近3年专业技术人员年均参培率。创新能力指标包括年度研发经费投入与企业年营业收入比率、近3年主编或参与编制技术标准、近3年获得专利和软件著作权、近3年主编或参编与业务领域相关的行业内的编著专著或培训教材等（正式出版）、近3年在国家级核心期刊或行业内认可的正式期刊发表论文、利用互联网和信息系统开展生产管理等。

监理单位、质量检测单位的制度建设指标包括管理制度、质量管理体系认证、环境管理体系认证、职业健康安全管理体系认证。人力资源管理指标主要是员工聘用及培训。创新能力指标包括近3年主编或参与编制技术标准、近3年主编或参编与业务领域相关的行业内的编著专著或培训教材等（正式出版）、近3年在国家级核心期刊或行业内认可的正式期刊发表论文、利用互联网和信息系统开展生产管理等。其他指标与勘察单位、设计单位、咨询单位相同。

施工单位的制度建设指标包括管理制度、质量管理体系认证、环境管理体系认证、职业健康安全管理体系认证、水利安全生产标准化。人力资源管理指标主要是员工聘用及培训。创新能力指标包括近3年获得科技进步奖或发明奖、近3年主编或参与编制技术标准、近3年获得专利和软件著作权、近3年拥有国家级工法或省部级工法、近3年主编或参编与业务领域相关的行业内的编著专著或培训教材等（正式出版）、近3年在国家级核心期刊或行业内认可的正式期刊发表论文、近3年新工艺和新方法等。

机械制造单位的制度建设指标包括管理制度、质量管理体系认证、环境管理体系认证、职业健康安全管理体系认证。人力资源管理指标包括员工聘用和社保、员工培训。创新能力指标包括高新技术企业、研发机构、近3年主编或参与编制技术标准、近3年获得专利和软件著作权、近3年主编或参编与业务领域相关的行业内的编著专著或培训教材等（正式出版）、近3年新工艺和新方法等。

招标代理单位的制度建设指标包括管理制度、质量管理体系认证、环境管理体系认证、职业健康安全管理体系认证。人力资源管理指标主要是员工聘用及培训。创新能力指标包括近3年主编或参与编制技术标准、近3年获得专利和软件著作权、近3年主编或参编与业务领域相关的行业内的编著专著或培训教材等（正式出版）、近3年在国家级核心期刊或行业内认可的正式期刊发表论文、利用互联网和信息系统开展生产管理等。

（4）市场行为指标。市场行为指标主要包括企业近3年履行合同情况和监督检查情况。为保证市场行为评分的全面、准确、客观，该部分评分根据企业门户网站和水利建设市场信用信息平台披露的近3年水利水电工程施工项目，由项目所在地省级人民政府水行政主管部门打分，最终得分按项目数量加权平均计算权重。

勘察单位的市场行为指标包括近3年履行合同和近3年服务评价及监督检查情况。近3年履行合同指标包括勘察进度、勘察质量、技术服务。近3年服务评价及监督检查情况指标包括技术审查合格性评价、质量安全监督和稽查以及监督检查发现问题。

设计单位的市场行为指标包括近3年履行合同和近3年服务评价及监督检查情况。近3年履行合同指标包括设计进度、设计质量、技术服务。近3年服务评价及监督检查情况指标包括技术审查合格性评价、质量安全监督和稽查以及监督检查发现问题。

施工单位的市场行为指标包括近3年监督检查和近3年履行合同。近3年监督检查指标主要是指质量安全监督、稽查、监督检查发现问题。近3年履行合同指标包括施工质量、安全生产、资源到位、施工进度。

监理单位的市场行为指标包括近3年监督检查和近3年履行合同。近3年监督检查指标主要是指质量安全监督、稽查、监督检查发现问题。近3年履行合同指标包括质量控制、安全控制和文明施工监督、人员到位、现场服务。

咨询单位的市场行为指标包括近3年履行合同和近3年监督检查。近3年履行合同指标包括咨询进度、咨询质量、技术服务。近3年监督检查指标主要是指质量安全监督、稽查、监督检查发现问题。

机械制造单位的市场行为指标包括近3年监督检查和近3年履行合同。近3年监督检查指标主要是指质量安全监督、稽查、监督检查发现问题。近3年履行合同指标包括产品质量、安全生产、供货进度、售后服务。

招标代理单位的市场行为指标包括近3年行政监督评价和近3年履行合同。近3年行政监督评价指标主要是指质量安全监督、稽查、监督检查发现问题。近3年履行合同指标包括专业水平、职业素质、人员配备、组织协调、招标质量。

质量检测单位的市场行为指标包括近3年监督检查和近3年履行合同。近3年监督检查指标主要是指质量安全监督、稽查、监督检查发现问题。近3年履行合同指标包括质量控制、安全和文明检测、资源到位、检测能力。

(5) 信用记录指标。企业信用记录指标主要是指企业近 3 年良好行为记录、近 3 年不良行为记录以及近 3 年最新信用评价记录的情况。其中,良好行为记录是指获得县级以上人民政府、水行政主管部门、流域管理机构或相关专业部门、有关社会团体的奖励和表彰,以及参与抢险救灾、慈善公益活动的记录;不良行为记录是指违反有关法律、法规和规章,受到县级以上人民政府、水行政主管部门或相关专业部门的行政处理所作的记录,包括企业法定代表人、主要负责人、执业人员的不良行为记录、企业资质、招标投标、质量安全、合同履约等方面的不良行为记录,以及公检法、工商、税务和金融等方面的不良行为记录;信用评价记录主要考察市场主体获得的市(地)级及以上工商、税务、金融、质检、安全、环保等信用评价诚信等级,旨在实现与其他部门、行业信用评价的联动,评为诚信等级的相应加分,评为失信等级的相应扣分。

(6) 一票否决指标。评价指标体系中设置一票否决项。规定:凡是企业近 3 年发生出借、借用资质证书进行投标或承接工程;围标、串标;转包或违法分包所承揽工程;有行贿、受贿违法记录;对重(特)大质量事故和生产安全事故负有直接责任;公开信息隐瞒、弄虚作假等 6 种严重失信行为的,其信用等级直接认定为最低评价等级。

2. 一级指标权重

权重是针对某一指标而言在整体评价中的相对重要程度,是对不同层面指标重要程度的定量分配。按照评价指标层次逐一确定权重,首先确定一级指标权重,然后依次确定二级指标和三级指标的权重。指标的权重分布充分体现行业特点,突出信用评价因素,保证信用评价的科学性和准确性。每个指标的变动区间都对应准确的评分标准,尽量减少自由裁量权。为统筹兼顾小型、微型企业的得分能力,对于工程施工年产值指标,按照资质等级不同分别确定评分标准;在创新能力对应的三级指标设计多项得分内容,同时规定三级指标评价总得分不超过上一级指标总分。

水利建设市场主体信用评价指标及权重情况见表 5-2。

二、水利建设市场主体信用信用等级

信用等级是企业信用价值的评价结论以量化的形式表现出来的方式。国内外信用评价的等级少则三级、五级,多则九级、十一级,个别还有更多等级的。水利建设市场主体信用等级目前分为 AAA、AA、A、BBB 和 CCC 三等五级,各信用等级对应的评价指标得分 X 分别确定为:

AAA 级:90 分$\leqslant X \leqslant$100 分,表示信用很好;

AA 级：80 分≤X<90 分，表示信用好；

A 级：70 分≤X<80 分，表示信用较好；

BBB 级：60 分≤X<70 分，表示信用一般；

CCC 级：X<60 分，表示信用较差。

表 5－2　水利建设市场主体信用评价指标及权重表

市场主体	一级指标	综合素质	财务状况	管理水平	市场行为	信用记录
勘察单位	二级指标/个	8	9	20	5	9
	指标权重/%	18	8	22	25	27
设计单位	二级指标/个	7	9	20	5	9
	指标权重/%	18	8	22	25	27
施工单位	二级指标/个	9	7	21	5	7
	指标权重/%	15	12	21	27	25
监理单位	二级指标/个	7	7	17	5	7
	指标权重/%	15	8	22	30	25
咨询单位	二级指标/个	7	9	20	4	9
	指标权重/%	18	8	22	25	27
机械制造单位	二级指标/个	7	8	20	5	7
	指标权重/%	15	12	21	27	25
招标代理单位	二级指标/个	6	7	18	6	7
	指标权重/%	15	8	22	30	25
质量检测单位	二级指标/个	6	7	17	5	7
	指标权重/%	15	8	22	30	25

在具体确定水利建设市场主体信用等级时，采用加权求和法。采用该方法进行水利建设市场主体评价，其具体的公式如下：

假设水利建设市场主体信用等级评价指标体系中共有 m 个一级指标，其中第 i（$i=1,2,\cdots,m$）个一级指标设有 n_i 个二级指标。记各二级指标的评价值为 x_{ij}，各二级指标相对于目标层的权重为 w_{ij}，且 $\sum_{i=1}^{m}\sum_{j=1}^{n_i}w_{ij}=1$，则 $X=\sum_{i=1}^{m}\sum_{j=1}^{n_i}w_{ij}x_{ij}$。

第五节　水利建设市场主体信用评价管理与结果运用

一、水利建设市场主体信用评价管理

按照"政府主导，统一组织，社会中介机构承担"的水利建设市场主体信用评价方式，主要由政府部门委托的信用评价机构（以下简称"评价机构"）具体负责水利建设市场主体信用评价工作。评价机构在接到水利建设市场主体信用评价申请后，通过收集评价指标体系中的信息，予以赋值，并运用加权求和法，确定水利建设市场主体信用评价值，进而确定出信用等级。

1. 水利建设市场主体信用评价程序

水利建设市场主体信用评价工作原则上每年开展 1 次。申请信用评价的水利建设市场主体，应当依法登记从业满 3 年并在全国水利建设市场主体信用信息平台建立信用档案。如果申请人具有多项资质的，可以同时申请两项或者两项以上类型的信用评价。

申请人申请信用评价，应当向评价机构提供以下材料：①水利建设市场主体信用评价申请表；②企业营业执照、资质证书复印件，人员和设备材料；③管理制度及质量、安全、环境管理体系认证材料；④人力资源管理、信用管理、技术创新、发展战略等材料；⑤近 3 年会计师事务所出具的审计报告；⑥近 3 年参建与评价类型对应并在全国水利建设市场信用信息平台记录的水利水电工程项目清单，包括合同名称、合同额、建设地点、项目法人、开竣工时间等；⑦近 3 年获得的各种奖励、处罚等材料；⑧近 3 年参加工商、税务、金融机构等信用评价材料。申请人对申请材料的真实性、有效性负责。其中，《企业信息公示暂行条例》中规定的市场主体必须公开的内容和水利工程建设领域信用信息基本指导目录中包括的内容，应在全国水利建设市场信用信息平台公开，作为评价依据。

评价机构应当成立信用评价委员会，组织信用评价专家组，按照评价标准规定的评价指标及评分标准，在统计有关流域管理机构、省级水行政主管部门对市场行为评分的基础上，计算信用评价分值，提出初评意见。

评价机构可根据需要对申请评价的市场主体申报信息进行现场调查核实，相关流域管理机构、地方水行政主管部门、项目主管部门（单位）、项目法人、市场主体应给予配合，提供相关材料。

评价机构应将市场主体信用评价初评意见在全国水利建设市场信用信息平台进行公示，接受社会监督，公示期为 7 天。对市场主体信用评价初评意

见有异议的,应当在公示期满前,以书面方式向评价机构提出异议,说明理由并提供相关证明材料。评价机构应当在20个工作日内对提出的异议完成复核。评价机构应当自信用评价结果确定后5个工作日内,将评价结果提交国务院水行政主管部门,在门户网站和全国水利建设市场信用信息平台上发布,并向社会公告。

水利建设市场主体信用评价程序见图5-1。

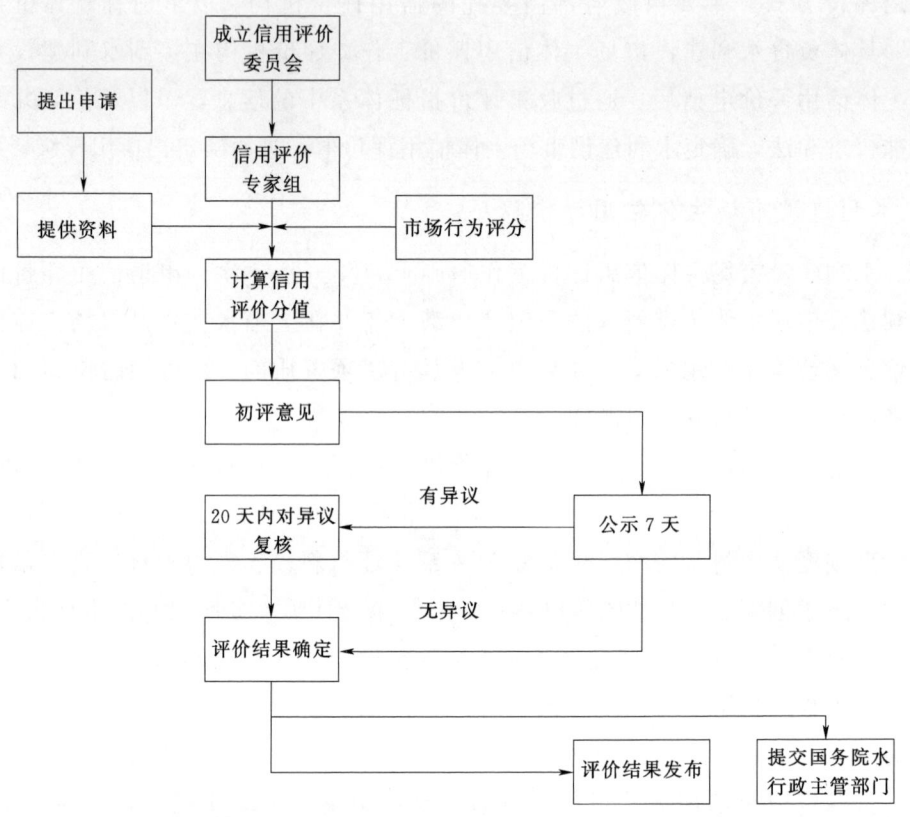

图5-1 水利建设市场主体信用评价程序示意图

2. 水利建设市场主体信用评价的动态管理

水利建设市场主体信用评价结果有效期为3年。3年期满后,水利建设市场主体应重新申请信用评价,原信用评价结果逾期作废。

水利建设市场主体取得信用等级1年后,可申请信用等级升级。升级评价程序按照水利建设市场主体信用评价程序执行。

评价机构应对所评价水利建设市场主体的不良行为记录定期进行汇总,每年对有不良行为记录的市场主体全面复评一次(市场主体应根据评价机构的要求提交材料),按照本办法第三章的规定履行评价、公示和公告程序,重新核定信用等级。

水利建设市场主体信用评价实行一票否决制,凡发生严重失信行为的,其信用等级一律为CCC级;取得BBB级(含)以上信用等级的水利建设市场主体发生严重失信行为的,应立即将其信用等级降为CCC级并向社会公布,3年内不受理其升级申请。严重失信行为包括:①出借、借用资质证书进行投标或承接工程;②围标、串标;③转包或违法分包所承揽工程;④有行贿、受贿违法记录;⑤对重(特)大质量事故、生产安全事故负有直接责任;⑥公开信息隐瞒真实情况、弄虚作假。

二、水利建设市场主体信用评价结果运用

水利建设市场主体的信用评价结果应记入其信用档案,并在全国水利建设市场信用信息平台上向社会公布。各级水行政主管部门、项目主管部门(单位)、项目法人和有关单位应在招标投标、政府采购、行政审批、市场准入、资质管理、评优评奖、日常监管等工作中,积极应用信用评价结果,实行市场主体信用分类监管,建立健全守信激励失信惩戒机制。对守信市场主体在招标投标活动中给予优待,在行政审批、市场准入中予以优先办理、简化审核程序,在日常监督检查中适当简化监督程序、减少检查频次;对信用等级为AAA级的市场主体,列入水利建设市场主体诚信红名单。对失信市场主体实施惩戒,对存在严重失信行为的市场主体列入水利建设市场主体失信黑名单,依法实行市场禁入,形成"一处违法,处处受限"的联合惩戒机制。

第六章
水利建设市场信用奖惩机制

第一节 信用奖惩机制概述

一、信用奖惩机制的内涵

信用惩戒机制是指各相关机构综合运用法律、行政、经济、道德等多种手段，使守信者得到各种方便和利益，获得更多的市场机会，不断发展和壮大；使失信者付出与其行为相应的经济和名誉代价，直至被市场淘汰，是一种"市场联防"的机制。信用奖惩机制包含两个方面的内容：即对守信者的激励和对失信者的惩戒。通过对守信者的激励，引导企业和个人诚实守信，通过对失信者的惩戒迫使企业和个人诚实守信。对守信者的激励与对失信者的惩戒是对立统一的关系，有惩戒就有激励，而有激励就有惩戒，不能离开激励谈惩戒，也不能离开惩戒谈激励。

信用体系建设中的守信激励是指给守信者提供发展机遇和发展空间，比如，有关部门对守信者在同等条件下招标投标优先等，而不仅仅是表彰奖励；失信惩戒是指对失信者在一定时期内限制其发展机会和发展空间，包含了隐形惩罚和市场交易主体拒绝与其合作的市场联防机制，比如，银行业金融机构对拖欠债务的企业和个人在贷款额度和利率方面给予限制，对逃避金融债务的企业和个人不予贷款支持，对失信企业一定时间区域内的市场交易限制等。

现实经济社会中，失信行为往往表现为一种隐性的投机取巧行为，投机取巧行为的监督成本很高，或者由于投机取巧行为的隐蔽性，难以诉诸法律制裁。这种失信行为一般影响了市场交易主体心理层面的交易动机，市场交易主体基于自身利益的考虑会拒绝与失信者合作。因此，绝不能简单地把信用体系建设中的失信惩戒机制与行政措施中的奖励和处罚完全等同起来，以为激励就是对守信者给予表彰奖励，比如，授予诚实守信称号等，或者以为惩戒就是对失信者给予行政惩罚，比如罚款、吊销营业执照等，就混淆了行政表彰奖励、惩罚和司法处置措施与社会信用体系建设所讲的激励和惩戒的界限。

二、信用奖惩机制的功能

按照行为心理学理论，信用奖惩机制应该具有四项功能：惩罚功能、威慑功能、激励功能和示范功能。

（1）惩罚功能，即直接采用经济手段惩罚失信主体，将有严重失信行为的市场主体从市场上淘汰出去。在市场经济活动中，许多失信行为是不道德的，但又没有触犯法律，往往界乎于道德失范和犯罪之间，不便于依靠司法形式解决；即使是司法审判，也存在相当比例的执行难问题。信用奖惩机制所要对付的违约失信行为就属于这种类型的经济失信行为，所实施的惩罚是围绕着经济性质的处罚进行的，而且必须是实质性的，不能仅停留在道德谴责的层面。

（2）威慑功能，即对潜在失信者产生震慑和警示。现实失信者的受罚对潜在失信者产生警示作用，使后者在权衡失信成本与投机获益之后，做出信守承诺的正确的选择，因此，在惩戒力度设计上，只有使失信成本远大于投机获益，才能起到震慑和警示作用，使失信的动机消灭在萌芽状态。

（3）激励功能，即对诚实守信的市场主体进行奖励，使政策向守信主体"倾斜"，有关部门通过市场准入优先、资质和资格晋升、信用等级提升、政府采购和纳税缴费方面优待、其他物质和荣誉奖励等，间接地降低守信主体获取资本和技术的"门槛"，使守信者实实在在地获得现实和潜在的经济利益，充分体现"诚信不吃亏"的真谛，以有效激励守信者持之以恒地诚信履约。

（4）示范功能，即守信者获得诸多授信主体的物质、荣誉奖励和信用等级提升，其社会地位、行业地位显著提高，市场竞争优势节节攀升，并通过媒体的传播，为同行者起到示范作用。

信用奖惩机制具有对任何社会主体的守信和失信行为进行奖惩的作用，并且对失信行为的打击是主动的，它不对任何企业和个人预先告知，也不对失信者进行任何思想道德方面的教化，甚至在失信行为者不知情的情况下，通过征信系统的功能扩展，就开始实施对其显性或隐性处罚。随着现代信息技术的发展，信用奖惩机制的覆盖范围宽泛，失信记录在全国甚至全球范围内传播。如近期发生的德国大众汽车"尾气门"事件，全球最大的汽车生产商德国大众汽车公司利用"作弊"软件通过美国尾气排放检测，事件经媒体曝光后，大众汽车公司的股价一天之内下跌 20%，不仅在美国可能面临高达 180 亿美元的天价罚单和刑事犯罪调查，还广泛引起了全世界各国的关注和调查，整个大众公司乃至德国制造都经历着一场空前未有的"信任危机"。

信用奖惩机制的作用是"无孔不入"的，在社会上全面渗透，是加在任何市场参与者头上的一个"紧箍咒"和"指引"，对守信者是一种激励和导向，对任何失信者的震慑和打击都是"一视同仁"的，而且是制度化的。一方面对各类失信者实施有效的经济性打击，并让失信者受到相当长时间的社会联防的惩戒，同时也要在失信者付出惨痛代价之后，给予失信者改过的机会。例如美国的法律规定，个人失信记录最多被保存 7 年，个人破产记录最多被保存 10 年。

三、信用奖惩机制的理论依据

1. 强化理论

强化理论，又称操作条件反射理论、行为修正理论，是由美国心理学家、行为科学家斯金纳（B. F. Skinner）等提出的，用以解释和分析影响人做出行为的因素。该理论认为，人不存在尊严和自由，他是否做出某种行为，考虑的唯一影响因素是这种行为的后果，而与其他任何环境条件及人的性格、品格等无关。当某种行为产生的结果使人本身受益，那么他会因利益的驱使反复做出同样的行为，即呈现出正强化（即激励）的作用；当行为产生的结果损害了人的自身利益，或者付出的成本大于获得的收益，那么他就自然而然地不会采取同一行为，这种行为就会减弱甚至逐渐消失，即呈现出负强化（即惩戒）的作用。

根据人的这一行为学特点，管理学中运用强化理论，根据正强化或负强化的方法，通过鼓励或惩戒的方式来修正人们的行为，从而使被管理者产生管理者希望的行为，减少或消除管理者不希望或者禁止的行为。

尽管强化理论是根据个体心理、行为特征规律而得到的理论观点，但实质上依然适用于组织，这是因为组织的决策往往是由组织的管理高层做出的，而管理高层团队，在组织管理文化的影响、管理层级的权力统治及日常管理沟通的潜移默化下，其思维方式、行事风格和决策过程一定受到隐含主控模式的影响，正是这种隐含主控模式使组织的管理高层决策行为最终能达成一致，从而具备个体行为特征。

2. 社会正义原则

社会正义原则是信用奖惩机制的基石。正如亚当·斯密所说："正义犹如支撑整个大厦的主要支柱,如果这根柱子松动的话,那么人类社会这个雄伟而巨大的建筑必然会在顷刻之间土崩瓦解。"而罗尔斯也认为,"社会公正是人类时代追求的'基本善',是社会发展中最基本的价值目标"。

按照马克思主义观点,正义并不是一个抽象的社会道德伦理问题,而是一个与一定经济、阶级相联系的历史范畴[28]。它在各个不同的具体历史阶段里往往有着不同的内涵和理解,正义原则的具体内容不可能是永恒的,任何类型的正义原则都需要有一定的历史依据。社会正义原则有形式原则和现实原则之分。形式原则虽然提出了"同样的情况应当同样地对待""给人以正当的利益相称"等精神意向,并赋予了其法律地位,但因为未明确指出如何才能实现正当的利益相称,对平等而言,它并未明确界定平等的具体内容,故而缺乏对行为具体指导的实用性。它并未明确界定平等的具体内容,故而缺乏对行为具体指导的实用性。

包括三条基本的伦理原则:贡献原则、平等原则和社会补偿原则。

(1)贡献原则。简单地说,贡献原则就是按照贡献分配权利,贡献越多,权利应越多;贡献越少,权利应越少。"使每个社会成员按其贡献的大小,各自得到最大的富裕和福利。"[29] "社会成员应根据其贡献来获得因他提供的服务而应得的一份收入。"[30] 但是按贡献分配权利并不意味贡献与权利的绝对相等,有多少贡献必定得到多少权利。因为从法律和道德角度看,权利作为一种利益要求,是一种特殊的索取,而义务可视为对社会必须做出的贡献。因此权利与义务必须等价交换才是公正的。也就是说,按照贡献分配权利,绝不是指权利与贡献相等,而仅仅是指权利与贡献应该成正比。社会应该按贡献分配权利,按权利分配义务。

(2)平等原则。当我们依据贡献对每个人的基本权利与非基本权利进行分配时,便会发现正义的根本原则乃是"平等"。每个人因其最基本的贡献完全平等——每个人一生下来便都同样是缔结、创建社会的一个股东而应该完全平等地享有基本权利、完全平等地享有人权,这是正义的完全平等原则;另一方面,每个人因其具体贡献的不平等而应享有相应不平等的非基本权利,也就是说,人们所享有的非基本权利的不平等与自己所做出的具体贡献的不平等比例应该完全平等,这是正义的比例平等原则。

(3)社会补偿原则。社会补偿原则是以社会补偿的方式来避免社会和经济的不平等造成的不公正,如同罗尔斯在正义论(1988)中所说的获利较多者必须通过社会给获利较少者以相应的权利补偿:"社会和经济的不平等(例如财富和权力的不平等),只要其结果能给每个人,尤其是那些最少受惠的社会成员带来补偿利益,它们就是正义的。"社会补偿原则就是以社会补偿的方式，使社会最少受惠者收益。

第二节　信用奖惩机制运行机理

一、信用奖惩机制的运行机理

根据前面所述强化理论的观点，人们会通过对过去的行为和行为结果的学习来影响将来的行为。当行为结果对他有利时，就会趋向于重复这种行为，当行为结果对他不利时，这种行为就会趋向于减弱或消失。信用奖惩机制实质上是斯金纳的"强化理论"在市场信用管理中的应用。信用惩戒是通过减少失信者的现时与未来利益，惩戒其失信行为；而信用奖励是通过增加守信者的现时与未来利益，激励其守信行为。显然，信用惩戒与激励，作用的对象是过去、现时以及未来的水利建设市场主体。惩戒与奖励的根本目的在于"维护"，即维护正常的水利建设市场秩序，保障社会公众的利益。

在发达国家的市场实践中，信用奖惩机制的工作原理是：征信机构和政府监管部门建立起大型的信用数据库，信用数据库包括市场活动主体（政府、企业、个人）的信用信息，政府的监管信息，行业协会、信用中介服务机构征集的信用信息（包括信用评级、授信额度等），市场上的所有授信人通过方便的通讯手段，依托大型信用数据库，取得潜在交易对方的守信和失信记录，优先与守信记录者进行信用交易，拒绝与有失信记录者进行信用交易（包括雇主不录用有严重失信记录的申请人），使失信者的交易成本和家庭生活成本大幅度增加，造成对失信者的强大心理打击，形成全社会对失信者的联防。信用奖惩机制运行原理见图6-1。

1. 市场奖励与惩罚

恩格斯曾经明确阐述过："现代政治学的规律之一就是，资本主义生产越发展，它就越不能采用作为它早期阶段的那些小的哄骗和欺诈手段。这些狡猾手段在大市场上已经不合算了，那里时间就是金钱，那里商业道德必然发展到一定水平，其所以如此，并不是出于伦理的狂热，而纯粹是为了不白费时间和辛苦。"这种对失信的过滤与淘汰功能的发挥完全依赖于市场体系的完善。显然，从图6-1中所示的市场授信主体拒绝与失信者交易，就是市场对失信者的实质性惩戒，失信者在心理上和经济上必然受到很大的打击，在一定时期内难于参加市场竞争，直到失信记录期限终结为止。这种实质性惩戒促使"失信者"在其后的交易过程中，努力兑现承诺，改善自己的信用，一些良好的信用记录将通过征信系统进入信用信息数据库，这是曾经的"失信者"积累信用资本、进入信用良性循环和打开市场局面的必由之路。当然市场授信主体是否愿意利用征信数据库的信用信息和是否与失信者签约,还取决于市场规律或市场这只"看不见的手"是否强有力。如果失信者侥幸获得交易,其有两种选择,一是"改恶从善",诚信履约;二是继续失信。不过,随着社会信用环境的迅速改善,失信者迟早要受到惩罚。另外,不管获得交易的是守信者还是侥幸的失信者,一旦在交易过程中发生不良信用记录,都会通过征信系统进入信用数据库,不良信用行为者将会受到新的惩戒。

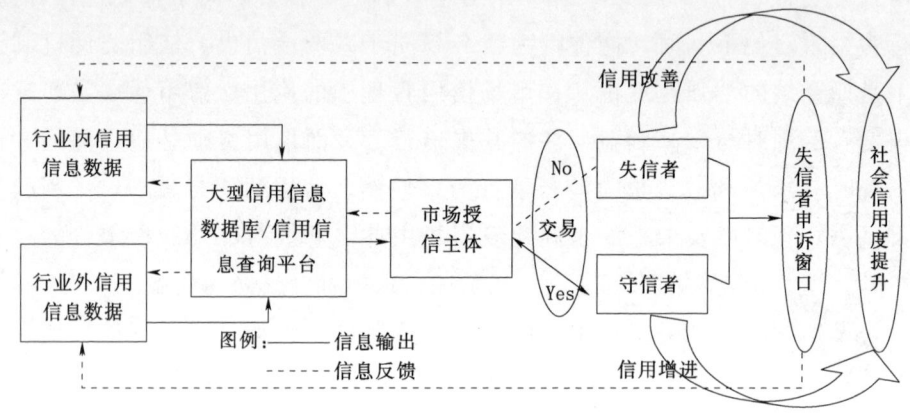

图 6-1　信用奖惩机制运行原理图

2. 政府激励与约束

纵观市场经济的发展历程,信息不对称的条件下,市场这只"看不见的手"有其天然的内在缺陷,因此,必须借助于政府这只"看得见的手"规制市场,信用奖惩机制也不例外。

出于社会有序发展的需要,人类的理性凝结出各种行为规范,引导和约束人们的任意行为。法律就是社会有序发展中最低限度的要求和规定。法律的公正不单体现在法律制度安排的合理上,更体现为对守法者的保护和对违法行径的相应惩治,即政府通过强制手段制裁违法者,剥夺其在社会中的行动自由、政治权力乃至生命,或使其经济受损等。水利建设市场中的失信行为是失信者对市场交易主体合法权益的侵害,必须受到法律制裁,使受害者获得"法律救济"。

西方发达的市场经济国家,不仅信用的法律制度体系周密和详尽,而且惩罚力度大,触及利益神经,使违法具有高风险性和高成本性,逼迫社会成员在利害权衡中,守信遵法。在美国司法部门的追究下,美国历史上最大商业欺诈案主角,安然公司前 CEO 斯基林被重判 24 年零 4 个月徒刑,近 20 名高管都承认有罪,并被处以刑事严惩,如首席财务官法斯托被判 6 年徒刑,出纳本·基利森被判5年。此外，造假者还要接受罚款。法斯托被罚3000万美元，斯基林被罚1800万美元。美国政府表示，还将追缴斯基林从安然公司盗取的高达1.8亿美元的财富。即使是已过世的安然前董事长肯尼斯·莱，也无法在财产上逃脱司法追究。按照美国劳工部的方案，莱家族可以和政府和解，但前提是必须交出1200万美元的赔偿。而涉案企业则全部付出代价，安达信受到为安然制造假账的影响而迅速解体。花旗集团、摩根大通、美洲银行等也因涉嫌财务欺诈被勒令支付数十亿美元的赔偿金。

作为有限理性的经济人，人们对遵守或违背的法律的行为选择，是由法律成本与法律收益二者之间权衡而定的。在法治不完善的社会中，由于法律本身的漏洞，或司法廉洁和办事能力的问题，或实施法律的主体——国家腐败横行，就会出现违法收益远远大于违法成本的扭曲现象，导致法律风险系数过低，出现较大的或然性，这在一定程度上将怂恿人们对法律的藐视，践踏法律的权威。可见，失信受到严惩，具有法律风险和违法成本，是法律公正的必然。

3. 道德激励与约束

对水利建设市场失信行为奖惩不仅从法律和经济方面得以实现，还可以借助道德层面的手段。在失信过程中，失信者虽然能够获得物质方面的利益，但其（组织）人格形象会受到极大的损害，以至于他的其他行为也会因之受到人们（知其失信行为的人）的怀疑和猜测，而失去人们对其信任。相对于容易补偿的经济利益方面的得失，（组织）人格信誉却是信用行为长期积淀的凝结物。因此，当失信行为一旦在人们的心中留下较深的印象后，要想挽回（商业）信誉，常常要加倍付出，而且不是一蹴而就的，可能要付出几年甚至几十年的时间。

当然需要说明的是，道德谴责属于软约束，最终还是要映射到市场或法律机制方能起到实质性激励与约束。

信用奖惩机制必须具有可操作性，除具备对失信主体进行惩戒的功能之外，同时还具有对守信主体给予奖励的作用。因为征信数据库会主动记录诚实守信的信息并加以积累和加权，并给予信用品质优良的市场参与主体以相应的评价（如信用评级、风险指数、信用评分等工具），使守信者的信用价值得以提升，取得实质性的物质和精神奖励。由此可见，最重要的环节是允许征信数据库主动采集失信企业和个人的不良记录，并通过各政府渠道和征信机构，合法地将其信用信息向社会公开，并无偿提供给有需要的授信机构。至于授信机构是否会且愿意利用征信数据库的信用记录，以及是否拒绝与失信者进行交易，只能依靠市场规律行事。政府和征信机构的角色是倡导和扶持，让各类授信机构和其他市场联防单位逐渐发育成熟起来。

4. 申诉机制

失信惩戒是信用激励的一个重要方面，惩戒的形式是对失信主体进行经济惩罚，但失信者往往对"失信事件"有异议，按照公平、公正的原则，必须给被惩戒者提供申诉机会，制定和建立相应的申诉程序和申诉渠道。一般申诉的程序可概括为：提出申诉、核实"失信"信息、更正或说明、答复等环节，即由拟被惩戒的市场主体提出书面申诉文件交政府信用监管部门专设的申诉受理窗口，政府信用监管部门接到申诉文件后，要求信用记录机构和征信机构进行查证、核实，然后根据复核结果进行更正或说明，最后由征信部门在规定的时间内作出答复。需要说明的是，信用记录机构和信用信息征信机构可按以下几点来处理市场主体有异议的"失信"事件。①由信息记录机构自身原因导致记录错误的，该信息记录机构可以上报上级机关，经批准后修改记录并答复申诉者；②申诉者确实存在不良记录，但属非主观原因的，可以要求申诉者提出书面证明或说明材料，由信息记录机构根据申诉者提供的书面材料，补充记录相关原因作为原记录的附注，但不得修改原记录，待法律规定的有效期限届满后原记录自动消除；③对于确实有失信行为的主体，申诉受理窗口要做好诚信教育，辅导失信主体重建信用。

二、信用奖惩机制的工作内容

信用奖惩机制中重要的工作内容是建立失信企业和个人的"黑名单"系统，并以合法的形式向合法的用户传播该系统中所记录的信息。所谓"黑名单"系统实际上是由"黑名单""灰名单"和"红名单"组成的，而不仅仅只有"黑名单"。根据失信行为的严重程度，"黑名单"系统会按照一定的规则，将失信信息分别归入"黑名单"或"灰名单"；对于良好信息，"黑名单"系统则会自动将其归入"红名单"。"黑名单"和"红名单"会向社会公开，易于传播和用户查询。"灰名单"可用于对失信主体的风险预警，一般不会对外公开，它是征信数据库中的"预警系统"，也是失信者向"黑名单"和信用修复系统转化的过渡。"黑名单"系统构成见图 6-2。

对于黑名单制作方式有依靠市场自然形成与政府发布两种完全不同的理念和做法。以美国为代表的市场自然形成的"黑名单"，是对失信记录进行处理时"基于事实，且仅基于事实"，对信用行为的评价是由信用信息的使用者自行判断与决定。而另一种做法则是，"黑名单"由有关政府部门或者声誉卓著的征信机构发布。这种黑名单制作方式需要经过一系列的信息处理和信用评分过程，并且力图"科学"解释与寻求相关失信者被登录到"黑名单"的

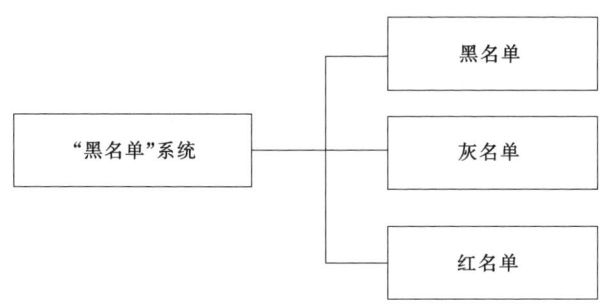

图 6-2 "黑名单"系统示意图

理由和证据。具有监管功能的政府部门和其他查询者只需要了解被列在"黑名单"上的市场主体有足够严重的失信行为，就可以依据信用信息对它们采取联防和相应的处罚措施。

基于我国信用法律体系和信用服务机构现状，以及水利建设市场信息的公共物品性质，现阶段建议水利建设市场信用的"黑名单"宜采用后一种做法。即由政府部门主导建设信用征信平台，并公示"黑名单"不但可以增强黑名单的权威性，政府的有关监管部门还可以依据征信数据库的记录做出判断，便于对失信者实施行政性处罚与奖励。

各种名单设计的科学性和应用效果将直接影响信用奖惩机制的工作效率。因此需要考虑影响信用的因素有哪些？单个信用因素如何评价？信用因素如何综合评价？如何考虑信用因素的动态变化？"黑名单""灰名单"和"红名单"之间的区分界限如何合理确定？显然，信用评价机制是信用奖惩机制的基础工作内容。

第三节　国内外信用奖惩机制的经验借鉴

一、世界主要发达国家信用奖惩机制的经验借鉴

纵观世界主要发达国家的社会信用体系的发展历程，主要有三种模式，分别是以法国、德国等欧洲大陆国家为代表的政府驱动模式，以美国、英国、加拿大为代表的市场驱动模式，以及以日本为代表的行业协会驱动模式，并在此基础上形成各自的信用奖惩机制，主要以失信惩戒为主，且普遍具有信用奖惩依据的合法合规性、形式的多样性、主体的多层次性以及手段的灵活性等典型特征。

1. 信用奖惩机制的合法性

世界主要发达国家的社会信用体系以及派生出的信用奖惩机制都是建立

在较为完备的信用立法基础上的,且都有保护个人信息隐私的相关立法,但并没有关于信用奖惩的专项法律法规(见表6-1)。

表6-1 世界主要发达国家信用立法一览表

信用体系模式	代表国家	相关法律框架		备注
市场驱动	美国	基础性法律	《信息自由法》《个人隐私保护法》《联邦破产法》	法律完善,涉及信用信息的公开、采集、加工、销售和使用的全过程
		主干性法律	《公平信用报告法》《消费者信用报告革新法》	
		配套性法律	《诚信借贷法》《公平信用结账法》	
	英国	《消费信用法》《数据保护法》《公司法》《信息自由法》		信用立法主要涉及想法信贷和数据保护两个方面
政府驱动	德国	《信息自由法》《个人数据保护法》《分期付款销售法》		比较注重个人隐私保护
行业协会驱动	日本	《信息公开法草案》《分期付款销售法》《关于行政机构所保护的信息公开条例》		日本的消费者信息不完全公开,只是在协会成员之间交换使用
银行驱动	新加坡	《银行法》《破产法》		征信机构是由银行主导建立的,其立法也是在银行法律体系框架下设计的

2. 信用奖惩主体的多层次性

主要发达国家信用奖惩的主体是多层次的,可以是政府机构、司法机关,也可以是法律授权或政府委托的民间机构,如在美国,最重要的信用执法机关是联邦贸易委员会、联邦储备委员会、财政部,还可以是社会信用中介机构。一般而言,奖惩体现为政府行为,之后转化为民间行为。政府执行机构的作用是制定和完善相关信用法律,对失信行为进行法律上的界定,并制定相应的惩戒措施。另外政府可以将对被判定有不良信用记录的责任人和处罚决定公告给社会全体成员,让他们根据处罚通知一致拒绝同被处罚者进行交易。社会上的惩戒机构主要是依靠各类信用服务公司生产与销售信用产品,从而对失信者产生强大约束力和威慑力;依靠信用产品负面信息的传播和一定期限内的行为限制，使失信者必须付出昂贵的失信成本。由此可见，阻止有不良信用记录的人在任何方面有所发展或进入主流社会是惩罚目的，并非让他不能生存，这也体现了惩戒的价值目标。

3. 信用奖惩形式的多样性

运用法律、经济、行政、道德、舆论、宗教等多种形式，惩戒失信者的失信行为。一是法律约束。世界主要发达国家和地区有较为健全的法律体系，它是正常的信用关系得以维系的保障。依靠法律力量，运用法律的威慑力和惩罚力惩治失信，使法律真正成为维护信用关系、保护债权人合法权益、追究违约侵权责任的有力武器。二是非法律约束。它包括道德、行政、舆论、宗教等非法律约束来加以制约和管理。道德约束是法律约束的前提，信用实质是依靠基于社会主体之间的信任和诚信的理念来维系，依靠市场经济条件下的信用道德规范来维系。舆论约束，包括公众舆论、媒体舆论的监督。它虽不具备强制力，但因其曝光面广而具有广泛的影响力和约束力。宗教手段，在西方的传统观念中，信用和西方基督教文化观念是相联系的。三是经济约束。上述约束手段包括法律的和非法律的，使得失信的企业或个人在市场准入、市场交易等方面受到限制，从而带来经济损失的约束手段。

4. 信用奖惩手段的灵活性

信用奖惩手段的灵活性体现在两个方面：一是失信者有申诉的权力；二是失信者有改过的机会，即信用修复的机会。

（1）如果消费者认为信用报告上的某些不良记录不正确，他有权向信用报告机构正式提出质疑，信用报告机构必须设立一套专门处理消费者质疑的程序，并依此进行调查。倘若信用报告机构在一定时间内无法证明被质疑信息的准确性，就必须将此信息从信用报告中抹去。即使信用报告机构及时提供了充足的证据，消费者仍有权要求在信用报告中加入自己对此信息的解释，或进一步质疑，以便引起以后的信用报告使用者的注意，并希望得到某种程度的理解。

（2）在设计失信惩罚机制时，还要考虑到给失信者以生存空间和改过的机会，要合理"量刑"。失信惩罚机制的"量刑"是基于对大众进行震慑作用和教育的效果而设计的，尝到因失信而受到惩罚的严重后果，足以达到教育的目的。失信惩罚机制在设计上的初衷，绝不是想一棒子将失信者彻底打死，而要在失信者付出惨痛代价后促使其改过。美国、德国、英国三国规定了信用修复的相关法律规定期限（见表6-2）。

表 6-2　世界主要发达国家信用修复情况表

国家	信用修复情况	相关法律法规
美国	1. 企业失信记录与企业破产记录都有最高保存年限（一般不超过 10 年），而良好记录会永远保存。 2. 个人破产记录保存年限为 10 年，其他信息（偷逃税和刑事诉讼记录）保存 7 年	《公平信用报告法》
德国	1. 个人信用的负面记录保留 3 年，上述个人 3 年内无权享受银行贷款、分期付款和邮购商品等信用消费。 2. 信用信息局收集个人的正面和负面信息，个人破产记录被保存和公示的时间为 30 年或者债务提前清偿	《民事诉讼条例》
英国	个人失信记录被保存和公示的时间为 6 年，个人破产记录被保存和公示的时间为 15 年	

二、国内相关省市或行业信用奖惩机制的经验借鉴

随着各地社会信用体系建设的不断完善、社会信用系统的应用范围和功能不断拓展，信用奖惩手段日益多样化、信用惩戒的主体也呈现联合化趋势。我国信用奖惩主体主要有行业主管部门、金融机构、工商企业、税务、监察、司法部门、行业协会、中介机构。目前各个省（自治区、直辖市）以及各个行业都在积极探索，以信用规划、信用体系建设的相关政府规范性为依托，形成信用惩戒机制的法律法规和条例基础。通过梳理国内试点省市和相关行业信用奖惩机制的应用情况，具有以下经验值得总结借鉴。

1. 信用奖惩手段的多样性

目前，国内试点省（自治区、直辖市）和相关行业对失信企业（个人）采用的信用奖惩手段主要有 3 类：①"黑名单"制度，是指行政机关根据其掌握的企业信用记录制成警示名单并公之于众的做法。这是目前最为常见的一种信用奖惩方式。②强化管理措施。这类措施包括加大检查频次和力度，不将失信企业（个人）列入免检、免审范围。③对某类资格或权益的限制。这类惩戒措施目前运用得最为广泛，具体表现为不授予企业及其法定代表人、负责人有关荣誉或称号，限制企业一定期限内参加政府投资、政府融资建设项目和政府采购项目的投标资格、中标项目数量、工程担保或质量保证金额、降低资质评级，严格限制企业的新增项目核准、用地审批和贷款利率，吊销许可证、依法予以关闭等。

表 6-3 梳理了建筑、公路、水运等相关工程建设领域对施工企业信用奖惩手段的应用情况。从表 6-3 可看出，其他工程建设领域信用奖惩手段主要

表6-3 其他工程建设领域信用奖惩手段情况表

行业	信用奖惩手段	相关规章条例
建筑工程	1. 差别化市场准入。在招投标、资格预审、政府投资项目投标预选名录等环节予以奖惩。 2. 差别化资质资格管理。依据不同信用等级在资质升级和增项申报、动态核查等方面分别享有优先权、限制、一定期限内不受理等差别化对待。 3. 差别化动态监管。依据不同信用等级采用不同的日常监督检查的频率和强度、在工程担保、农民工资保障率等费率标准规定有所不同。 4. 差别化评先评优	《安徽省建筑市场信用信息管理办法》《江苏省建筑市场各方主体信用评定和考核办法》等
公路工程	主要体现在资格审查和评标阶段。 1. 资格审查阶段: ①合理定价评审抽取法:信用等级不同,给予不同的标段数量的投标机会,如信用评分达到95分以上,可增加1个标段的投标机会。 ②对限制同时通过资格审查合同段数量的招标项目,给予不同通过合同段资格审查的机会,如信用评分达到95分以上,可增加通过1个合同段资格审查机会的奖励。 ③资格审查采用综合评审方法,依据信用等级不同,赋予不同的信用分值。 ④银行信贷比例,信用等级不同,银行信贷可按不同比例计取。 2. 评标阶段: ①综合评审方法评标时,信誉分值按信用等级不同分别计取,等级越低,分值越低。 ②对限制同时中标合同段数量的招标项目,可依据信用等级不同,增加中标合同段数量。如信用评分达到95分以上,增加通过1个合同段中标的奖励。 ③履约担保金额和质量保证金额,信用评分不同,履约担保金额不同,信用评分最高,履约担保金额可按80%计	《湖南省公路建设市场信用信息管理实施细则(试行)》《天津市关于进一步加强公路建设市场信用信息的若干意见的通知》
水运工程	1. 对信用评价定级为AA级和A级的从业单位和人员,在评价定级有效期内给予以下奖励: ①招投标中资格审查阶段,在同等条件下优先通过资格审查。 ②在招标文件中设定企业信用和主要人员信用加分条款。 ③在参与投标和中标数量、履约担保金额、质量保证金额的退还金额和时间等方面给予优惠。上述奖励由项目业主在资格预审文件和招标文件中进行规定。 2. 对信用评价定级为C级和D级的从业单位和人员,要重点监管,并根据情节轻重进行惩处: ①对信用评价定级为C级的从业单位和人员:在招标文件中设置信用扣分条款,上述处罚由项目业主在资格预审文件和招标文件中进行规定。 ②对信用评价定级为D级的从业单位:依法限制其1～5年进入重庆市公路水运建设市场的准入资格,并视情况决定是否清退出场。 ③对信用评价中纳入D级的从业人员:限制一定期限内参与重庆市公路水运建设市场的准入资格	《重庆市公路水运工程建设市场信用管理办法(暂行)》

集中在市场准入、资质资格管理、日常监管、招投标资格、合同数量和工程担保金额等方面。

2. 信用惩戒主体的联合化

在商务领域统一、有序推进社会信用体系建设，通过工商、税务、银行、司法、行业协会等部门联合行动，形成市场联防网络，对守信者激励和失信者惩罚。如浙江省规定企业在税务部门有不良信用记录，在海关的享受的优惠将取消；最高人民法院主动公布失信被执行人名单信息，限制失信被执行人高消费，禁止金融机构向失信被执行人贷款等诸多社会活动予以限制。金融机构依据企业和个人的综合信用信息，通过提供差别化的金融服务，如提高授信额度、提供贷款利率优惠等措施，施行奖励和惩戒。工商企业通过企业信用信息公示系统，主动公开信息，解决了信息不对称问题，通过市场竞争达到奖惩的目的。行业协会和中介机构通过行业自律和信用报告（信用评级、信用评价），差别化的中介服务，施行信用奖惩。

值得一提的是，信用惩戒主体的联合程度，主要取决于信用信息平台或者信用信息系统的联动以及信用信息的应用范围。广东省通过信用广东建设，按照统一的信息标准和技术规范，推进行业和部门加强对信用信息的记录、整合和应用，通过共建共享方式，建设公共联合征信系统，打破"条块分割"，实现行业和部门间信用信息的互通共享，建立统一的查询平台，提高信用信息公开和应用水平。浙江省建立公共联合征信平台，实现了38个省级政府部门对企业和个人信用信息的互通共享，为法院、公安、环保、人力资源社会保障、商务、海关等部门，以及金融机构、电子商务和重点工程建设招投标领域提供信用信息服务，为信用惩戒机制提供评判的依据和标准。

综上所述，构建一个良性运行信用惩戒机制需要四个构成要素：组织结构、信用信息系统、动力系统和有效的惩戒手段。信用惩戒机制的组织结构中包括法规制度保障，主体、客体和中介机构。主体包括政府监管部门、金融机构等，客体是在市场经济运行状态下的各类企业和个人，中介机构主要是指一些行业协会或者以信用信息征集、评级等作为经验范围的机构。中介机构将信用产品加工、生产、销售，从而使企业或者个人的信用信息能为需要的人更方便快捷的掌握，减少信息的不对称，使信用好的企业或个人更容易得到交易的机会，使失信的企业和个人付出更高的成本。信用惩戒机制的重要基础就是一个广泛、公开、安全的信用信息征信系统，需要具备两条信息传递通道，一个是企业个人、中介机构，可以将守信和失信情况反馈给监管机构，形成自下而上的信息传递；第二条通道是政府监管部门和监管机构对收集的信息进行加工，对企业的守信、失信情况进行累计，按照信用评价的标准进行调整,形成新的信用报告,通过"红名单""黑名单"向社会广而告之,通过社会传导到市场可能交易的企业和个人,这个是从上到下的信息传递通道。随着信息技术的发展和不同行业部门之间的信息共享,这个传递速度惊人而且威力巨大。在市场经济条件下,物质的利益是最佳动力,虽然奖惩措施很多,有直接的,也有间接的,无论是显性的还是隐性的,必然体现为市场守信和失信的市场资源配置、获利成本的巨大反差。

第四节　水利建设市场信用奖惩机制的实践

一、水利建设市场信用奖惩机制的制度建设

在国内工程建设领域内,水利行业是较早推进工程建设领域信用体系建设,积极探索建立健全水利建设市场的信用奖惩机制的行业之一。根据水利建设市场信用奖惩机制的制度建设可分为萌芽、起步、发展3个阶段,其制度建设见表6-4。

表6-4　水利建设市场信用奖惩机制的制度建设表（2001年后）

阶段	年份	制度文件名称	主要内容和作用
萌芽阶段	2001	《关于进一步整顿和规范水利建设市场秩序的若干意见》（水建管〔2001〕248号）	将水利建设市场秩序列为检查和稽察的重点,充分发挥媒体和社会的监督作用,对重大事件进行曝光,对建设市场的违法违规行为,建立动态管理的清出机制
萌芽阶段	2004	《关于建立水利施工企业监理单位信用档案的通知》（水建管〔2004〕415号）	初步建立水利建设市场主体和主要从业人员的信用档案
萌芽阶段	2008	《关于印发〈招标投标违法行为记录公告暂行办法〉的通知》（发改法规〔2008〕1531号）	要求对招标投标活动当事人的招标投标违法行为记录进行公告
起步阶段	2009	《水利建设市场主体信用信息管理暂行办法》（水建管〔2009〕496号）《水利建设市场主体不良行为记录公告暂行办法》（水建管〔2009〕518号）《水利建设市场主体不良行为认定标准》	规范了水利建设市场主体信用信息的采集、审核、发布、更正以及使用,明确了水利建设市场主体良好行为和不良行为公告的期限,以及工程建设过程中市场主体违反法律法规及有关规章制度的300多项不良行为的认定标准
起步阶段	2014	《水利建设市场主体信用信息数据库表结构及标识符》（SL 691—2014）	规范水利建设市场信用信息数据库建设,为构建信用奖惩机制建立了良好的信息通道

续表

阶段	年份	制度文件名称	主要内容和作用
发展阶段	2014	《社会信用体系建设规划纲要（2014—2020年）》	提出全面构建社会守信激励和失信惩戒机制的重要工作目标
	2014	《关于加快水利建设市场信用体系建设的实施意见》（水建管〔2014〕323号）	建立守信激励失信惩戒机制，实现市场信用分类监管
	2015	《失信企业协同监管和联合惩戒合作备忘录》（发改财金〔2015〕2045号）	①38个惩戒主体。在信用信息共享基础上，由一个部门在一个领域对失信当事人实施惩戒变为由多个部门（达到38个之多）在多个领域对失信当事人共同实施联合惩戒。 ②2个惩戒方向。一是工商行政管理部门根据其他行业主管部门提供的本领域内失信当事人信息，采取市场准入和任职资格限制，责令当事人限期办理变更、注销登记或吊销营业执照等惩戒措施；二是工商行政管理部门以外的其他签署部门根据工商行政管理部门提供的失信信息，依法在本领域内对其经营活动采取联合惩戒措施，包括限制部分高消费行为、限制取得政府供应土地、限制参与政府采购活动、限制参与工程招投标、限制取得政府资金支持、限制取得生产许可等18项惩戒措施。 ③90项具体措施。根据现行法律法规、部门规章，共整合形成了90项具体措施，明确了联合惩戒的范围、对象、惩戒措施、责任部门等，规定了协同监管和联合惩戒的具体实施方式和信息反馈通报机制
		《水利建设市场主体信用评价管理暂行办法》（水建管〔2015〕377号）	对8类水利建设市场主体进行信用评价，信用评价结果记入其信用档案，并实行动态管理，每年将根据市场的良好行为和不良行为进行调整，6类严重不良行为实行一票否决，信用等级将直接降为CCC级并向社会公布，3年内不受理其升级申请

1. 信用奖惩机制的萌芽阶段（2001年至2009年9月）

由于水利建设市场交易规模、交易性质的特殊性，以及水利建设市场进入"门槛"较低，长期以来水利建设市场存在不少低价恶性竞争、资质挂靠等影响市场秩序的失信行为，水利部早在2001年就开始建章立制，着手建立市场主体的信用档案，将信用信息与市场监管初步结合起来，对建设市场的违法违规行为（含招标投标违法行为）进行曝光或公告，建立动态管理的清出机制。

2. 信用奖惩机制的起步阶段（2009年9月至2014年9月）

以2009年10月水利部印发的《水利建设市场主体信用信息管理暂行办法》（水建管〔2009〕496号）和《水利建设市场主体不良行为记录公告暂行办法》（水建管〔2009〕518号）两个文件为标志，规范了水利建设市场主体信用信息的采集、审核、发布、更正以及使用，明确了水利建设市场主体良好行为和不良行为公告的期限，共梳理出工程建设过程中市场主体违反法律法规及有关规章制度的300多项不良行为的认定标准，开始建立"黑名单"，在全国水利建设市场信用信息平台上对失信者的不良行为进行曝光。

2014年7月，《水利建设市场主体信用信息数据库表结构及标识符》（SL 691—2014）发布实施，规范水利建设市场信用信息数据库建设，为构建信用奖惩机制建立良好的信息通道奠定了基础。

3. 信用奖惩机制的发展阶段（2014年10月至今）

2014年10月，水利部、国家发展和改革委员会联合印发《关于加快水利建设市场信用体系建设的实施意见》（水建管〔2014〕323号），更加明确地提出了加快水利建设市场信用体系建设的重点是建立守信激励失信惩戒机制。要求各省级水行政主管部门结合本地实际，制定具体的办法，实现市场信用分类监管。2015年9月，国家发展和改革委员会、水利部等38个部委联合印发《失信企业协同监管和联合惩戒合作备忘录》（发改财金〔2015〕2045号），对失信企业的协同监管和联合惩戒建立部门联动机制。同月，水利部印发《水利建设市场主体信用评价管理暂行办法》（水建管〔2015〕377号），确定由政府主导，对8类水利建设市场主体进行信用评价，信用评价结果记入其信用档案，并实行动态管理，每年将根据市场的良好行为和不良行为进行调整，6类严重不良行为实行一票否决，信用等级将直接降为CCC级并向社会公布，3年内不受理其升级申请。通过上述规章制度的制定，为构建水利建设市场信用奖惩机制提供了制度保障。

二、当前水利建设市场信用奖惩机制的主要措施

近年来,各级水行政主管部门积极推进水利建设市场守信激励失信惩戒机制的建立,全面推进水利建设市场信用体系建设。

1. 打造水利建设市场信用信息平台,全面公开市场主体的信用信息

按照统一规范、统一目录、统一格式、统一管理的工作思路,建立了水利建设市场信用信息平台,根据《水利建设市场主体信用信息管理暂行办法》的要求,科学规范征集参与水利工程建设的各类市场主体和主要从业人员的信用信息,建立信用档案,在保护涉及公共安全、商业秘密和个人隐私等信息的基础上,及时公开市场主体信用信息,并对公民、法人或其他组织申请公开的信用信息依法予以公开,主动接受社会的监督。截至 2017 年 6 月 28 日,全国水利建设市场信用信息平台已收录 9347 家市场主体的信用记录;公布从业人员信息 658498 人;公布工程业绩记录 158040 条;公布良好行为记录信息 46023 条;诚信企业风采展示 631 家;失信曝光专栏公布不良行为 407 条,失信黑名单 9 家。各省级水行政主管部门也建立项目信息和信用信息的公开平台或专栏,主动公开各类项目信息和市场主体的信用信息。通过信息公开,主动传播市场主体的良好行为信息和不良行为信息,改变了政府监管的方式,引入社会监督机制。对于守信者的来说,可以将他的良好信息更快捷地被更多的人知晓,获取更多交易机会。对失信者而言,也将他的不良行为向全社会曝光,一定期限内对潜在的交易对象一种警示,提高了交易的成本。

2. 统一组织开展信用评价,实行市场分类监管

《关于加快水利建设市场信用体系建设的实施意见》(水建管〔2014〕323 号)中提出,制定信用评价办法和统一信用评价标准,根据市场主体经营状况、市场行为、信用管理等多方面指标综合评价,将水利建设市场主体的信用评价等级为水利建设市场主体信用等级分为 AAA(信用很好)、AA(信用好)、A(信用较好)、BBB(信用一般)和 CCC(信用较差)三等五级。积极应用评价结果,实行市场分类监管。

(1) 对守信市场主体在招标投标活动中给予优待。将水利建设市场主体的信用信息和信用评价结果作为资格审查、评标、定标和合同签订的重要依据,按照市场主体信用等级在资格审查和评标中赋予不同的分值权重。

(2) 对信用等级为 A 级以上的市场主体,在行政审批、市场准入中予以优先办理、简化审核程序,在日常监督检查中适当简化监督程序、减少检查

频次。

(3) 对信用等级为 AA 级以上的市场主体,在资质管理中给予优先晋升资质支持,在评优评奖活动中予以加分或在同等条件下优先考虑,向有关方面推荐获得政策扶持、资金支持。

(4) 对信用等级为 AAA 级的市场主体,给予重点支持,开辟绿色通道,列入水利建设市场主体诚信红名单,推荐参加诚信示范单位创建活动。

(5) 对信用等级为 CCC 级的市场主体,在招标投标活动中信用等级得分为 0,在一定期限内禁止其资质升级或增项,在日常监督检查中实施重点监管、增加检查频次,限制参加评优评奖活动。

(6) 对存在严重失信行为的市场主体,除采取上述惩戒措施外,列入水利建设市场主体失信黑名单,实行市场禁入,在一定期限内禁止其参与招标投标、政府采购活动。

广东、重庆、湖南、辽宁等省(直辖市),结合本地实际,纷纷制定具体的奖惩办法,推进信用评价结果的应用,据初步统计,已有 11 个省(自治区、直辖市)综合应用信用评价结果,在工程招标投标、资格审查审批、政府采购中通过市场的手段施行信用奖惩,分类管理。部分省市水利建设市场主体信用奖惩措施见表 6-5。

表 6-5 部分省市水利建设市场主体信用奖惩措施表

省(直辖市)	奖励措施	惩罚措施	相关规定
广东省	政府投资的水利工程项目招标时,项目法人应将信用等级作为资格审查以及评标的重要依据,在招标文件中明确规定信用等级分值,信用等级分权重为 10%。其他水利工程项目招标及评标可参照执行。水利建设市场主体按信用等级实行综合分类管理:①信用等级为 AAA 级的,信用等级得分为 10%。信用等级为 AA 级的,信用等级得分为 8%。信用等级为 A 级的,信用等级得分为 6%。②优先晋升资质等级及增项。③在评优活动中予以加分或在同等条件下优先考虑。④按照国家和本省有关规定给予其他政策支持。⑤信用等级为 BBB 级的企业:投标时信用等级得分为 4%	信用等级为 CCC 级的企业: 1. 投标时信用等级得分为 0。 2. 连续两次信用等级为 CCC 级的,可停止其在本省行政区域内承接政府投资的水利工程项目,建议资质管理部门重新审核其资质等级	广东省水利厅关于水利建设市场主体信用信息应用的管理办法(试行)

续表

省(直辖市)	奖励措施	惩罚措施	相关规定
重庆市	单个标段水利工程施工招标项目，其信用评价结果在评标分值所占权重为10%；水利建设市场主体信用基础分80分，水利建设市场主体有以下社会综合良好信用信息的，可申报并获得相应的社会综合良好信用信息评价加分。通过全国水利建设市场主体信用评级，信用等级为A得2分，信用等级为AA得4分，信用等级为AAA得8分	严重不良行为的为0分，其他根据不同性质的不良行为进行2～20分的扣分	重庆市水利局关于将水利建设市场主体信用信息评价结果应用于招标投标环节的通知重庆市水利建设市场主体信用信息评价标准
辽宁省	招标文件中市场主体信用标准分值为10分，由信用等级得分（社会第三方评价）、信用动态评价得分（市场主体履约评价）和失信曝光得分（行业主管部门行政监督评价）三部分组成。①信用等级标准分值为3分。采用综合计分法计分。计分方法：信用等级为AAA级得3分、评定为AA级得2分、评定为A级得1分、评定为BBB级得0.5分、评定为CCC级得0分。②信用动态评价4分	失信曝光得分3分，实行数量递减扣分，基础分3分减去失信行为的扣分	辽宁省水利厅关于将水利建设市场主体信用信息应用于工程招标投标环节的通知
湖南省	招标人应当在资格预审文件和招标文件中明确市场主体信用档案应用要求。招标人应在资格预审或评标前在国家和省水利建设市场信用信息平台查询投标人信用档案，提交给资格预审委员会或评标委员会作为资格预审或评标的依据之一。水利建设市场主体信用等级评分权重占评标总分值的4%～6%。经全国水利建设市场主体信用评级机构评定信用等级为AAA级的，得分为信用等级分值100%；AA级的，得分为信用等级分值85%；A级的，得分为信用等级分值70%；BBB级的，得分为信用等级分值55%；CCC级的，得分为0	凡未在国家和省水利建设市场信用信息平台建立信用档案的，其业绩、主要人员资历在资格预审和评标中可不予认定。水利建设市场主体有正在处罚或公告期内的不良行为记录的，每项扣0.25～0.5分，累计扣分不超过资格审查或评标办法确定的投标人信誉总分值	湖南省水利工程建设项目招标投标管理实施办法

续表

省（直辖市）	奖励措施	惩罚措施	相关规定
山西省	2015年5月1日起，在全省各类水利工程项目招标评标办法中增加"市场信用"分项，按水利部水利建设市场主体信用评价结果赋分，AAA级为2.5分，AA级为2分，A级为1.5分，BBB级为1分，CCC级为0分；未参与水利部水利建设市场主体信用评价的，按水利部信用档案建档情况及山西水利系统信用备案结果赋分，已在山西省备案的信用等级视为A级记1.5分，已在水利部信用档案建档的视为BBB级记1分；既未在水利部信用平台建立信用档案又未在山西水利系统备案的视为CCC级记0分。市场主体组成联合体投标时，按联合体中信用等级低的信用等级赋分	2016年7月1日起，凡未在水利建设市场主体信用信息平台建立信用档案的，或提交的资料与信用信息平台登录的信息不符的，其主要人员资历、代表业绩等在资质审批（核）、招标投标活动中不予认定	山西省水利厅关于进一步加强水利工程建设市场诚信体系建设的实施意见

由于信用评价的有效期为3年，为了跟市场主体的市场履约行为密切关联，重庆、辽宁等还体现开展了动态监管工作。根据市场的良好行为，不良行为实时加减分，实现了市场联动。《水利建设市场主体信用评价管理暂行办法》（水建管〔2015〕377号）中也明确提出动态管理，市场主体在取得信用等级1年后，可以申请升级，每年对有不良行为记录的市场主体全面复评，重新核定信用等级。通过市场的手段，使守信当事人在同等条件下优先获得交易的机会，大幅度提高了失信当事人的失信成本，单次失信行为可能影响一段时期内整个市场的交易，从而达到信用奖惩的目的，通过市场的信用导向，在水利建设市场营造良好的信用环境。

3. 信息互通共享，协同监管联合惩戒

在加大信用信息公开的同时，各级水行政主管部门加强了信用信息的互通共享，消除信息孤岛，打破条块分割，与发展改革、工商、税务、海关、公安等部门强化了数据交换，拓宽了对市场主体的信用信息的查询和征集。建立部门联动的协同监管机制，2015年9月，由国家发展和改革委员会和国家工商总局牵头，中央精神文明建设指导委员会办公室、最高人民法院、教育部、工业和信息化部、公安部、司法部、财政部、人力资源社会保障部、国土资源部、环境保护部、住房城乡建设部、交通运输部、水利部、农业部、商务部、文化部、卫生计生委、人民银行、国务院国有资产监督管理委员会、海关总署、国家税务总局、国家质量监督检验检疫总局、新闻出版广电总局、安全监管总局、食品药品监管总局、林业局、旅游局、国家互联网信息办公室、中国银行业监督管理委员会、中国证券监督管理委员会、中国保险监督管理委员会、铁路局、民航局、邮政局、文物局、全国总工会联合签署的《失信企业协同监管和联合惩戒合作备忘录》（以下简称《备忘录》），《备忘录》共整合形成了三大类90项具体措施，明确了联合惩戒的范围、对象、惩戒措施、责任部门，规定了协同监管和联合惩戒的具体实施方式和信息反馈通报机制。惩戒的法律法规及政策依据充分，操作程序具体，可操作性强，有利于各相关部门组织落实，形成工作合力，对失信当事人有强大的震慑作用。

《备忘录》明确的联合惩戒对象为违背市场竞争准则和诚实信用原则，存在侵犯消费者合法权益、制假售假、未履行信息公示义务等违法行为，被各级工商行政管理、市场监督管理部门（以下简称"工商行政管理部门"）吊销营业执照、列入经营异常名录或严重违法失信企业名单，并在企业信用信息公示系统上予以公示的企业及其法定代表人（负责人），以及根据相关法律法规规定对企业严重违法行为负有责任的企业法人和自然人股东、其他相关人员（以下简称"当事人"）。此外，其他签署部门在履行法定职责过程中记录的，依据法律法规应予以限制或实施市场禁入措施的严重违法失信企业和个人，属于失信当事人范围的，也应纳入联合惩戒范围。

《备忘录》提出的联合惩戒措施主要分为两大类。一类是工商行政管理部门根据其他行业主管部门提供的本领域内失信当事人信息，采取市场准入和任职资格限制，责令当事人限期办理变更、注销登记或吊销营业执照等惩戒措施；另一类是工商行政管理部门以外的其他签署部门根据工商行政管理部门提供的失信信息，依法在本领域内对其经营活动采取的联合惩戒措施，共18项，包括限制从事互联网信息服务、限制担任证券公司、基金管理公司、期货公司董事、监事和高级管理人员、融资授信限制、限制部分高消费行为、限制取得政府供应土地、限制参与政府采购活动、限制参与工程招标投标、限制成为海关认证企业、限制证券期货市场部分经营行为、禁止受让收费公路权益、限制取得安全生产许可证、限制取得政府资金支持、限制企业债券发行、限制取得生产许可、列为检验检疫失信企业、限制获得相关荣誉、通过主要新闻网站向社会公布、其他联合惩戒措施等。

此次联合惩戒措施主要有4个特点。一是惩戒措施多。根据现行法律法规、部门规章，对严重违法失信企业实施协同监管、信息共享与联合惩戒的情况，进行了汇总、梳理，共整合形成了90项具体措施。惩戒措施之多在部门联合实施市场监管历史上是少见的。二是惩戒力度大。在信用信息共享基础上,原来由一个部门在一个领域对失信当事人实施惩戒,现在变为由多个部门在多个领域对失信当事人共同实施联合惩戒。实施惩戒的部门多达38个。惩戒的对象既包括失信企业,也包括与其相关的法人、负责人及其他相关人员等自然人。可以说,惩戒的范围广、力度大。三是影响范围广。由38个职能部门对失信当事人共同实施联合惩戒,惩戒范围包括安全生产、旅行社经营、国有企业监督管理、饲料及兽药经营、食品药品经营、互联网上网服务经营及娱乐场所经营等30多个重点领域,涉及企业多,覆盖了全国省、市、县多个行政层级,具有强大的社会影响力。四是双向惩戒。联合惩戒机制是双向的。工商行政管理部门与其他签署部门,通过全国统一的信用信息共享交换平台等信息化设施实现企业失信信息的共享交换。在此基础上,双方根据对方提供的企业失信信息分别在本领域内依法依规对失信企业及相关人员实施惩戒,不断构建联合惩戒工作的信息化联络反馈机制。

三、水利建设市场信用奖惩机制应用效果

1. 促进了企业内部信用管理制度的构建

信用管理制度有狭义和广义之分,在此指广义,即信用管理制度不仅指要求人们共同遵守的办事规程或行动准则,而且还包括管理组织的构建。随着"一处失信,处处受制"的市场联防网络的搭建,对于水利建设市场主体而言,不得不重视涉及水利工程交易相关领域,如融资、税务、工程承包等领域失信行为引致的直接或间接利益损失。为此,许多企业开始重视内部信用管理制度的建立。首先,在企业组织结构中,设置了信用管理部门,明确了信用管理职责。当然就目前而言,设置专门部门的不多见,更常见的是在现有组织结构中,赋予一些部门信用管理的职能。对于以工程施工为主营业务的工程施工企业而言,企业面临的业务单元可能涉及融资、工程施工、设备租赁及无形资产交易等,合同信用风险成为该类企业在市场经济活动中经营的最主要信用风险源头,因此常见的信用管理执行层面的职责通常设在合同部或经营部门,与此同时,通常还设立了由企业财务总监、合同管理总监、信用经理、总经理、董事等组成信用管理委员会,作为企业信用决策的最高机构;其次,制定了信用风险管理制度。比如,中铁四局集团有限公司于2013年10月印发了《中铁四局集团企业防范信用惩戒法律风险管理办法》(中铁四局〔2013〕652号),该文件明确界定了集团公司可能面对的信用惩戒法律风险类型,并规定了集团公司内部信用惩戒法律风险管理流程以及相应风险管理的责任人。

2. 促进了工程质量安全信用行为的改善

通过对全国各试点省市的信用管理实践的调研,信用奖惩机制在各地的实施力度和实施效果不尽相同,但信用奖惩机制在招标投标环节的实施以及合同履行期间的动态管理,在一定程度上促进了市场主体的工程质量安全信用行为的改善。以广东省佛山市为例,制定的信用管理办法中十分重视合同履行过程中市场主体的失信行为记录,从而动态调整市场主体的信用评分。

2014 年 11 月,广东省佛山市颁布《佛山市水利建设市场主体信用管理办法(试行)》,在该办法中,将市场主体信用信息分为良好行为、守信行为、不良行为和失信行为 4 大类,其中失信行为记录信息是指水利建设市场主体在本市水利工程建设活动中合同履行不到位,未受到行政处理但又造成不良影响和后果的行为所形成的信用信息。以施工单位的失信行为记录信息(见表 6-6)为例,主要包括项目部质量管理人员未按规定到位或擅自更换、主要施工机械配备不足、未按规定的制度进行工程质量检验检测、工程实体质量有缺陷且未及时处理和备案等失信行为。水利建设市场主体动态信用得分是在动态管理基本得分的基础上对上述守信行为、良好行为、不良行为和失信行为进行加减分而得的,动态管理基本得分是根据国家级水利行业组织评定信用等级而予以赋分的,信用等级越高,动态管理基本得分也越高。动态管理加分、扣分分值在加分、扣分有效期限满后自动清零。同一有效期限内的动态管理加分、扣分分值自动累加。在此基础上,佛山市规定水利建设市场主体动态信用得分少于 50 分的或被扣分分值 20 分以上的,将禁止其参加该市水利工程投标活动。

表 6-6　佛山市水利工程施工单位失信行为认定标准表

序号	指　标　分　项	扣分标准
1	项目经理、技术负责人、施工员、质检员、安全员不按投标时承诺到位或未经批准更换	2
2	主要机械设备未能满足施工需要,造成施工质量达不到规定或造成工期延误	2
3	施工人员未能满足施工需要,造成施工质量达不到规定或造成工期延误	2
4	因施工单位原因造成工程结算申报不及时或明显不合理	2
5	因施工单位管理原因延误进度计划的关键点	2
6	未建立质保体系	2
7	"三检制"未能有效落实	2

续表

序号	指标分项	扣分标准
8	工序及单元质量报验和检验不同步,检验数量、频率等不符合要求	2
9	建筑物外观有明显缺陷、质量有隐患或施工工艺不规范	2
10	对较大的质量缺陷未及时上报	2
11	对较大的质量缺陷未及时处理	2
12	对较大的质量缺陷未进行备案	2
13	对较大的质量缺陷处理后未及时申请专项验收	2
14	施工组织设计和施工方案未经审批擅自施工或未按审批的施工组织设计和施工方案施工	2
15	不严格按照设计图纸或施工技术标准施工	2
16	对项目法人或监理工程师通知不及时响应	2
17	由于施工单位的原因造成工程建设资料未能及时归档	2
18	由于施工单位的原因造成质保资料与施工进度不同步	2
19	工程建设安全生产评分低于80分	2
20	工程度汛方案未经审批或不按审批的方案执行	2
21	对存在安全事故隐患不及时采取措施进行消除	2
22	因施工单位原因造成工程未能如期办理相关验收	2

与此同时,佛山市还发布了《佛山市水利工程施工信用优选合理低价评标办法(试行)》,该办法规定对部分类型的水利工程施工招标项目采用信用优选合理低价评标办法。采用信用优选合理低价评标办法的招标项目采用双信封、无技术暗标的评审方式,工程量清单应采用固化清单方式编制。入围投标人资格采取随机抽取的方式确定,当递交投标文件的投标人数量多于9家时,则由招标人代表根据其与投标人现场共同确认的动态信用得分由高到低按照规定步骤随机选取,体现了动态信用得分高的投标人具有优先入围投标和评审权。经过近两年的试行,佛山市水利建设市场招标秩序和合同履约率得以提高和改善,同时市场主体也更为重视合同履行过程中的质量安全信用行为。

第七章
水利建设市场信用管理展望

水利部从 2001 年提出"通过计算机技术和网络技术，建立起适应现代社会和市场经济体制要求的水利建筑市场主体社会信用体系，提高市场监管的科学性和时效性"起❶，通过 10 余年的努力，水利建设市场信用体系框架已基本建成，并在运行中逐步完善。当前，以信用信息管理为基础，以信用评价为抓手，以信用激励为驱动的水利建设市场信用管理对提升市场主体的信用水平和确保实现水利工程质量安全目标发挥着重要作用。但水利建设市场信用体系的建设、完善和健康运行是一项长期的任务，需要各级水行政主管部门、社会信用服务机构和各类信用主体共同努力，根据水利建设市场信用体系运行的实践，不断总结经验，不断完善水利建设市场信用法律法规、运行机制和保障体系建设。

一、完善信用法律制度体系

（1）在水利建设市场信用体系建设的过程中，除了党中央、国务院颁发的有关社会信用体系建设的政策法规外，水利部已经制定了一系列信用体系建设的政策法规和制度，各省（自治区、直辖市）、市水行政主管部门也制定了当地水利建设市场主体信用信息管理办法、实施细则、信用信息动态管理、信用信息应用等一系列法规制度，为水利建设市场信用体系建设和运行提供了制度依据。

随着水利建设领域信用体系建设的深入开展，也必然暴露出信用制度建设中的缺项和不够细化等问题，需要在实践中不断完善。在水利建设市场信用体系建设初期，为了适应信用建设的需要，出台了一些"暂行""试行"的政策法规，今后根据运行中积累的经验，在总结提高的基础上，不断补充完善。如对《水利建设市场主体信用信息管理暂行办法》《水利建设市场主体不

---

❶ 参见水利部 2001 年印发的《关于进一步整顿和规范水利建筑市场秩序的若干意见》。

良行为记录公告暂行办法》《水利工程建设领域项目信息和信用信息公开基本指导目录（试行）》和《水利建设市场主体信用评价标准》（水建管〔2015〕377号）等法规的修订。计划到2020年，基本建立较完善的水利建设市场信用规章制度和标准体系。

（2）尽快建立健全市场信用联合监管程序和机制。水利部与国家发展和改革委员会等38部委联合印发了《失信企业协同监管和联合惩戒合作备忘录》，但38个部委之间的联合监管程序和机制尚未明晰，因此需尽快明确各责任部门的具体执行机构或部门，以及严重违法失信行为记录信息的传递方式、程序、时间规定等，从而保证联合监管落到实处；其次，完善失信企业联合监管牵头主体。《备忘录》是以工商行政主管部门为牵头部门，主要针对严重违法失信行为进行的联合监管，但对于其他一般失信行为并没有相应的监管机制。当前失信企业的表现是"大错不犯，小错不断"，合同履约行为较差，从而对水利工程建设质量安全造成不利影响。考虑到现有金融部门的征信体系比较完善以及水利建设市场所需的资金规模比较大，许多水利建设市场主体与金融机构普遍存在借贷关系。因此，水行政主管部门应联合金融机构，针对一般失信行为的累计状态实施联合监管，即在水利建设市场主体信用动态评价时，要纳入金融机构对相应市场主体的信用评价值。

二、完善信用评价体系

水利行业依据《水利建设市场主体信用评价暂行办法》和已经出台的勘察、设计、咨询、施工、监理、招标代理、质量检测、机械制造等8类水利建设市场主体评价标准，自2010年起统一组织开展水利建设市场主体信用评价工作，并建立了红、黑名单制度。

今后，国务院水行政主管部门还将继续以购买服务的方式，委托社会机构研究、制定其他类别的水利建设市场主体信用评价标准，如代建人和供应商等水利建设市场主体的信用评价标准。同时，对已经出台的各类水利建设市场主体信用评价标准，在信用评价实践中，善于发现问题，不断总结经验，深入研究指标设置的合理性、指标的独立性、指标本身与"信用"的相关性、指标的赋分和权重的合理性，以及主观故意失信和一般（非主观故意）失信的量化差异性等问题，在上述研究成果和总结以往信用评价经验的基础上，修订或改进相关类别的水利建设市场主体信用评价标准。

三、完善信用管理保障体系

（1）建立健全联合征信系统及信用数据库。完善的征信系统和内容全面的信用数据库是建设市场主体信用评价和信用奖惩机制正常运行的基础。目前征信系统和信用数据库存在着条块分割、上下（层）衔接不畅等弊端，互联互通不够理想，或信息检索比较麻烦。联合征信系统及信用数据库的建设和完善可分步实施，首先实现水利建设市场内部的征信集成系统，由水利部主导搭建；其次是实现跨行业征信集成系统，可由工商行政管理部门牵头搭建，从而提高监管效能。

目前水利建设市场主体信用信息平台已经基本建成并已投入使用，在加大信息公开力度和不良行为的曝光力度方面发挥了积极的作用。截至2016年8月底，平台已发布5000余家从业单位、52万名从业人员信用信息，公布良好行为记录信息30824条；诚信企业风采展示84家。但是联合征信系统和信用信息数据库不尽完善，各级水行政主管部门要按照水利部、国家发展和改革委员会联合颁发（2014年10月10日）《关于加快水利建设市场信用体系建设的实施意见》（水建管〔2014〕323号）的要求，结合政务信息化工程建设，按照统一的信用信息标准，加快信用信息平台建设步伐，健全水利建设市场主体信用信息数据库，完善信用信息登录、检索、查询功能。国务院水行政主管部门负责建立全国共享的水利建设市场主体信用信息平台，按规定期限建立完善的信用信息征集系统、信用信息公示系统、信用信息查询系统和信用信息管理系统。各省市水行政主管部门和各流域机构也要按统一的信用信息标准建设和完善本埠的水利建设市场主体信用信息平台。在此基础上，加快全国、流域和区域水利建设市场主体信用信息平台的互联互通，建立畅通的信息数据交换系统，逐步实现平台数据即时交换。按照《关于加快水利建设市场信用体系建设的实施意见》（水建管〔2014〕323号）的要求，2015年12月底前，实现全国水利建设市场主体信用信息平台和流域管理机构、省级人民政府水行政主管部门水利建设市场主体信用信息平台的互联互通。这个期限已经过了半年多了，各级水行政主管部门要检查信用信息互通的实现程度，督促此项任务的执行机构，查找原因，采取有效措施，限时实现互联互通。

在加快水利建设市场主体信用平台建设步伐的同时，要加强与发展与改革委员会、工商、税务、公安等部门的数据交换，拓宽信用信息查询渠道，推进市场主体信用信息的交换共享。目前，在与最高人民检察院等5部委联合建立工程建设领域行贿犯罪档案查询制度的基础上，要按照国家统一的信用信息平台建设要求，努力推进与这些部门信用信息平台的互联互通，逐步实现部门或行业间的信用信息数据交换、完善信用信息的互相检索和查询功能。还要通过连接国家电子招标投标公共服务平台，实现招标投标信用信息的数据交换和互认共用。

(2) 建立健全水利建设市场主体信用档案。所有水利建设市场主体应按照《水利工程建设领域信用信息基本指导目录（试行）》要求和信用信息平台设置，建立和完善水利建设市场主体信用档案，实现信用记录的全覆盖和电子化存储。但是，由于这项工作十分复杂、涉及面广，目前还存在市场主体信用记录不全面、不及时、项目法人和水行政主管部门对市场主体信用的评价缺失等问题。

为确保信用档案的全覆盖和信用信息的可靠性，严格按照水利部、国家发展和改革委员会联合印发的《加快水利建设市场信用体系建设的实施意见》，要求所有水利建设市场主体登录全国水利建设市场主体信用信息平台并建立健全信用档案；从2016年1月1日起，凡未在全国水利建设市场主体信用信息平台建立信用档案的，有关部门在行政管理、市场监管、公共服务等活动中，可采取限制性措施；从2016年7月1日起，凡未在水利建设市场主体信用信息平台建立信用档案的，或提交的材料与信用信息平台登录的信息不符的，其主要人员资历、代表业绩等在资质审批（核）、招标投标活动中可不予认定。有关部门应严格执行上述两项规定，加快水利建设市场主体信用档案全覆盖的进程。

单纯依靠水利建设市场主体自己填报本单位的信用信息存在信息不对称现象。一般正面信用信息和被政府部门处理（或已公开）的负面信用信息，建设市场主体往往会如实填报进入信用档案；而大量的"大事不犯、小事不断"的失信行为信息，因水利建设市场主体隐瞒不报和其他当事方❶报送机制缺失而游离在水利建设市场主体信用档案（或信息平台）之外。为确保市场主体信用档案信息的全面性和及时性，可尝试采用年（或半年）度水利建设市场主体信用记录归集和评价工作办法，记录评价的内容主要包括投标行为记录、评价和履约行为记录、评价。由项目法人或其代理人在项目实施监督过程中记录水利建设市场主体的信用行为，每半年或一年汇总一次并进行评价，按隶属关系报省市水行政主管部门审核、评价（或赋分），然后报水利建设市场主体信用信息平台主管机构，按程序归集到市场主体的信用档案中。该项评价工作可与水利部建管司提出的做好市场主体市场行为赋分工作整合，各流域机构和省级水行政主管部门要抓紧制订工作方案，并统筹考虑与各协会、具体项目主管部门及项目法人工作的衔接，按照时限要求做好对参评市场主体市场行为部分的赋分和评价工作。

(3) 继续推进社会监督，建立并完善失信信息举报制度和举报者奖励制度。水行政主管部门在推进社会对水利建设市场主体信用监督方面已经做了许多行之

---

❶ 指项目法人或其代理人和项目主管部门。

有效的工作，今后还将继续加大信息公开力度，充分发挥社会监督在水利建设市场信用体系建设中的作用。可以参照美国的做法，采取立法的方式确保举报者的利益和人身安全，以及举报者相关信息的保密性，并建立高效的举报机制，充分利用短信、电话、网络等便捷的途径进行举报，让失信企业无处遁形。

（4）进一步强化信用宣传培训教育。信用教育体系包括水利行业内的信用宣传培训教育和社会大众媒体的信用宣传教育。社会大众媒体的信用宣传教育属于社会信用大系统范畴，水利建设市场信用体系作为社会信用大系统的一个子体系，这里的宣传培训教育是指行业内的信用宣传培训教育。水利部将进一步加大宣传力度，广泛开展诚信宣传教育，加强诚信文化建设，弘扬诚实守信的传统美德。水利建设主管部门要制定一些信用宣传培训教育的制度，推动行业内宣传部门和报纸杂志开展信用宣传教育，组织开展诚信示范单位创建等诚信主题活动，大力宣传诚信典型。充分发挥舆论引导和监督作用，加强对失信行为的披露和曝光，营造诚信为荣、失信可耻的良好氛围。各级水行政主管部门要制订信用培训计划，通过举办培训班、研讨会的形式对建设市场主体的中高层管理人员进行信用培训教育，还要发挥行业协会在信用教育培训中的作用，并对企业内部开展信用宣传和培训教育提出要求。

四、加强信用信息应用和对严重失信行为的曝光力度

继续强化信用信息和信用评价结果的应用。各省级水行政主管部门应结合本地实际，制定本地区统一的市场主体信用信息应用管理办法，在招标投标、政府采购、行政审批、市场准入、资质审核、评优评奖等环节，主动查询信用信息，积极应用信用评价结果，建立健全守信激励和失信惩戒机制，强化对水利建设市场主体动态和分类监管。继续加大对严重失信行为的曝光力度。对于水利建设市场主体出借、借用资质证书进行投标或承接工程，通过围标、串标，转包或违法分包等手法承揽工程，有行贿、受贿违法记录，对重（特）大质量事故、生产安全事故负有直接责任，公然隐瞒真实情况、弄虚作假等严重失信行为，公开向社会发布。

回顾水利行业信用建设的历程，展望信用建设的未来，深信通过各级水行政主管部门、社会信用服务机构和各类主体的不懈努力，水利建设市场信用体系建设的近期工作目标必将实现，那就是：到2020年，水利建设市场信用体系的规章制度和标准体系基本建立，以市场主体信用信息平台为基础的信用信息系统基本建成，市场主体信用信息在水利建设市场监管和社会管理中普遍应用，水利建设领域守信激励和失信惩戒机制全面发挥作用，全行业诚信意识和信用水平普遍提高，水利建设市场秩序显著好转。

参 考 文 献

[1] 孙磊. 信用体系演化的经济学分析 [D]. 成都：西南财经大学出版社，2008.
[2] 刘澄，李锋. 信用管理 [M]. 北京：人民邮电出版社，2015.
[3] 林金忠. 信用关系的基本形式及其经济学分析 [J]. 经济评论，2002. 6.
[4] 孙杰. 建设工程契约信用制度与体系构建 [D]. 东北财经大学，2007.
[5] 张的勇. 我国中小企业信用管理问题研究 [D]. 对外经济贸易大学，2005.
[6] 王英，李文陆. 两种管理模式的比较研究——对闭合信用管理模式优势的分析 [J]. 财经研究，2003（29）2.
[7] 谢旭. 全程信用管理模式的理论与实践 [J]. 管理世界，2000（6）.
[8] 徐华成. 企业全面信用管理体系探究 [D]. 苏州：苏州大学出版社，2008.
[9] 林钧跃. 社会信用体系-中国高效建立征信系统的模式 [J]. 征信，2011，2.
[10] 贾洪. 我国建筑业市场结构及其优化研究 [D]. 北京：北京交通大学，2010.
[11] 范建亭. 我国建筑业市场结构特征及其影响因素研究 [J]. 建筑经济，2010（1）.
[12] 冯仕政. 信用问题的社会学视角 [J]. 世界知识，2004（22）.
[13] 何绍华，窦艳. 我国信用信息共享策略探讨 [J]. 情报理论与实践，2009，32（12）：20-22.
[14] 孙志伟. 从征信角度看信用信息的属性 [J]. 现代情报，2014，34（5）：60-64.
[15] 卢盛羽. 法人和其他组织信用信息分类分级初探 [J]. 征信，2015（1）：25-28.
[16] 邱均平，谭春辉，任全娥. 我国人文社会科学评价机制的研究现状与三维框架 [J]. 科技进步与对策，2008，25（2）：138-141.
[17] 陈军飞，吴铭峰. 主成分分析在城市复合系统发展评价中的应用 [J]. 软科学，2006，20（1）：9-11.
[18] 侯文. 对应用主成分分析法进行综合评价的探讨 [J]. 数理统计与管理，2006，25（2）：211-214.
[19] 林海明，刘乐强. 主成分分析法在企业经济效益综合评价中的有效应用 [J]. 数学的实践与认识，2005，35（4）：65-68.
[20] 陈雷，王延章. 基于熵权系数与Topsis集成评价决策方法的研究 [J]. 控制与决策，2003，18（4）：456-459.
[21] 方世建，华武，陈刚. 安徽工业经济效益Topsis法分析研究 [J]. 预测，2003（3）：77-80.
[22] 李学全. 灰色关联度模型的进一步研究 [J]. 系统工程，1995，13（6）：58-61.
[23] 李炳军，刘思峰. 基于多行为特征序列的江苏省科技系统灰色关联分析 [J]. 统计与决策，2005（9）：54-55.
[24] 陈景云，胡建军. 烟叶化学成分——品质综合评价物元模型的建立与应用 [J]. 烟草科技，2003（10）：31-34.
[25] 王志军，汪亚超，宋宜猛. 物元模型在大坝安全度评价中的应用 [J]. 水电自动化与大坝监测，2008，32（1）：75-77.
[26] 丁冰. 社会主义的基本特征是"社会公正＋市场经济"吗？[J]. 当代经济研究，2005（10）：33-35.
[27] 圣西门. 圣西门选集（第二卷）[M]. 北京：商务印书馆，1982.
[28] 盛庆来. 功利主义新论 [M]. 上海：上海交通大学出版社，1996.
[29] 王慧. 独立审计信用监管机制研究 [D]. 中南大学，2009.